統一ヨーロッパへの道

JN158844

統一ヨーロッパへの道

シャルルマーニュから
EC統合へ

デレック・ヒーター 著
田中俊郎 監訳

岩波書店

THE IDEA OF EUROPEAN UNITY

by Derek Heater

Copyright © 1992 by Derek Heater

First published in 1992 by Leicester University Press,
a division of Pinter Publishers Limited, London.

This Japanese edition published 1994
by Iwanami Shoten, Publishers, Tokyo
by arrangement with
Pinter Publishers Limited, London.

まえがき

ヨーロッパ国家連合の構想、またその構想を実現させようとする人々が直面する諸問題も、決して新しいものではない。早くも一四世紀において、当時の政治的な現実として存在していたものよりも、より緊密な協力をヨーロッパ諸国間に求める提案が起草されていた。このような構想を創出する要請は、一七世紀から今日のわれわれの時代まで続いている。

本書の目的は、一七世紀初期から一九五〇年代に至る間に起草された主要な計画を提示することにある。これらの文書の詳細な研究は、私が知る限り、単独の著書としてはない。しかし、それ以上に、本書の特徴は、さまざまな構想を、当時の国際的な条件および著者たちの個人的経験と信念とともに、分析・紹介していることである。このような方法をとるのは、ヨーロッパ統一の無数の構想が、何世紀にもわたる継続的な諸問題に対処しようとしている一方で、それぞれの提案が考案された特定の状況によって彩られているからである。

本書を執筆するに当たり、妻に対する謝辞をふたたび記すことは、私にとってとても幸せなことである。妻は、得意なタイプに精を出してくれただけでなく、原稿の作成の過程でさまざまな方法で手助けしてくれたのである。

英国サセックス州ロッテングディーンにて

デレック・ヒーター

凡　例

一、読者の読みやすさを考慮して、本文中の引用文献に関する註は最小限にして、（　）内の最初の数字は巻末の文献一覧の文献番号を示し、後ろの数字は頁数を表わす。例えば、(62:51) は、Hay, D., 1957, *Europe : the emergence of an idea*, Edinburgh University Press, Edinburgh, p. 51 を意味する。また、(62:51 n) は、同頁の註を意味する。なお、和数字のみの場合、例えば（一〇三頁）は、本訳書の頁を示す。

二、本文中の書名については、邦訳があるものは『　』で表わし、邦訳がないものは原題（『　』）という形式をとり、オリジナルにさかのぼれるように配慮した。さらに、文献一覧には、参考のために同一の著者による関連著作の邦訳書を若干追加してある。

三、文中の［　］は、原著者が説明のために挿入したものである。

四、文中の〔　〕は、訳者が説明のために挿入した。

目　次

第1章

序　　論

――中世にさかのぼる起源――

1　中世における統一と分裂

ヨーロッパが事実上統一されたことは一度もない。国民国家の時代の前に当たる中世の初期においてさえも、政治的な分裂状況は、文化的統一の課題と普遍主義者の帝国の夢と、明らかに対極に位置するものであった。

繰り返し提示された夢のひとつは、統一の求心力として復活したローマ帝国を描くことであった。しかし、本当は、ヨーロッパ大陸の統一の手段としてローマ帝国を参考にすることはほとんどできない。地理的には、ローマ帝国の重心は地中海にあり、アフリカやアジアの地の一部を領土に組み入れていた一方で、支配下に入っていなかったヨーロッパの地も多くあった。文化的にはラテンとギリシアの区別が継続し、その区別が実質的に制度化され、最終的には帝国の分裂をもたらした。四世紀、ヴァレンティニアヌス一世は、かれの弟を東方帝国の皇帝に即位させ、両頭政治を開始した。この分裂は、一一〇〇年後に滅亡するまで続いた東ローマ(ビザンティン)帝国の生存と東方正教会によって、動かないものになった。その間、西ヨーロッパでは、ブリタニア〔英国〕、ガリア〔フランス〕、イベリア〔スペイン〕、イタリアの諸地域(地域によって運命の違いはある)が、帝国から分離され、野蛮な侵略者たちによって戦利品として分割されたのである。

事実、四五〇年ころ東の間のあいだ、北および最西端を除いて、全ヨーロッパが三人の偉大な皇帝によって分割統治されていた。ヴァレンティニアヌス三世統治下の西ローマ帝国、マルキアヌス統治下の東ローマ帝国、アッティラ支配下のフン帝国である。しかし、八世紀末までには、ヨーロッパ大陸の政治的地図に、いつものつぎはぎだらけの様相を呈していた。イングランドは、七王国に分裂していた。イベリア半島の四分の三は、イスラム教徒によって支配されていた。東ローマ帝国は存在していたが、抜け殻のようなものであった。中央および東ヨーロッパの広大な地域には、政治的には生まれたばかりのスラヴ人、アヴァール人、ブルガリア人、マジャール人が住んでいた。

ヨーロッパ最大の王国は、フランク王国であった。その王国は、ピピン三世の長男が七六八年に継承した。かれの名前はシャルル。後に「大帝」と呼ばれるようになり、シャルルマーニュとして知られている。かれの帝国の地理的な拡がりと帝位の戴冠によって、当時およびそれ以後の評価は、かれの治世の統一の業績についての意義を誇張した見解が生まれがちである。最近の歴史からいくつかの例をとってみよう。ヨーロッパ通貨同盟の初期の主唱者は、通貨単位をシャルルマーニュと呼ぶことを提案した(一六九頁を参照)。さらに、一世紀後、あるドイツの歴史家の見解によれば、「[一九三五年]九月の初めニュールンベルクでヒトラーがシャルルマーニュの剣の複製を拝受したのは、空しい儀式のジェスチャー以上のものであった」(49:731)。その後、第二次世界大戦後、平和的な手段によるヨーロッパの統一に貴重な貢献をなしたと考えられた人々に対して、シャルルマーニュ賞が送られている。最後に、一九五〇年代に「六カ国」のヨーロッパが創設されたとき、共同体(ECSC)の地理的な拡がりとシャルルマーニュのカロリング帝国の近似性がしばしば指摘されたこともある(第七章を参照)。

しかし、まずシャルルマーニュ自身に戻ってみよう。かれの帝国を一種のヨーロッパ合衆国の原型とみなす考え方の基礎にあるものはなんであろうか。第一に、かれが広汎な領土を支配していたことである。西南はピレネー山脈の南側を境界として、北はホルシュタイン、東南はドラヴァ川沿いを境とし、南はナポリの少し北のイタリアを境界としていた。第二に、後に見ていくように、ヨーロッパの概念がほとんど存在していなかったときに、シャルルマーニュは、「ヨーロッパの父」ならびに「ヨーロッパの礼拝者の首長」と記述されていた(62:51)。八〇〇年のクリスマスの日、ローマ教皇がかれに皇帝として冠を授けた。このような帝国的なスタイルが予告するものはなんであったろうか。このことは、中世の歴史学において最も頭を悩ます問題のひとつである。この問題で、シャルルマーニュ自身もまた頭を悩ましたことであろう。というのは、戴冠式から五カ月たった後になって、次のように、かれ自身には珍しく尊大な称号でこの問題に決着をつけたからである。「シャルル、最も高貴なアウグストゥス、神によって戴冠し、偉大で平和を愛する皇帝、ローマ帝国の支配者」(8:10)。

シャルルマーニュの戴冠式は、西ローマ帝国の理念を復活させようとするローマ教会の試みであった。しかし、この試みは短期間に効果を失っていった。八一四年にシャルルマーニュが死ぬと、かれの領土は息子たちに分割され、帝国の称号は、しだいに使われなくなり、陰をひそめていったのである。

しかしながら、神聖ローマ帝国は、中央ヨーロッパの統一の潜在力として生きつづけ、一〇世紀半ばから一四世紀半ばまでの四世紀のように、ときには実際の力として機能した。この期間に、ヨーロッパ全体、厳密にはキリスト教世界全体に、宣伝と法による支配によって広汎な権威の理論的な体系を構築することを試みた皇帝たちがいた。一一五七年、皇帝赤髭王フリードリッヒは、キリスト教世界に「神聖ローマ帝国」の名称を刻印した。ホーエンシュタウフェン家の開祖となるフリードリッヒは、みずからをすべてのキリスト教徒の世俗世界の盟主にみせることにとくに熱心であった。オーストリアの歴史家フリードリッヒ・ヘールは以下のように書いた。

公式および半ば公式の宮廷詩と帝国の宣伝が、皇帝フリードリッヒ一世によって復興された神聖ローマ帝国を、救済と公正の王国、神の王国の地上での代表として称賛し、帝国を、「真に信仰をもった臣民」、つまり神と帝国の双方に忠実な臣民よりなるものとして提示した(64:192)。

他方、神聖ローマ帝国を「神聖でもなく、ローマでもなく、帝国でもなかった」と皮肉ったヴォルテールの見解に対しても付言しておかねばならない。帝国の神話を政治的な覇権に置き換えるいかなる試みも、ドイツおよび北イタリアの帝国領以外の諸国家によって激しく抵抗を受けた。さらに、教皇権は、キリスト教世界全体における権威を失うことを警戒した。このため、帝国の主張に恐れを抱き、教皇たちは、より野心的な皇帝たちと衝突するとともに、教皇権のリーダーシップの下で、国家もしくは地方の教会自治の政策を展開したのである。

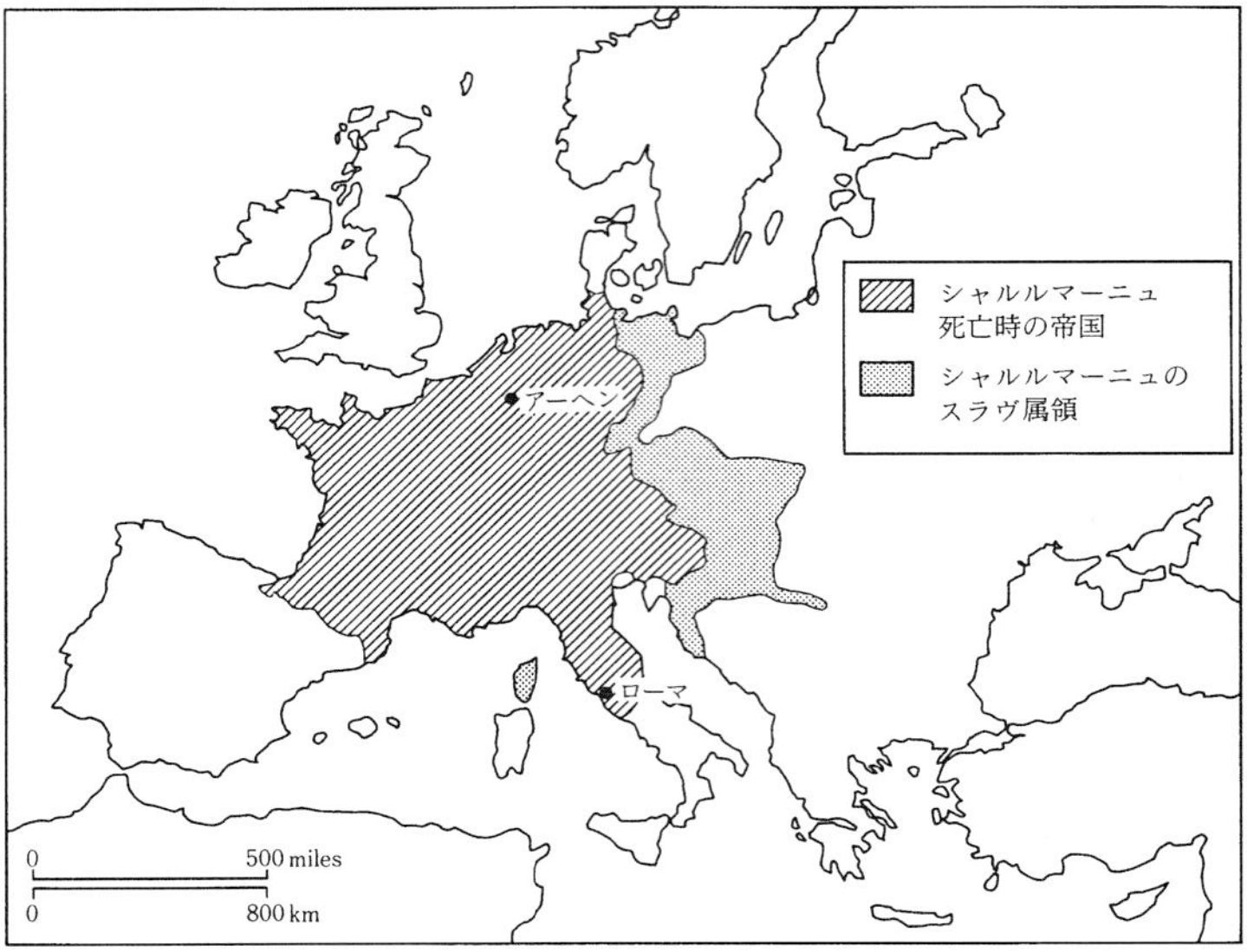

図 1　シャルルマーニュの帝国

しかしながら、キリスト教に対する共通の信仰は、強力な結束力であった。古代ローマ帝国からのラテン語と市民法への固執とそれらの復活とともに、キリスト教への信仰は、ヨーロッパに対して大きな文化的な同質性を与えた。一三世紀までに、地理的な意味での大陸の末端までキリスト教が拡がったことによって、ヨーロッパもまた、政治的な統一ではないにしても、宗教的な統一を達成した。

中世の大部分において、大陸を表現する言葉として、「ヨーロッパ」よりも「キリスト教世界」が使われていた。デニス・ヘイ教授が指摘したように、「ヨーロッパ」という言葉そのものは、（カロリング朝時代のエピソードを除いて）一四世紀まで使われることが稀であった。しかし、「ダンテの作品のなかにヨーロッパに関する言及を約二〇数えることできる。ペトラルカの作品にいたっては、数が多過ぎて数えることもできない」(62:59. なお、ダンテは一三二一年に死去し、ペトラルカは一三七四年に死去している)。キリスト教世界という見解は、中世たけなわの時代に統合と分化の双方の感覚を与えることになった。異端とみなされたり、イスラム教に改宗したため信徒を失ったことによって、アジアおよびアフリカの教会が衰退したので、キリスト教世界とヨーロッパはますます重なり合うようになった。北極から地中海、大西洋からドン川（伝統的にヨーロッパの東側の境界線とみなされてきた）によって囲まれた地には、キリスト教徒が住み、当時知られていた他の二つの大陸には、キリスト教徒はいなかった。

キリスト教アイデンティティーに対するこの種のヨーロッパ的な感情は、膨張してきたイスラムの勢力と衝突することによって目に見えて強化された。いろいろな呼び名でいわれているが、アラブ人やサラセン人は、七世紀から八世紀にレバント地方〔シリア、レバノン〕および地中海の南沿岸に沿って進出した。シチリア島が征服され、スペインにも及んだ。さらに、イスラムの旗はピレネー山脈を越え、侵攻は七三二年トゥール〔・ポワチエ〕の大会戦によって阻止されるまで続いた。ローマさえも、八四六年には包囲された。キリスト教世界に対するイスラムの挑戦が暴露したことは、「異教徒の攻撃およびキリスト教を信仰しない無信仰者による破壊に対して武器をもってキリストの聖教会を庇護する」という皇帝の主張がいかに空虚であったかということである(36:254-55)。皇帝の庇護が欠如していたために、教皇権がリーダーシップをとることになった。決定的な行動をとったのは、フランス人の教皇ウルバヌス二世であった。一〇九五年のクレルモン公会議は、聖地イェルサレムを奪回するためにキリスト教徒が十字架と武器をとることを決議した。この決議が、ジェフリー・バラクラフの言葉を借りれば、「第一回十字軍において、ヨーロッパはその歴史上初めて統一行動をとった」(9:15)という事態を引き起こしたのである。しかし、実際には不安定な統一であった。四つの個別な軍隊が召集された。十字軍の従軍者は、「ヨーロッパ」東方帝国を進軍する過程でかなりの破壊を行なった。たとえそうであっても、統一された目的が、〔キリスト教徒を〕従軍に駆り立てたのである。

一三世紀の終わりまでに、われわれがそのなかにヨーロッパ統一に向かう努力の手がかりを探っている環境そのものがふたたび変化した。新しく出現したパターンの特徴は、国家へのアイデンティティーが強化されたこと、さらにそれに伴って皇帝と教皇が聖俗双方の権威を架橋しようとする主張が弱まったことである。国民国家の形成は、ヨーロッパの一部では、初期的な形態ですでに認識可能な状況にあった。北にあったのは、ノルウェー、スウェーデン、デンマークの諸王国、西には、イングランド、スコットランド、フランス、ポルトガル、カスティーリャ、アラゴンの諸王国があり、東ヨーロッパでは、リトアニア、ポーランド、ハンガリーもまた中央集権的な王国に漸進的に結晶化しつつあった。

しかしながら、大陸の中心部では、王の権力を固めていく過程が、皇帝の覇権に対抗する形で進んでいた。皇帝の権威は、最初は帝国の外で、やがて帝国内で、ますます挑戦を受けることになった。いくつかの例を挙げよう。一三世紀初め、教皇インノケンティウス三世は、フランス王フィリップ二世が、「みずからを凌駕する世俗的権限がないことを認めた」(9:17)と宣言した。赤髭王の孫で、強力な皇帝であったフリードリッヒ二世でさえも、ドイツやイタリアで皇帝の勢力の衰退を長い間くい止めることができなかった。かれが死んだ一二五〇年までに、帝国は空洞化した機構となり、内乱が続発した(皮肉にも、「神聖ローマ帝国」という完全な名称が採択されたのは、一二五四年になってからであった)。

教皇権もまた、もうひとつの統一する勢力としては、弱体化の徴候を見せていた。東方正教会との分裂はあまりにも深く、教皇権がすべてのキリスト教徒の指導者であるという主張の信憑性に疑問符を投げかけていた。さらに、教皇の優位を認めていた広大な地域においても、諸侯も臣民も自国の国内問題に教皇権が干渉することを受け入れる気持ちはなかったのである。

このようなヨーロッパの統一感の衰退を、憂慮する人々がいた。その結果、一二八〇年ころから一三一〇年ころまでの約三〇年の間に、効果的な統一のための構想の概要を提示する出版物が急遽出版された。これらの計画は、ヨーロッパ連合のための青写真を起草する習慣の始まりであった。この習慣は、今日われわれの時代まで続いているものであり、それが本書のテーマである。したがって、このように永続する伝統を築いた著者たちをして計画を描くことを余儀なくさせる背景となっていたいくつかの憂慮すべき事態を、検討することが重要である。

そのひとつは、中東における憂慮すべき事態である。一二九一年、聖地におけるキリスト教徒の最後の砦となっていた要塞都市アッコンが陥落した。ここに十字軍の冒険は失敗に終わった。その間、ビザンティン帝国は、まずセルジューク＝トルコによって、後にはオスマン＝トルコによって、徐々に小アジアから押し出されていった。これらのキリスト教徒の撤退は、ヨーロッパの批評家たちによって、キリスト教世界が陥った不統一に対する罰として、あるいは十字軍の努力はより強固に統一された力によって再起されねばならないという証拠として、解釈されたのである。

もうひとつの憂慮、つまり検討課題の第二は、帝国を復活させようとする試みであった。非キリスト教徒と秩序混乱の勢力の勝利を阻止することが不可欠であるという議論が、皇帝はもはや使いものにならないという一三世紀終わりの共通の意見に対抗するために出版されていた。アドモントのエンゲルベルト、レースのアレクサンダーやダンテ・アリギェーリの小冊子は、この運動においてとくに顕著なものであった。それらは、本章の次節で検討することになる(一二一―一三頁)。

第三の検討課題は、教皇権の覇権的な野心を復活させようとしていた同時並行的な努力であった。ローマのジルとヴィテルボのジャーコモの議論や、教皇ボニファティウス八世自身の大教書に留意する予定である(一一―一二頁)。ここで必要なのは、一二九四年にボニファティウスが教皇に就任したとき、かれの権威を実行に移すことを非常に固く決意していたことである。かれは、専制的な性格、よく教育を受けた法律的な知識、儀式的な荘厳さに対する好みを兼ね備えていた。一三〇〇年、かれは、みずからが発案した五〇年祭を記念するためにローマでキリスト教徒の大集会を組織した。教皇は、その機会に皇帝の色である紫の法衣をまとったとさえいわれている。

同じころパリでは、第四の検討課題となるが、小冊子の著者たちが、かれらの君主であるフィリップ四世(美王)の国家的な主張を擁護するために、同じような宣伝を書いていた。フィリップは一二八五年にフランスの国王になった。

当時、フランスは、ヨーロッパで最も強力な国家となっていた。国の内外におけるかれの権勢を意識してフィリップは、最も活発かつ豪胆な政策を追求した。結果として、皇帝あるいは教皇権のリーダーシップ下ではなく、フランスの権勢に依拠してヨーロッパ統一のシステムを主張することはできないか。この歴史的に重要な概念が、デュボアの任務の中核にあった。この構想は、われわれの目的にとって、中世の諸構想のなかで最も重要なものとなるのである(一四―一九頁を参照)。

ボニファティウスとフィリップの人格と政策は、相互に衝突する可能性があるものであった。政策が実践に移されたとき、烈火のような爆発が劇的に起きた。一二九六年に、聖職者に対する税金のあがりを教皇が要求し、国王がこれを拒否したことによって、いさかいが始まった。紛争は、利用し得るあらゆる武器を使って闘われた。ボニファティウスは、正当化するための大教書を発し、フィリップを破門すると脅した。しかし、フィリップの火砲の方がより強力であったことが証明された。かれの敵に雑言を浴びせた後、フィリップは、最終的には一三〇三年にボニファティウスを幽閉した〔アナーニ事件〕。教皇は、その後すぐに死んだ。フィリップは、やがてフランス人をクレメンス五世として教皇に選出させることによって、教皇権に対するかれの影響力を確立した。この教皇が、教皇庁をフランスが支配するアヴィニョンに置いたことによって、オッカムのウィリアムが「〔教皇の〕バビロン捕囚」と呼んだ状況が始まったのである。

皇帝的なスタイルで権威を維持しようとする教皇の主張は、もはや考えられないものになった。しかし、約五〇年後の一三五六年、皇帝カール四世は、ドイツにおける非中央集権的な構造を容認した金印勅書を発することによって、中世における現世の皇帝支配の最後の装飾物を放棄したのである。

いまやヨーロッパ統一の概念が復旧するかどうかは、この大陸の統一のために文書による計画を公刊する学者たちや政治家たちの執着心にかかっていた。この長く、不満に満ちた歴史は、一三世紀から一四世紀へと転換するころに始まったのである。

2　初期の統一構想

一三世紀の終わりから約三〇年にわたって、聖職者も、聖職者でない人々も、キリスト教世界あるいはヨーロッパの統一を高揚させる計画を創出するのに忙しかった。かれらの多数は、皇帝あるいは教皇の最高権の救済を追求した。最も先見性があったのは、フランスのリーダーシップを唱えたデュボアであった。

まず最初に、教皇の諸提案を検討してみよう。最も重要なものはボニファティウスの一三〇二年の大教書、*Unam Sanctam*(『唯一にして聖なる』)と、ローマのジル(エギディウス・コロンナ)によっておそらく同じころに書かれた *De Potestate Ecclesiastica*(『教会の権限について』)である。ジルは、かつて美王フィリップの家庭教師を務めていた。皮肉にも、ジルの著作は、俗世の王の権限は教会の権威によって基礎づけられてのみ正当なものになるという理論の極端な表明であった。私的財産さえも、真の信仰者によってのみ所有され得るものであると、かれは論じた。小冊子の直接的な目的は明白であり、かれのかつての生徒の自立の主張を批判することであった。この小冊子がわれわれにとって関連があるのは、キリスト教世界全体、さらにそれを超える地域に対する教皇の支配権を擁護する明白な主張であるからである。ウォルター・ウルマンの言葉によれば、

ローマのジルの著作の目的は、教皇が、何人にも、何事にも、世界のすべてに対して主権(かれは最高統治権と呼んだ)を有していること、その結果、君主たちは(聖職者たちと大きく異なっているわけではなく)、教皇の臣下であること、さらに、すべての聖職および法的な権限は完全なる権限をもつ教皇に在ることを証明することであった(126:124–25)。

このような極端な主張を述べることによって、ジルは教皇以上に教皇的になろうとした。他方、ボニファティウスは、かれの有名な大教書のなかで教皇権の権威の普遍性に関するこれまでの議論の簡潔な要約に満足していた。かれは、世界について、階層的で単細胞のモデルを構築した。キリストの地上における代理人として教皇は、当然最高の支配者でなければならなかった。俗世の君主たちに対して現世の権限をふるうことを委任しているが、君主たちは「誓願と教皇の黙許」(126:115)によってのみ、この権限を行使することができる。大教書は、「おしなべて、あらゆる人類の救済にとってローマ教皇に従うことが必要である」(93:86)という宣言で結ばれている。

教皇側の主張の多くは、当然のことながら、神のすべての創造物に対する教皇の精神上の最高統治権に関連していた。このため、ヨーロッパの政治的統一に関するわれわれの研究にはあまり関連がない。それにもかかわらず、これらの声明が書かれたフランスと教皇権の「冷戦」の分脈を前提にすれば、ヨーロッパ大陸に対する現実的なメッセージは明白である。明示的な表現においても黙示的な意味合いにおいても、教皇権は、ヨーロッパのあらゆる俗世の支配者に対して聖俗を架橋する政治的な権威を主張していたのである。

同様に、ヨーロッパ大陸の主権に対する皇帝の主張は、最終的にダンテの『君主政論』という大著によって、悲惨な結末を伴うような終わり方を回避した。しかしながら、ダンテの著作の検討に入る前に、それ以前に出版され、あまり大部ではない二つの作品を検討することが適切である。これらの著作者は、一二八〇年代の初期に著作をものにしたアドモントのエンゲルベルトとレースのアレクサンダーである。エンゲルベルトは、帝国に執着することを論じた。その理由は、帝国には不完全なところはあるが、帝国なしに、ヨーロッパは平穏とヨーロッパ内の安全を達成することができないからであった。われわれがかれに興味があるのは、根底にある大陸の同質性に関する議論である。人種的、言語的、文化的な相違にもかかわらず、すべての人々が自然法およびローマ法の命ずるところによって生活していると、かれは指摘した。したがって、ローマ皇帝は、共通のキリスト教的な原則と法原則によってともに結びついているピラミッド状の社会的・政治的構造を正当に支配していると認められるべきであった。

アレクサンダーも、秩序の混乱を警告することに関心をもっていた。広汎に読まれたかれの小冊子は、教皇およびフランスのヨーロッパ支配権への野心に対抗して、ドイツ人の利益を擁護するために書かれた。かれは、一種の三頭政治を描いた。つまり、政治的なリーダーシップを付与されたドイツ皇帝、精神界のリーダーシップをもったイタリアの教皇、そして知的なリーダーシップをもったフランス王による政治である。

ダンテは、前述した人々とは異なったカテゴリーに入っている。かれは、聖職者ではなく、経験豊かな政治家であり、天才的な作家であった。ダンテの普遍的な帝国を主題とした著作のなかで『君主政論』は、政治理論にとって主要な貢献をなすものである。ダンテが、この問題について一四世紀の最初の一〇年間考察していたことは明らかである。かれは、一三一一年に『君主政論』を出版する前に、イタリア語で未完成の論文を残している。

かれが聖職者ではなかったという背景を反映して、当時の他の著者たちとは異なってダンテは、過度の精神的な権威によって妨げられない現世の権限に関心があることを強調するために骨身を惜しまなかった。かれは、平和の保持者と正義の源泉としての普遍的な君主の効用について論じた。普遍的な君主政の機能は、もめている国家間の共倒れになるような争いのうえに立ち、争いを治めることである。ダンテは、古代のパックス・ロマーナの例に感銘を受けていた。しかも、かれは、復活した普遍的な君主政は、その権威を、仲介者としての教皇からではなく、神から直接得ると論じた。ダンテは、さらに論を進め、人間性とキリスト教との間の区別、普遍的な人間国家とキリスト教世界との間の区別を行なった。政治と政府は、前者の領域にのみ属するものとされた。

ダンテの意識のなかにはヨーロッパの概念があったが、希薄なものであったことについてはすでに言及した（六頁を参照）。普遍的な君主政に関するダンテの理論は、それにもかかわらず、ヨーロッパ統一の歴史にとって関連性をもっている。かれは、ヨーロッパの政治的な思考を世俗化したのである。至高の平和維持者の下で諸国家間の一種の連邦的構造を提案した。この枠組みは、シャルルマーニュからボニファティウスまでの時期の過度にキリスト教化していた思想には適用できなかったが、将来の時代においては容易に適用できるものであった。

ピエール・デュボア(ラテン語表記では、ペトゥルス・デ・ボスコ)もまた聖職者ではなく、職業としては訓練された法律家であり、根っからのもの書きであった。ひとりの権威によって、かれは「中世における最も偉大な書き手のひとりである」(112:233)と描写されている。また、もうひとりの権威によって、「中世における最も大胆な思索家のひとりである」(105:144)と描かれている。かれは、一二五五年ころノルマンディー地方の町、クータンスの近郊で生まれ、そこでかれは後に法律家として従事した。かれは、パリ大学に学び有名であったが、論争を好む哲学者であったブラバンのシジェに師事した(シジェは、ダンテの師でもあった)。その後、デュボアは、美王フィリップの顧問となり、かれの最も巧みな宣伝家のひとりとなった。この職に就いてかれは、すでに述べたようなボニファティウス八世との紛争(一〇頁を参照)において中心的な役割を演じていた。かれは、反皇帝と反教皇の双方の立場をとり、個人的にも国家的にも増大を目指す積極政策を採用することを、かれの君主に対して助言した。一三〇八年に例えば、みずから皇帝への選挙を準備し、イェルサレムを解放するために十字軍を率いることをフィリップに対して勧めた。

フィリップとボニファティウスとの紛争のさなかの一三〇〇年、デュボアは *De Abbreviatione*(『短縮について』。『戦争を短縮する方法に関する小論』という長いラテン語の題名を短縮したもの)を書いた。この作品が興味深いのは、教会の主張への敵対ばかりでなく、その意識的な国家への誇りが示されているからである。「全世界にとってフランスに権限を提出することは、有益なことである」とかれは書いた。「というのは、フランスは、他の人々がやるよりも、合理的な判断によって権限をより良く使うであろう」(64:340, 67:16)。

約五年後、デュボアは、短期間であったがイングランド王エドワード一世に仕えた。ボニファティウスの要求に対するイングランド王の抵抗も、フィリップとほとんど同じように決意の固いものであった。さらに、よく知られているようにエドワードが十字軍を再開させることに熱心であったのを認識しておくことも必要である。エドワードの熱意は、かれの心臓を聖地に葬るための軍事遠征に三万ポンドを提供することがかれの遺言に記されていたことによって、かれの死後証明された。したがって、デュボアがかれの代表的な二部作、*De Recuperatione Terrae Sanctae*(『聖地回復について』)を執筆するようになったのは驚くに値しない。かれは、一三〇六年ころに出版されたその第一部を、イングランド国王に捧げるべきであった。

この著作こそ、デュボアのヨーロッパ連合への計画を内包していた。そのなかで、かれは、「ヨーロッパ」だけでなく「キリスト教世界」にさえ言及していないが、「すべてのカトリック教徒」、「カトリック教徒の共和国」、「キリスト教徒の共和国」に言及していた。当時、ヨーロッパの概念は非常に稀であったのである(62:36 n)。それにもかかわらず、構想を提示する際にかれの意識にあったのはヨーロッパの諸国家だったことは、明らかであった。

デュボアの本は、かなり複雑に編纂されている。かれの勧告の骨子は以下のとおりである。戦争は、忌わしいものであるが、風土病である。他方、戦闘は、「戦争をひどく嫌う神聖な彫刻やこのことを大衆に語る説教師の教訓によって」(39:63)、決して止むことはない。ある種の国際的な規律のシステムが必要である。しかし、かれは、ローマ帝国は時代遅れであり、その種の復活を拒否している。かれは以下のように説明する。

過去何世紀の経験からいえば、現世のことに関して単一の君主によってすべての人が支配されるべきであることが可能であると賢い人が考えるとは思えない。……終わりのない戦争、動乱、不和が起こるであろう。……それは、多数の民族、領土の広さと多様性、相争う人間の気質のためである(39:63)。

デュボアの解決策は、ヨーロッパの君主たちや諸都市が、国家連合型の「キリスト教共和国」を結成することであった。この共和国を監督するのが評議会であり、それは、訴訟当事国から各三名、中立的な聖職者が三名、計九名の判事から成る陪審を設立して国際的な紛争の仲裁に当たる。これらの仲裁者は、「裕福であり、愛、憎しみ、欲、その他のものによって買収されることのできないような条件をもっていなければならない」(39:64)。もしこれらの仲裁者が、受け入れ可能な解決策に到達するのに失敗した場合には、問題は最終的な判定者である教皇に控訴される。しかしながら、「主権者教皇」は、即効的な手段ではなく、来世という身の毛をよだたせる訓育的な手段によってしか威嚇できないので、デュボアは、強情に反抗する者に対して即効的かつ現世の処罰を規定する。評議会の処罰権限には二種類あって、軍事的あるいは経済的制裁と流刑である。有罪とみなされた国家あるいは都市は、征服もしくは経済的な封鎖の対象となる。また、違反者がひとたび逮捕されると、違反者とその家族は聖地に送られることになる。

この部分が、デュボアの計画のなかで、かれの工夫の才を表わしている箇所である。読者の尊敬に満ちたまなざしの前に、遠い利益の全貌が見えてくる。問題を起こす人々は、ヨーロッパから「放逐される」。かれらは、好戦的な性格を有していがちである(さもないと、かれらはまず問題を起こさない)ゆえに、異教徒に対しての聖戦を行なううえでとくに有効となる。さらに、家族全員が流刑に処せられるために、非常に教養のある婚期のヨーロッパ婦人がイスラム教徒を堕落させ、キリスト教徒に改宗させることを期待し得た。このような植民化の過程の結果として、地中海は、かつてローマの湖であったように、やがてヨーロッパの湖になり、収益性の高い通商のこの上もなく貴い利益をもたらすことが期待されていたのである。

この間、ヨーロッパでは、この大陸の平和と世界における支配的な地位は、教育という文明的な力ならびに高められたフランス国家によって固められるはずであった。教育は再編成され、聖職者の統制から解き放たれるべきである。近代ヨーロッパの言語、古典言語、中東の言語などが、カリキュラムに入れられるべきである。東洋の言葉が、異教徒を改宗させる過程を促進するための通訳を育成する目的で教えられるべきである。医学と科学も強調されるべきである。女性の教育の軽視も救済されねばならない。われわれの目的にとって最も関連があるのは、デュボアが「平和の配当」からの資金で国際的な学校の創設を提案していることである。おそらくデュボアは、六〇〇年前にゼノンがアテネにストア派の学院を創設して以来，国際的な理解のための教育を主張した最初の人物であった。

最後に，デュボアの構想の決定的に重要な部分は，かれの生まれたフランスに中心的な役割を与えていることである。フランス国家を近代化するために，かれは一連の改革を描いている。フランスの国際的な勢力は，他国の犠牲において高めねばならない。フランスは，教皇領，ロンバルディア，ナポリ，シチリア，アラゴン，ハンガリー，イングランドを支配すべきである。デュボアはまた，フランス王室がコンスタンチノープルを含む大東方帝国を支配する計画ももっていた。この計画は，かれの著作の第二部に収録されており，短いが，フランス国王だけが見ることができる秘密の議定書になっていた。さらに，控訴受理権のある教皇の役割については，当時教皇がカペー家の傀儡《かいらい》以外のなにものでもなかったので，フランスの勢力の拡張として読むことができる。デュボアは，リヨンで行なわれたクレメンス五世の即位式（一〇頁を参照）の数カ月前にかれの著作を出版した。ヒンズリーが指摘したように，懲罰的な流刑の取り決めでさえも，フランスの利益にかなうものであった。「ヨーロッパにおいて服従しない支配者に対抗するため制裁に訴えるというデュボアの提案は，不服従の王家を東に追放することを正当化することによって，フランスのさらなる拡張を意図していたのである」(67:16)。

この意見は，デュボアの最も重要な目的に疑問を提起している。批評家の意見は，極端に分かれており，「賛美から非難の全域にわたっている」(C. C. Tansill, 65:4)。賛美は，デュボアのヨーロッパの平和的な目的を額面のまま受け入れることから生まれる。非難は，根底にあるフランスの覇権という野心に由来している。最近の権威の研究にさえも大きく異なった意見を見いだすことができる。ド・ルージュモンは，「デュボアにとって……平和が最高善であった」(39:63)と述べている。対照的に，スターウェルは，「デュボアは……平和を本当に愛していたわけでなく，かれ自身の国以外の国に対する本当の好意をもっていたわけではない」(121:68)。かれの提案した十字軍について，ヒンズリーは，すでに前に引用した批判にもかかわらず，「デュボアの主要な目的は……聖地の奪回とキリスト教世界の統一の保持であった」(67:15)。アメリカ人の学者であるシルヴェスター・ヘムレーベンはより懐疑的で、「おそらくデュボアは、かれの計画への支持を集める手段として聖地の問題を使ったのではないか」(65:2)という意見を表明している。では、平和と十字軍というデュボアが宣言した目的は、フランスを地域的な超大国にするための計画のカモフラージュであったのか。以下のバラクラフ見解は、臆しない、ある現実主義者のデュボア解釈である。「帝国の変革を求める人々がいた。つまり、ドイツからの分離とフランスの国王に大陸における最強国家の称号を付与することを主張した人々がいた。……その最も悪名高い主唱者がピエール・デュボアであった」(8:21)とかれは書いた。さらに、簡潔に「ヨーロッパ統一を求めるかれの呼びかけの背後に隠されているのは、フランスの覇権を求める呼びかけであった」(9:19)と記している。

では、デュボアの計画を、われわれはどう特徴づければよいのであろうか。かれは、当時流行していた国際社会における考え方と事実の多くを独創的に組み立てるとともに、目新しい細部をつけ加えたのである。アイリーン・パワーは、デュボアの思想の二面性ついて巧みに述べている。「かれは、あまりにも近代的で、美王フィリップのためでなく、ルイ一四世かナポレオンのために書いているように思える。しかしながら、かれはその時代の人間であり、かれの新しい考えは蝶のようにもがきつつ生まれ出ようとしていたが、未だ中世というさなぎのなかに半ば埋没していた」(105:140–41)。デュボアは、十字軍の再開という当時の願望、紛争の仲裁に関する当時の方法、大陸における世俗の主権に対する皇帝もしくは教皇の継続的な要求の明白な減退を反映していた。問題を起こす人々を植民地に移送することと、国際的な理解を促進するための教育は、補完的であるが、新しい考えである。デュボアは、以下の三つの理由により、ヨーロッパ統一について近代の思考スタイルをもった真の先駆者であったということができる。第一に、かれは明らかにヨーロッパ大陸、しかも大陸全体を念頭に置いていた。それに対してそれ以前の諸計画は、世界全体かヨーロッパ大陸の一部を前提としていた。第二に、かれが、協力の過程を、例えば皇帝のような個人の手ではなく、評議会に委ねたことである。第三に、かれは、当時政体として出現しつつあった支配的な国民国家による権力を評議会の背後で巧みに使うことを考えていた。しかし逆説的に、この国民国家の出現そのものがデュボアの計画を実現不能にすることになったのである。

おそらく、これは当時の「レアル・ポリティーク（現実政策）」であったのであろう。この時代、西では間断のない百年戦争が続き、その後イタリアでは自己中心的なルネッサンス的な国家運営が行なわれた。それが、一三〇〇年ころに芽を出し始めた〔ヨーロッパ〕連合への関心に対する直後のフォローアップを妨げることになった。ヨーロッパの文化的なアイデンティティーについて意識が増大していったにもかかわらず、〔ヨーロッパ〕連合への無視は続いたのである。その後、宗教改革が大陸ヨーロッパの政治的な分裂繁殖をさらに強調することになった。一四世紀から一六世紀をとおして、ヨーロッパ統一のための青写真はほとんど発見されないのである。

一五世紀前半に生きた政治理論家であり、外交官でもあったニコラウス・クザーヌスは、すべての宗教を包含し、最高権への野心によって惑わされない諸国家より成るひとつのヨーロッパの協約という見解をもっていた。

デュボアの提案のスタイルおよびその後の計画に最も近いものは、ポディエブラディ家のイジー（ゲオルグ）およびアントワーヌ・マリーニ（マリウス）によって考案されたものであった。前者は、フスを信仰したボヘミアの王であり、後者は、実業家であり、外交的な手腕に優れ、イジーに仕えた人物であった。かれらは、トルコ人に対抗するためのキリスト教徒の契約とヨーロッパのための国家連合的な構造の枠組み構想を起草した。とりとめのない文書であるが、主要な制度的な特徴は、ひとつの総会、ひとつの司法裁判所、国際的な仲裁機関、連合の軍隊、ひとつの国家連合予算であった。

構造的な取り決めは、ある程度詳細に起草されており、顕著な特徴をもっている。総会は、一四六五年二月にバーゼルに招集されることになっていた。総会は、定期的に招集され、その場所は五年ごとに移動することになっていた。

その任務は、常任の議員団と諸王と諸侯から成る評議会によって遂行されることになっていた。しかしながら、この計画のとくに重要なことは、支配者の主権が政策決定で多数決制の使用によって初めて制限を受けることである。

上記の議員団が、われわれの上にあり、われわれの臣民と、長期に滞在するものの上にあり、母国および共同の帝国における係争に対する訴訟管轄権を有すべきである。その管轄権は、上記の総会が、その多数決によって解決を行なったり、決定を行なう(39:71)。

さらに、公会議もしくは国際裁判所も総会と同じ都市で開催されることが規定されていた。

国家連合のメンバーは、相互の戦争放棄を要求される。それにもかかわらず、もし紛争が発生したならば、

総会は……われわれの共同出費で大使たちを即座に派遣……しなければならない。たとえ攻撃を受けたわれわれも同邦によって要請されなくとも、訴訟を解決し、平和を回復する使命をもって、派遣せねばならない。……もし侵略者の行為と過ちによって、連合の平和が達成されないならば、われわれの残りのすべてが、全会一致の同意によって、攻撃を受けたり、あるいはみずからの防衛を余儀なくされたわれわれの同盟国を、毎年われわれの王国の「十分の一税」を与えることによって、支援するであろう……(39:69-70)。

さらなる経済援助が、侵略を受けた国家の民間人の福祉のために提供されることになっていた。

国家連合基金の資金源は、たとえあまりにも素朴で実行可能ではなかった方法であったとしても、独創的なアイディアであった。総会がトルコ人に対してキリスト教信仰の新しい擁護者となるという理由で、教会の「十分の一税」の三日分を毎年総会の金庫に教会が支払うことをとりまとめるよう教皇に求めることになっていた。総会は、十字軍に従軍するために動員する軍隊について、さらに侵攻を「開始する日」を設定することについて、多数決によって決定する権限を与えられていたのである。

マリーニは、この計画にさまざまな支配者たちの関心を引くため派遣された。最も有名なのはルイ一一世であり、

その宮廷にマリーニは一四六二年に到着した。ポディエブラディ家のイジーの計画にとって、フランスの支援は、決定的に重要であった。フスの支持者であり、そのため異端者であったイジーは、教皇に対抗するために助けを必要としていた。また、ボヘミア人としてイジーは、痕跡をとどめる皇帝の権威に抵抗することを欲していた。権限の一部を国家連合にプール(共同管理)するという印象深い計画の下に潜んでいたのは、フランス国王が西の皇帝になり、イジー自身が東の皇帝とドイツ皇帝の称号を得るという申し出であった。

その後、ヨーロッパ連合の青写真を描く関心が全体として復活するのは、一七世紀まで待たねばならない。そのような構想のなかで最も有名なのは、シュリーの「大計画」であった。この計画は、中世におかれた基礎のうえに意図的に構築されたのであろうか。確かに、「大計画」は、デュボアの提案と多くの類似性をもっている。フランスの勢力増大、ヨーロッパにおける平和、合同軍、トルコ人との戦争、通商の促進、代議制による中央機関がそうである。デュボアの作品は、それが書かれた直後に失われ、一八七〇年代になって発見されたともいわれている。実際には、新版は一六一一年に登場し、それはおそらくシュリーがかれの著作にとりかかった直後であったのである。

中世ヨーロッパが実際的な統一に関して貴重な教訓を近代ヨーロッパに教えることができるという所信は、歪められた過大評価である。逆に、ヨーロッパ統一に関する中世の仮説的な諸計画を無視することは、中世におけるこの業績分野におかれた強固な基礎を歪めることになる過小評価である。開拓者的な著作が着手され、伝統となったのは一三〇〇年ころであった。その伝統が、統一を求めるヨーロッパの宣伝、呼びかけ、計画の永続的な特徴として一七世紀に復活したのである。

第2章

アンリ四世の威光のもとに

1　ハプスブルク問題

本章で取り上げるシュリー公爵は、一六世紀中期から一七世紀中期にかけて生きた人物である。この時期は、宗教改革直後で、宗教的な論争が高揚したために民衆レヴェルにおいても、またさらに国際的なレヴェルにおいても紛争が発生していた時代であった。当時ネーデルラントは、ハプスブルク家の支配に対して反発を強めており、イングランドのエリザベス一世は、このネーデルラントを支援していた。これに対してスペイン国王フェリペ二世は、スペイン無敵艦隊《アルマーダ》を差し向けて問題の解決に当たろうとしていた。ドイツでは宗教的な対立がドイツに固有な社会的欲求不満を助長しており、フランスは分裂状態で内乱に陥っていた。一七世紀初頭は、三十年戦争の勃発とフランスのリシュリュー枢機卿の策謀術に彩られた時代であった。シュリー公爵の活躍した時代の独特な背景について正確な評価を下すためには、フランスが、ヨーロッパ政治の動向についてどのような認識をもっていたかを分析することが有用だろう。当時のヨーロッパ政治における主要な動向とは、すなわち、宗教紛争、ヨーロッパ的規模で発生している紛争を平和的に解決するための広汎な取り組み、ハプスブルク家のライヴァルでフランスを支配していたヴァロワ＝ブルボン家との敵対を引き起こしたハプスブルク家の覇権国への動き、さらにアンリ四世の政策とその威光である。

ルターとカルヴァンは、統一的なキリスト教(カトリック)に支配されたヨーロッパという中世的な理想を最終的に破壊した。宗教紛争は、その理想を支えていた二つの柱、すなわち、キリスト教世界と神聖ローマ帝国を分離させた。しかし、第一章ですでに言及したように、この二つの柱には宗教改革以前の段階で重大かつ危機的な亀裂が入っていたことは誰の目から見ても明らかであった。それでもなお宗教的な反抗運動が二つの柱の亀裂を深くし、裂け目を大きくする以前から、ヨーロッパの理念に対して精神世界と世俗世界の支援を強化することが問題にならなかったわけではなかった。がらがらと音をたてて崩れ落ちるローマ・キリスト教社会、これはキリスト教社会のうわべだけのカトリック教義の破壊を意味するのだが、その崩壊をもたらしたのは、ローマ教皇のリーダーシップを否認するプロテスタント側の政治的な行動だけではなかった。西ヨーロッパと中央ヨーロッパの宗教的分裂を融和しがたいものにしていたのは、教義に関する論争であった。宗教改革者たちは、ミサにおいてワインとパンを信者に授ける聖体拝領の儀式に関する概念を消化し得なかったし、またカトリック式の祭礼を信奉する者たちも、プロテスタントのミサにおいて行なわれる異端ともいえる聖体拝領に深い嫌悪を示していた。数世代にわたって両者は、ヨーロッパを引き裂き、それぞれが拷問と殺戮とを繰り返したのであった。この両者の激烈なまでの対立は、世俗的な政治目的によって増幅されかつ時間的にも引き延ばされてきたが、その対立は忌わしい三十年戦争で頂点に達した。歴史家たちは、最近になってこの紛争に関する惨状と大量殺戮はかなり誇張されたものだったとしているが、一七世紀の人々の心に与えたインパクトはやはり非常に鮮烈なものであった。ドイツ諸州を軍隊が進軍したり後退したりしたことによって生じた恐るべき災難に中央ヨーロッパの一般民衆は遭遇し、それはまさに地獄絵図といった状況であった。

しかし、宗教で引かれた境界線と国境とは一致していなかった。このような状況が結果的に民衆の間に軋轢を引き起こしたり、それを助長させたりした。しかもこれは、外国に対して同一宗教信奉者を援助するという名目で国内紛争に干渉させる口実を与えることとなった。一五三六年のヘンリー八世の宗教改革に対する「恩寵の巡礼」の反乱やイングランド北部諸侯の反乱といった、カトリック精神で鼓舞された一六世紀に発生した反乱のなかをイングランドは生き延びたが、一世紀後には内戦に突入することとなる。ドイツで一五二四年に始まった農民戦争は、翌一五二五年まで続いたが、この戦争は農民という言葉が指し示す以上により広汎な社会的範囲からの不満が引き金となっており、当時の支配階級を震撼させた。さらに、ルターがこの反乱に対して警告を発していたにもかかわらず、プロテスタント信奉者たちの教会の権威に対する挑戦は、社会の抑圧された下層階級の人々に現状へのより一般的な挑戦の正しさを確信させたことはまず疑いのないところであろう。しかし、反乱者たちは、恐るべき残忍な行為で鎮圧され、危機はまもなく過ぎ去った。フランスにおける政治的安定性に対する脅威はさらに重大であった。一五六〇年から一五八九年にかけての三〇年にもおよぶ戦争は、ヴァロア家支配の脆弱さと支配的貴族階級の無責任な派閥主義の徴候であったにもかかわらず、カトリックとユグノーという異なった宗教勢力が存在していたために状況はいっそう悪化した。たとえ神学上の相違と同様、地理的相違が北部における反乱の成功と南部における失敗を決定づけた要因だったとしても、この時期まったく同じカルヴァン派の信仰がスペイン支配に反抗するネーデルラントで培われていた。

他のいかなる宗教的な内紛にもまして、ネーデルラントでの反乱ほど、近隣諸国を他国の内政干渉に駆り立てたものはなかった。エリザベス一世は、ネーデルラントを支援するためにあらゆる財政的な手段を積極的に行使したが、これは宗教的な配慮と同様に戦略的な配慮からであった。英国は、スペイン国王フェリペ二世の時代からヒトラーの時代に至るまで、常に北海沿岸の低地諸国（現ベルギー、オランダ）に重大な敵対勢力が誕生することに恐怖を抱いていた。しかし、もしエリザベス一世がみずからのとった政策に正当性を感じていたなら、フェリペ二世もまた同様であった。スペイン国王フェリペは、抜け目のない異教徒であるテューダー家の援助を受けたネーデルラントの反抗に対して、寛容ではいられなかった。一五八五年五月、スペイン国王のもとにイングランドが北海沿岸の低地諸国を武力で侵略する準備を進めているという報告がもたらされたとき、同国王が無敵艦隊を差し向ける計画を策定し始めたのは決して偶然ではなかった。ネーデルラントにおける状況もまたフランスで発生した事件と相互に絡み合っていた。例えば、ユグノーのリーダーであるコリニーは、一五七二年、軍を率いてネーデルラントに出向く準備をしていた。これに対して親スペイン派は、コリニーを暗殺しようとしていた。この不手際な策略が直接、聖バルテルミーの大虐殺につながっていった（三六頁を参照）。無敵艦隊の大敗退の次の年、フェリペ二世は、プロテスタントとカトリックの間の信仰上の「冷戦」で最も重要な地域はフランスであると判断した。フェリペ二世の大胆な決断の限界と結果については、フランスの国内史の文脈のなかでさらに的確に言及するつもりである(三二―三三頁を参照)。

こうした暴力的な状態は当然のことながら、平和という政治的な万能薬を追求するのに非常に好都合であった。これが、この時代に支配的な第二の特色である。多くの小冊子を通じて、その著者たちが独自の平和への主張をし、それが巷間に拡められた。具体的には、カンパネッラが世界帝国建設に関する構想を活字にし、スペイン支配下の一六二〇年代にまず初版を、フランス支配下の一六三五年に改訂版を世に送り出した。このカンパネッラよりもさらに思索に富み卓越した平和に関する計画が、エメリック・クリュセによって完成され、一六二三年に初版が出版された。このクリュセは、シュリー公爵に影響を与えたと思われるので(四三頁を参照)、ここではクリュセについてやや長めに触れておくこととする。クリュセは「影の人物」である。実際のところ、かれの名前は今世紀まで杜撰《ずさん》にもラクロアだと思われていた。クリュセの著作の題名は次のようになっている。*'Le nouveau Cynée' ou discours d'estat représentant les occasions et moyens d'establir une paix générale et la liberté du commerce par tout le monde aux monarques et princes souverains de ce temps*(『新キネアス〔紀元前三世紀ころのテッサリアのピュルス王の助言者〕論またはすべての人々により全般的な平和と通商の自由を確立する機会と方法に関する論』)。この題名そのものが、クリュセの主要な二つの目的を示している。ひとつは、平和と自由貿易の間にある共生的な関係にクリュセ自身の信念を表明することであり、もうひとつは、世界中のすべての支配者を包含する構想を主唱することである。すべての諸侯はヴェネツィアに恒久仲裁審議会を組織するために大使を派遣することを提唱した。クリュセは、外交儀礼で豊富な経験があり、かれがローマ教皇に次ぐ第二の地位をトルコのスルタンに付与していることは、興味深い。クリュセは、民族的・宗教的寛容を擁護することに懸命に尽力した。さらに、シュリー公爵と同時代人で平和に関する著作を著した者で忘れてはならない人物がいる。それはオランダ人ヒューゴー・グロティウスで、かれは平和に関する研究者のなかで最も重要な人物といえる。グロティウスは、一六二五年に出版した『戦争と平和の法』のなかで普遍的に適用可能な国際法の基礎を築いたのである。

たとえカンパネッラのような一部の研究者は気付いていなかったとしても、一六世紀の終わりまでに明らかになったことは、統一されたキリスト教会が宗教的手段でヨーロッパを政治的に統合しようとする考えはすでに問題外であったことである。さらに神聖ローマ帝国の復活ということも同様に不可能であった。その理由のひとつは、地理的に中世帝国の中心部であったドイツが宗教改革によって事実上分裂状態にあったことである。またもうひとつの理由は、帝国の王冠を戴くハプスブルク家がカトリック教会側の反宗教改革に密接に関与していたことである。

さらに、宗教的な結びつきとは無関係に、一六世紀から一七世紀にかけてハプスブルク家の勢力が及んだ範囲そのものが、第三番目のきわめて重要な要因であった。ヨーロッパ諸国のより密接な連合を考案することを望む者は誰でもこの第三の要素を考慮に入れる必要があった。

かれらに戦争を行なわしめよ、汝、幸いなるオーストリアよ、結婚せよ、
軍神マルスがかれらに与えるもののゆえに、
ヴィーナスが君主の地位にある汝に与えるもののゆえに。

ウィーンに居をかまえるハプスブルク家の王たちは、この助言に従った。厳密には紛争を避けるという意味ではなかったが、ハプスブルク家の政略結婚は、計画的に縁戚関係をつくることと、まさに偶然の家督相続という二つの方法によって、ハプスブルク家の領土を非常に巧妙に拡大させた。こういった政略結婚で最も典型的なものは、フィリップ麗大公と、スペインのフェルディナンドとイザベラの娘フアナの結婚であろう。フアナのたったひとりの兄が若死し、さらにフアナが精神障害であることが公式に宣言され、フィリップ麗大公とフアナとの間に生まれた息子カルロス一世がスペイン(イタリアの一部を含む)の地を継承した。カルロス一世はまた、新世界にある広大な植民地をその領地とした。さらに、カルロス一世は、別系列の家督相続によってカール五世としてオーストリアとブルゴーニュ(ネ

ーデルラントを含む)を継承し、その支配者となった。カール五世は一五五六年に退位したが、この広大な帝国を弟のフェルディナンド一世(オーストリア)とかれの息子フェリペ二世(スペイン)に分割した。これによってヨーロッパの全人口の四分の一の人々がハプスブルク家の支配下に入ったことになる(75:54)。さらにフェリペが一五八〇年にポルトガル国王になったときに、一族が実質的に支配する領土はさらに拡大した。この結果、一四九四年にスペインとポルトガルが非キリスト教世界を両国で二分することを取り決めたトルデシリヤス条約は無用の長物となった。約六〇年間にわたって(一六四〇年にポルトガルが独立を回復するまで)、ハプスブルク家は三大陸にまたがる広大な植民地を支配したのである。

ハプスブルク家がヨーロッパにおいて抵抗しがたいほど強力な支配勢力になる可能性は、ただ単にその帝国の領地の広大さに依拠していたわけではない。ハプスブルク家は、巨大な富と強力な軍隊を有していた。インフレーション、オランダの反抗とアルマーダ海戦の失敗といった劇的な事件によって衰退が見られたとしても、これらの背後にあるハプスブルク家の勢力を見落としてはならない。当時ヨーロッパでは、インフレーションがひとつの風土病になっていた。それにはいくつか重要な理由がある。ハプスブルク家の領土にペルーおよびその他のアメリカ諸地域から貴金属が大量に流入したため、状況はさらに悪化した。どのヨーロッパ諸国もこの入手しやすい富をもっていなかった。しかし、この富なしにスペインは大規模な作戦を遂行することは不可能だった。またスペイン以外のヨーロッパのどの国も、スペインの無敵艦隊のように強力な軍隊を動員できなかったであろう。また北部ネーデルラントの諸州のゲリラ的なレジスタンス活動が成功したとしても、通常の戦闘ではスペインの歩兵部隊が比類なき能力をもっていたことを銘記すべきであろう。

一五世紀末のはるか以前から、フランスはハプスブルク家の勢力が拡大していくことに恐怖感を強めていた。フランスが感じていたこの恐怖こそ考慮すべき次の要素である。一四七七年四月、オーストリア大公マクシミリアンは、ブルゴーニュのシャルル勇敢王の娘で部分的な家督相続者であるマリーと結婚した。フランスの北部および東部境界地域へのハプスブルク家の勢力拡大は、その直後に始まった北部イタリアでの利害の衝突によって、ハプスブルク、ブルボン両家を緊迫した対立関係に置くことになった。この状態は、「外交革命」と一八世紀半ばのマリー・アントワネットと王位継承者ルイとの不幸な結婚をもって解消されるまで続いた。ヨーロッパ連合計画を構築するという野心をもつ人は誰でも、この深く刻みこまれた両家の敵意を考慮に入れる必要がある。

一六世紀半ばまでに、フランスはどちらの方向に目を向けても、その国境線をハプスブルク家と接していた。北はアルトアがハプスブルク領フランドルに接し、東のブルゴーニュはハプスブルク領フランシュ－コンテに、南はベアルヌとラングドックがハプスブルク領アラゴンと接するといった具合であった。また南東には、財政的にも、経済的にもオーストリア、スペインと強くつながっているジェノヴァ共和国と、「鉄頭」のエマニュエル・フィリベルトの支配下でフランスとの友好関係が不安定になりつつあったサヴォイがあった。いずれにしても、ジェノヴァとサヴォイの後方には、ミラノ公国があった。しかし、一五三五年にスフォルツァ家の血を引く最後の末裔が死亡してからは、公国は徐々にハプスブルク帝国に吸収されていった。さらにハプスブルク家は交通網の確保には余念がなかった。すなわち、ミラノ、フランシュ－コンテ経由でチロル、そしてライン川からネーデルラントまで、これらの地方を効果的に管理し、供給ルートの確保を図っていた。このルートは、「スペイン街道」として知られるようになった。ハプスブルク家が西ヨーロッパにおいて覇権を握ろうという意図をもっていたか否かという問題にかかわらず、フランス人は恐怖心を抱いていた。それは、至極当然のことでもあった。

これまで見てきたように、宗教改革に起因する宗教的対立は、列強に他国の内政に干渉する口実（または自国の見解にしたがった正当性）を与えた。フランスにおける混乱は、フェリペ二世が天の与え賜うた神聖なる機会として起こした内戦に起因する。フェリペ二世はこの機会を神の手段として、看過することはできなかったのである。一五八九年は決定的な年であった。畏敬の念を払われていた皇太后カトリーヌ・ド・メディチがこの年に没した。彼女の末息子アンリ三世は、狂信的な暗殺者ジャック・クレマンの手で葬られた。そのため、ユグノーであるナヴァール王アンリが王位継承者となった。フェリペ二世は、行動を起こさざるを得ないと感じた。しかし、かれひとりだけが状況の核心的な重要性を理解していたわけではなかった。テオドール・ベンツァは、ジュネーヴのカルヴァンの門人でその後継者であるが、そのベンツァは「善かれ悪しかれ、全世界の支配者の変化はまさにフランスの危機の結果に起因している」(61:153)と著している。スペイン国王はフランスを分割するという大計画を考案したのである。ブルュターニュとプロヴァンスに軍隊が派遣された。スペイン国王は、娘のイザベラとサヴォイのシャルル・エマニュエルにそれぞれ軍隊の派遣を振り分けた。しかしながら、決定的な攻撃は北からフランスにやってきた。国王フェリペ二世は、低地諸国の指令官パルマ公爵に軍隊を出動させ、フランスに侵攻するよう命じた。フェリペ二世は、この時フランス新国王アンリ四世に対抗してパリを占拠していた「カトリック連盟」と手を結んでいた。しかし、〔持久策でカルタゴの名将ハンニバルを悩ませた〕のろのろ将軍ファビウスの戦略を駆使したアンリは、パルマ公爵をフランスから撤退させた。これでこの干渉主義者のエピソードは終わりを迎える。一五九八年にスペイン国王は、ヴェルヴァン条約に署名し、これをもってこの時期のフランス＝ハプスブルク紛争に終止符が打たれたのである。

しかしながら、リシュリュー枢機卿が一六二四年に首席大臣になったとき、かれはディレンマに直面することになる。三十年戦争は進行中であり、宗教の違いによって分裂した者たちが戦っていた。リシュリューは、教会の擁護者として、カトリックの盟主ハプスブルク家を支持しなければならなかった。またその一方でかれは、フランスの政治家として、ハプスブルク家の敵のプロテスタントを支持しなければならなかったのである。グスタフ・アドルフがスウェーデンを支配下に置き、かれがその比類なきリーダーシップでハプスブルク家に対峙し均衡を維持している間は、リシュリューには明白な決断を回避する余裕があった。しかし、グスタフは一六三二年に戦死し、二年後ハプスブルク軍はネルトリンゲンの戦いでスウェーデン軍を打ち破った。以後、スウェーデン軍は効果的戦闘能力をもつことはなかった。フランスへの危機は、無視し得ないものとなった。一六三五年五月フランスは、スペインに対して公式に宣戦布告を行なった。フランス、スペイン両国とも、一六五九年に「ピレネーの平和」として知られる条約を締結して徹底的な解決を図るまで、精力を使い果たして戦った。少なくともその時までにハプスブルク家の衰退は十分に明らかとなり、オーストリア・スペイン帝国全体の脅威は威嚇的な影にすぎないほどに低下したのである。

シュリーが生きた時代の主要な動向を概観してきて、われわれはいっそう深く一七世紀に足を踏み込んでしまったが、これら一連の出来事の関連性はやがて明らかになるであろう。その一方で、われわれが歩んできた足跡を時間的にさかのぼる必要もある。すでに広汎な平和の追求、宗教戦争、ハプスブルク家の権勢、フランスとハプスブルクの敵対関係を考察してきた。では最後にアンリ四世の威光について論ずることとしよう。

一六世紀、王国とはいってもフランスは、依然として諸侯領が緩やかに結合した集合体にすぎないという状態にあった。南部ではヴァロワ家の縁戚であるブルボン家のアントワンが婚姻によりナヴァール王になっていた。このアントワンの兄弟であるコンデ殿下が内戦のとき、ユグノーの卓越したリーダーとなった。アントワンが死亡したとき、その後継者アンリはわずか一〇歳であった。すでに言及したように、アンリは宗教戦争の初期のころ紆余曲折を経て、一五八九年フランス国王となった。アンリが受け継いだ遺産は、好ましいというにはほど遠いものであった。国土は宗教によって地域的にはっきりと線引きがされ、戦争により経済は疲弊し、侵攻してきたスペイン軍が依然として国内にとどまっていた。国王アンリはこれらの問題に精力的に取り組んだ。一五九〇年、アンリは賭《かけ》に出た。力でははるかに優っているスペイン軍と、メイエンヌ公爵に率いられた「カトリック連盟」のフランス軍に対してイヴリー・シュール・ウール付近で戦闘を仕掛け、アンリはきわめて重大な勝利を収めた。これによりフランス国王に迫ってきていた軍事的脅威が払拭された。三年後アンリは、自身の王位に反対していたカトリック教会と和解し、さらにアンリに敵意を抱いていた首都を支配下に収めるために、カトリックに改宗した。この時「パリはミサに値する」とアンリが言明したと伝えられている。アンリは、国内外の紛争を一五九八年に終結させ、国内の再建と経済的な復興を有能な大臣であるシュリーに託した。しかしながら、アンリは、依然としてハプスブルク家の脅威にことのほか神経質であった。一六〇九年三月にクレーブ＝ジュリック公爵が死亡し、ラインラント公国の継承が論争の的となった。ハプスブルク家の皇帝は軍隊を送った。戦争の危機が迫った。同年八月、国王アンリは軍を動員し始めたが、ハプスブルク家の包囲を壊滅する準備を進めていたと伝えられている。しかし、われわれはアンリがその好戦的なやり方にしたがって行動を起こしたかどうかについては知る由もない。かれの命は、一年足らずだったのである。

一六一〇年五月一四日、パリは快晴、暖かい日であった。個人的な災難が降りかかる予感を感じさせるようなメランコリックな気分にあったフランス国王は、友人であり、首席大臣であるシュリー公爵を訪れることにした。シュリーは、アルズナルにある公邸に住んでいたが、かれは病床にあった。国王の馬車は、パリの町並みをゆっくり走り抜け、サント＝ノーレ通りから狭いフェロンヌリー通りに曲がったとき、ワインや干し草などを積んだ荷馬車が渋滞を起こしているなかに立ち止まってしまった。アンリは、フランソワ・ラヴァイヤックという狂信的な家臣を従えていたが、この家臣は国王を殺す決意を固めていた。ラヴァイヤックにはまたとないチャンスが訪れた。快晴だったため馬車の窓に取りつけられた革のブラインドは引き下げられていなかった。ラヴァイヤックはアンリの脇腹にナイフを突き刺した。ナイフは肋骨に達した。ラヴァイヤックはふたたびナイフをアンリの心臓に突き刺した。

では、存命中から「偉大な王」と称されていたアンリは、如何なる人物であったのであろうか。アンリは、軍人であり、何よりも行動の人であった。あふれる欲望とエネルギーでかれは食べ、飲み、狩りをし、密通もした。あるフランス人の歴史家は「女性とともにいる時も、戦場にいるのと同じように、かれは勝利者たる術だけを知っていた」(98:35)と著している。アンリの装いは簡素だった。アンリは、儀式が嫌いで、いつものように簡素な装いでいると一般の人と見間違うほどであった。アンリは、一般の人々に「日曜日ごとにチキンが食べられる」ようにすると約束していた。このようにして、アンリは国民的英雄となった。アンリに対する評価を反映し、ヴェルギリウスの詩の書き方にならい一七二八年に初版が出版された *La Henriade*（『ラ・アンリアード』）というヴォルテールの叙事詩でそれは頂点に達した。その詩は次のように始まっている。

私はフランスを統治した英雄のことを歌う、
征服ゆえに、そして誕生ゆえに
英雄は不幸も多かったが、いかに統治するかを学んだ、
紛争を鎮圧し、いかに打ち負かし、いかに許すかを知っていた、
マイエンヌ公爵、カトリック連盟、スペインを同じように覆し、
かれの臣民にとって征服者であり、父であった。（130:43）

権威主義的な決断力、健全な常識、宗教的寛容さ、そして外向的で善良な性格とが混ざり合ってブルボン家の初代のフランス国王は、尊敬と臣民の心を手中に収めた。当然のことながら、次世代のリシュリューの厳格な性格と無慈悲な宗教政策および財政政策の実施とともに、アンリの無残な死に方が、回顧的にアンリの威光を高めたことは疑いの余地がない。アンリの業績は、かれの心を捉えていた崇高なものを正当化するのに十分である。もし、アンリがヨーロッパ諸国の連合に関する計画を思いついたことが証明されたなら、その構想は読者の目にはさらに名声が高まったものとして映るであろう。

2 シュリーとかれの著作

ヨーロッパ統一に関するあらゆる構想のなかで最も高名なものは、「大計画」である。この「大計画」はしばしばアンリ四世によるものだとされてきたし、シュリー公爵の著作のなかにもそう書かれている。しかし、このシュリー公爵、かれの著作、さらにかれの構想については、奇妙な点が多々ある。まず最初に、シュリー公爵がいつ生まれたのか定かになっていないので、この点から始めることとしよう。一説では一五五九年一二月あるいは一五六〇年一月、はたまた一五六〇年一二月といった具合である。また、かれの両親はユグノーの中産階級だが、父は貴族階級と自称していたという。シュリー親子は、パリと英国海峡の間にある小さな町ロズニー・シュール・セーヌに住んでいた。この著者の本来の姓は、ベチューヌ、洗礼名はマクシミリアンという。マクシミリアンは、勉学のためパリに出てきていたが、一五七二年八月二四日に起こった聖バルテルミーの大虐殺に巻き込まれてしまった。マクシミリアンは、著作のなかで生き生きとその時の様子を描写している。どこの通りをどのように歩いたとか、あるいは暴行殺人を目撃したといった具合にである。「こうした残虐性が、胸に抱かれた赤ん坊さえ、そしてユグノーの子を宿したカトリックの女性までも、すべてを殺害するといった行動に人々を駆り立てていった」(18:14)と記述している。若きマクシミリアンは、ひとりの友人とともにこの難を逃れている。かれは、四年後、内戦に出征していたナヴァールのアンリのために戦うため、故郷をあとにした。マクシミリアンは、かれ自身、非常に勇敢な兵士であると自認し、最も有名なイヴリーの戦いで七カ所負傷した。この時までにマクシミリアンは、ロズニー男爵となり、アンリの側近のひとりになっていた。アンリは、マクシミリアンを外交にも、そして国政にも重用した。そのどちらにでもマクシミリアンは、非常に有能な資質を遺憾なく発揮した。

一五九八年、財政政策の責任者である財務総監に就任したロズニー男爵は、実質的にアンリ四世の首席大臣となり、加えて財政政策以外にもさまざまな責任をもつようになった。かれは大蔵大臣のような役もこなしたし、運輸大臣、国防大臣といった責務をこなし、あのブルボン家で複数の肩書きをもつ高官であった。（一六〇六年にマクシミリアンはシュリー公爵となったが）、シュリー公爵の大臣としての業績には目を見張るものがある。シュリー公爵は、財政的手腕を発揮し、アンリ治世下の終わりには財政を黒字に転じさせたのである。

アンリの死は、シュリー公爵の地位を脅かした。かれには、女王をはじめ多くの敵があった。国王の支援がなくなったため、シュリーは自身が司令官を務めたことのある難攻不落の要塞バスティーユに逃げ込んだ。しかし、シュリー公爵の生命は危険に晒されてはいなかった。一六一一年シュリー公爵は辞任に追い込まれ、かれはパリとトゥールの間にあるヴィルボンというかれの所領に引きこもらざるを得なかった。しかし、一六三四年には誰もが望んで止まぬフランス元帥の称号を受けている。シュリー公爵が、短縮された形で *Sages et Royales Œconomies d'Estat*（『王室財政』）という奇妙な題名の著作を著したのは、おそらく引退後であったと思われる。この著作に含まれているものが「大計画」であり、それはヨーロッパを再構成し、国家連合的な構造たらしめようという構想である。著者が誰であるかという論争はあるものの、この計画ほど大陸諸国の連合について、有名になったものはない。

シュリー公爵は、一六四一年に没するが、その経歴のなかで「秋の時代」が長かったにもかかわらず、シュリー公爵の歴史上の評価は、かれの君主とほぼ匹敵するほどのものがある。ヴォルテールは、著書『ラ・アンリアード』の脚註でシュリー公爵のことを要約して次のように記述している。「かれは非常に勇敢な戦士であった。そしてそれ以上に良き大臣であった。国王を欺くことなく、また金融業者たちにも欺かれることはなかった。……廷臣たちは……シュリー公爵にアンリ四世の経済政策と一致した厳格さを見いだしていた。廷臣たちはシュリー公爵のことを「いいえという男」と呼んでいた。なぜならシュリー公爵の口から「はい」という言葉が出ることがなかったからだという」

(130:202)。最近のフランスの伝記作家は、多少おおげさだとは思われるが、次のように書いている。「フランス史上の英雄のなかにあって、シュリーは、ウェルキンゲトリクス、ジャンヌ・ダルク、ナポレオンと並び賞されている。小学校で学んで以来すべてのフランス人は、シュリーのことをアンリ四世の片腕であり、かつ有能な大臣であったことを知っている……」(7:11)。

シュリーは、技術的にも、地図作成上にも、またさらに統計的な細目について情熱を抱く、きわめて良心的で細部にまで正確な作業者である。シュリーの公務に対する態度は、国家財政を厳しく管理し腐敗を捜し出すといったもので、近づきがたく厳しい性格の持ち主という印象を周囲に与えていた。アンリ四世とは違って、シュリーはユグノーの出身であることに忠実であった。例えば、教皇が手紙でシュリーに心からの忠誠を捧げることを求めてきたとき、かれは教皇に対して、教皇が改宗するよう毎日神に祈りを捧げていると返答した(130:203)。この風変わりな調子に見られるように、伝統的にいわれてきたシュリーの性格についての描写は、あまりにも単純であった。例えば、シュリーは、敬虔なピューリタンがほおを赤らめさせるような夜の催しを自宅で企画したこともある。また未完ではあるが、シュリーは *Les Estranges Amours de la Reine Myrrha*(『ミラー女王の特異な情事』)と題する疑わしいたしなみについての小説も試みている。

改革派のカルヴァン派に対するシュリーの宗教的な思い入れと疲弊したフランスの再建に対する愛国的な思い入れは、かれのスペインに対する燃えるような憎しみをとおして光り輝いていた。ハプスブルク家は、宗教的にも権力政治的にも、シュリーの第一の敵であった。一六〇八年、シュリーは、アンリに次のような進言をした。「……われわれはスペインの心臓と脇腹を攻撃しなければならない。すなわち、これまでスペインの偉大さを支えてきた東および西インド諸島を攻撃すれば、スペインを没落させる引き金となるでしょう」(17:196)。より慎重な助言を行なった国務大臣のヴィルロイに反対して、シュリーは、一六〇九年から一六一〇年の危機の時期に戦争を遂行すべきであると主張し続けたのである。

政策においてシュリーと国王との見解が異なっていようとも、また同様に短気な国王が頻繁に口論を挑んだとしても、シュリーは国王と特別に近しい関係にあった。実際、国内における秩序回復、宗教的寛容、そしてハプスブルク家への警戒が基本的に不可欠であるという点で、シュリーと国王の見解は一致していた。また両者ともにお互いの能力を尊敬しあっていた。であるからこそ、ふたりの職務上の関係は約二〇年つづき、それはふたりの友情のうえに成立していたものであった。事実シュリーの財政および外交の才能は、国政の場でも如何なく発揮されたが、例えば、国王が妻と喧嘩した、妻以外の女性と問題を起こした、ギャンブルで負けた、といった国王の個人的な問題までシュリーは手がけていたので、国王にとっては何物にも代えられない存在であった。それゆえ、シュリーの著作にあるシュリーと国王の間で交わされた国政に関する会話を大きな期待をもって読むのは、至極当然のことであろう。しかし、ヨーロッパの政治地図を新たに塗り替え、国家連合的な考えに基づいて大陸の構造を変革するという壮大な野心を国王自身が語ったのであろうか。アンリが「大計画」の真の発案者なのであろうか。

シュリーの著作の真偽と信頼性については複雑な問題があるため、「大計画」を正確に理解することは、歴史家にとって容易なことではない。何しろ「大計画」に関してはシュリーの著作だけしか資料がないのである。第一の問題は、誰の目にも明白だが、シュリーの秘書がシュリーに語りかけるという形式で文章が書かれているという奇妙な修辞技巧が駆使されていることである。このためシュリーは、この著作のなかで尊敬に値する二人称複数あるいはロズニー(公爵位を得る前のシュリーの名前)という名で言及されている。著作をものしたのはシュリーだということで疑問の余地はない。修辞技巧は、著作のなかでシュリーがかれの敵を攻撃することを可能にするための、そして個人的な批判を避けるためのひとつの手段であった。一般にいわれているようにシュリーは、実際に書き残したメモや記憶に基づいて捏造《ねつぞう》を行ない、ときには誇張気味に文章を書くなど、引退後は著作をとりまとめることと、その修正に余念がなかった。シュリーは、著作の出版を躊躇した。しかしかれは、アンリとかれ自身の英知と能力について疑問を投げかける著作が出版されたことで、出版への関心をますます高めた。一六三五年シュリーは、*Histoire de Henri le Grand, IV de nom*（『四世という名のアンリ大王の物語』）の第二版を読んだ。この本の著者は、トオン・デュプリューといい、ルイ一三世の正史編纂者であった。この本はシュリーを立腹させた。著者のデュプリューは、アンリを痛烈に批判し、事実上シュリーを無視していたのである。

一六三八年シュリーは出版の決意を固めた。前半部の原稿が一六四〇年、二巻本として出版された。出版された本の題名は八〇語もあったため、通常は*Œconomies royales*（『王室財政』）という二語に短縮されてきたのもたいして不思議なことではない。*Œconomies royales*という二語は*Memoires des sages et royales œconomies d'Estat domestiques, politiques, et militaires de Henri le Grand*（『王室財政回顧録』）という第一フレーズからとったもので、これは「アンリ大王の時代の内政問題、政治問題ならびに軍事問題に関する王室財政政策のメモワール」といった意味のものである。アンリもシュリー自身も、好意的に描かれている。シュリーは後の修正で、アンリが死に臨んでもハプスブルク家への戦争の意志を捨てていなかったことをとくに誇張した。シュリーがこのように文章に手を加えたのは、三二～三三頁ですでに言及したように、リシュリューが躊躇したために、最終的な宣戦布告が一六三五年になったことにシュリーが反対していたためではないかと思われる。おそらく、数名の歴史家が推測しているように、シュリーはリシュリューに影響を及ぼしたかったのであろう。初期の原稿から大幅に変更された点は、「大計画」に関連した部分の挿入である。「大計画」についてのほとんどの議論は、シュリーの死後一六六二年に第三巻と第四巻が出版されて、初めて世に出たのであった。

シュリーの著作は有名になり、その後三世紀半の間にさまざまな版がつぎつぎと発行された。この風変わりな書物の特徴のひとつは、最も影響力のあると思われる版が内容的に原本の文章とはかなり異なり、変更されているということである。一八世紀に、二人称複数形を用いたシュリーのわざとらしい修辞技巧と、それ以上に長いセンテンスと入り組んだ構文に苦労させられたロジェのレクリューズ神父が「整理された」版を完成した。これは一七四七年ロンドンで出版された。これは後になってシャルロット・レノックスによって翻訳され、英語でも出版された。英訳第一版は一七五五年にロンドンで、そして新版となって一八一〇年に、さらに一八一九年にエディンバラでも出版された。

シュリーの著作には異なったさまざまな版が存在すること、あるいは「大計画」が年を経るに従ってシュリーの意識のなかでふくれ上がっていって壮大なつくり話になったというようなことが理由となって、ヨーロッパ連合についての計画には、名声とともに多くの混乱がついてまわった。ヨーロッパ連合の歴史についてのある権威は「三世紀にわたって誰もがこれを引用してきた。しかし、ほとんど誰もこれを読んではいない。われわれは果たして本当にこれが存在すると確信できるのか」(39:98)とさえ述べている。また計画を考察する際のアンリ四世の役割はどうなっていたのであろうか。アンリ四世は、フランスを統合し、ハプスブルク家をねじ伏せるという野心について明らかに語っている。「大計画」という表現は、一六二〇年に出版されたアグリッパ・ドービニェの著書 *Histoire Universelle*(『世界史』)の第三巻のなかで初めて使われたようである。かれは「……大計画、それはスペインをピレネー山脈と大西洋の間に追いやって王が満足すること」(118:186)としている。実際、あるフランス人の歴史家は、一六〇九年から一六一〇年の動員を引用しつつ、「……国王の冒険的な決断が「大計画」の伝説を維持している」(98:56)と記している。

しかしながら、以下で概要は述べるが、ヨーロッパの大規模な再編成についての構想は、アンリの頭のなかで考え出されたものではないということは、おおよそ確かなことである。確かに数世代にわたって『アンリ四世の大計画』として常に引用されてきた。国王の名前を付けることで宣伝価値がつくとシュリーは判断し、それには確かな手応えがあった。しかし、それは虚構であった。シュリーの著作の最も信頼できるフランス版の共同編者によると、「事実、これ[大計画]はすべてアンリ四世の思想の所産ではなく、年を重ねたシュリーの空想的な瞑想の所産と思われる」

(7:17)。すなわち、この構想がアンリ四世と結びつけられ、拡められたのは、ルイ一四世の家庭教師で、ルイ一四世の祖父を大いに尊敬していたペレフィックス司教によるところが大きい。ペレフィックスは、著書*Histoire du Roy Henri le Grand*(『アンリ大王伝』)のなかで、アンリが「キリスト教コモンウェルス」という構想を考え出したと主張している。後にパリの大司教になるペレフィックスの影響は甚大であった。フランスの歴史家シャルル・フィステールは、シュリーの著作に関してきわめて詳細な研究書を著している。フィステールは、司教が出版前のシュリーの最終巻の原稿を見て、「大計画」を司教自身が公表することを決心したとしている。ペレフィックス司教の経歴を著しながらフィステールは、「この著作に関しては数えきれないほどの版がある。著作はさまざまな言語にも翻訳された。そして「大計画」に対する信念もまた、かなりの程度普遍的なものになった」(104:332)と述べている。

シュリー自身は、「大計画」がかれの君主のみならず、さらに多くの王家から支持されることを望んでいた。シュリーは、イングランドのエリザベス一世とジェームズ一世との想像上の会話を捏造することによって著作を「より良いもの」とした。シュリーは、一六〇一年にまったく架空の外交的な訪問をこしらえ、そこで構想は三人により練り上げられたことを暗示させている。レノックスの翻訳によると、シュリーは、エリザベス女王に向かって「私はしばしばこれと似たような提言をわが君主たる国王に行なってきました。……私は、いま陛下が私に語ったことに適合するような計画を国王が採択する用意があることを知っております」(12:vol.2, 432 n)。このほかにも、いたるところに、以下のような表現がある。「私は、「大計画」が大成功をおさめて実施されることに彼女が深くかかわっていることを知っております。……数多くの条文、条件、そして異なった計画があるのは、女王の意向によるものなのです」(12:vol.5, 80)。一六〇三年にジェームズ一世が即位したとき、スペインに敵対してはいるが、イングランドとは友好関係を結びたいとするアンリの立場を証明するため、実際にシュリーはイングランドに派遣された。しかし、シュリーはジェームズに対して「大計画」への支持を求めたものの、気のない回答しか得られなかったと主張している。

「……他の宮廷で要求されている約束以上の何物もイングランド国王から引き出すことはできなかった。つまり、イングランド国王は他の諸国が抱いているのと同じ程度の興味でしか[反ハプスブルク同盟]へ関与しようとしていないようだった」(12:vol. 5, 101)。しかし、残念なことに、「大計画」にまで言及したシュリーの大使としての責務は誇張されている。なぜなら、この時期アンリはともかく、シュリーの意識のなかにさえも「大計画」の構想はおそらくまだ存在していなかったのである。

以上のことに鑑みると、ヨーロッパ諸国の国境線を引き直し、超国家的体制を構築しようとする精緻な企てである「大計画」は、アンリのものでなく、シュリーのものであることが明らかになる。さらに、シュリーが「大計画」を考案したのは、かれが引退してからであり、一六二〇年以前ということは、まずあり得ないだろう(104:326)。著作を完成させる過程で、「大計画」はシュリーの意識のなかで徐々に重要かつ精密なものになっていった。ではシュリーの考え出した構想を考慮しつつ、かれの時代のヨーロッパ状況とは一体どのようなものだったかを見てみよう。

シュリーは当然のことながら、宗教紛争の恐ろしさをこの上なく熟知していた。かれはフランスの宗教戦争の時代を生きた。かれは聖バルテルミーの大虐殺のむごたらしさの一部を垣間見、さらにかれ自身も戦いで負傷した経験をもっている。シュリー自身は、かれの信仰に妥協するつもりはなかったが、かれの性格や経歴のなかには、抗争を続ける教会をなんとか平和的に共存させたいという希望以外の何ものもなかった。

外交官にして国際問題の研究家であったシュリーは、ヨーロッパで行なわれている戦争を終結させることに無関心ではいられなかった。一七世紀の二〇年代から三〇年代にかけてシュリーが著作の構想を暖めていたとき、同様の問題意識で書かれた出版物がいかに広く流布していたかについてはすでに言及した。例えば、シュリーは、若き日のグロティウスがアンリの宮廷に頻繁に訪れていたので、グロティウスを知っていたのかもしれないし、クリュセの著作を読むことも可能であった(二八頁を参照)。フィステールは実際、シュリーの仲裁評議会に関する考え方が、かれ自身の創作ではないとまでいっている。またフィステールは「シュリーはラクロワ猊下《げいか》という忘れてはならない著者によって書かれた『国家のキネアス』という好奇心をそそる本からその考えを得た」(104:330)と断言している。フィステールはさらに、シュリーの永久平和とキリスト教世界統一構想は盗作であると非難さえしている。例えば、一六〇八年の王家の結婚による同盟計画の際に政治家ヴィルロイがシュリーに宛てた手紙をフィステールが引用して、「……もしかれらに与えられた機会が首尾よくいき、そうなる可能性はあるのだが、……そうなるとしたらわれわれはキリスト教世界、とくに偉大なる三人の国王(すなわちフランス、スペイン、イングランド)間での普遍的な平和を構築、維持できるであろう。……この目的を達するためには、上記三国の王が現在の領土を保ち、どの国王も他の国よりも優位に立たないことが必要になるだろう」(104:329)と述べている。しかしながら、シュリーは政治的コストを無視して、平和を望む人間ではなかった。かれのハプスブルク家に対する憎悪と愛国的なプライドはかれに、戦争を通じてハプスブルク家が弱体化し、フランス、ハプスブルク両国の国力が均衡するときが到来するという夢を抱かせた。さらに、もしフランスがハプスブルクよりもわずかでも強くなれれば、さらにいいと考えていた。

　フランスが突出した強国になるという仮定は、シュリーが進言しようとした構想には含まれていない。実際「大計画」は、規模も勢力もほぼ拮抗した数カ国が共存しているという「均衡」の概念が主たる特徴になっている(四七―四九頁を参照)。この概念には、シュリーの考え方が反映されている。それは、統計にとりつかれたか、あるいは地図に魅入られたか、あるいは膨大な文書の山のなかに埋もれていた人間が描いたと思わせる数学の公式のようなものであった。最後に、アンリ四世を「大計画」の発案者に仕立てようとしたシュリーの動機を解釈するに当たって、あまりシニカルになる必要はない。シュリーは疑いもなく、〔大計画の〕宣伝のためにそのような詐欺をすることが有効であると認識していた。しかしそれは、善意の詐欺であった。なぜならば、亡くなった国王へのシュリーの尊敬の念はまさしく本物であったといえるからである。

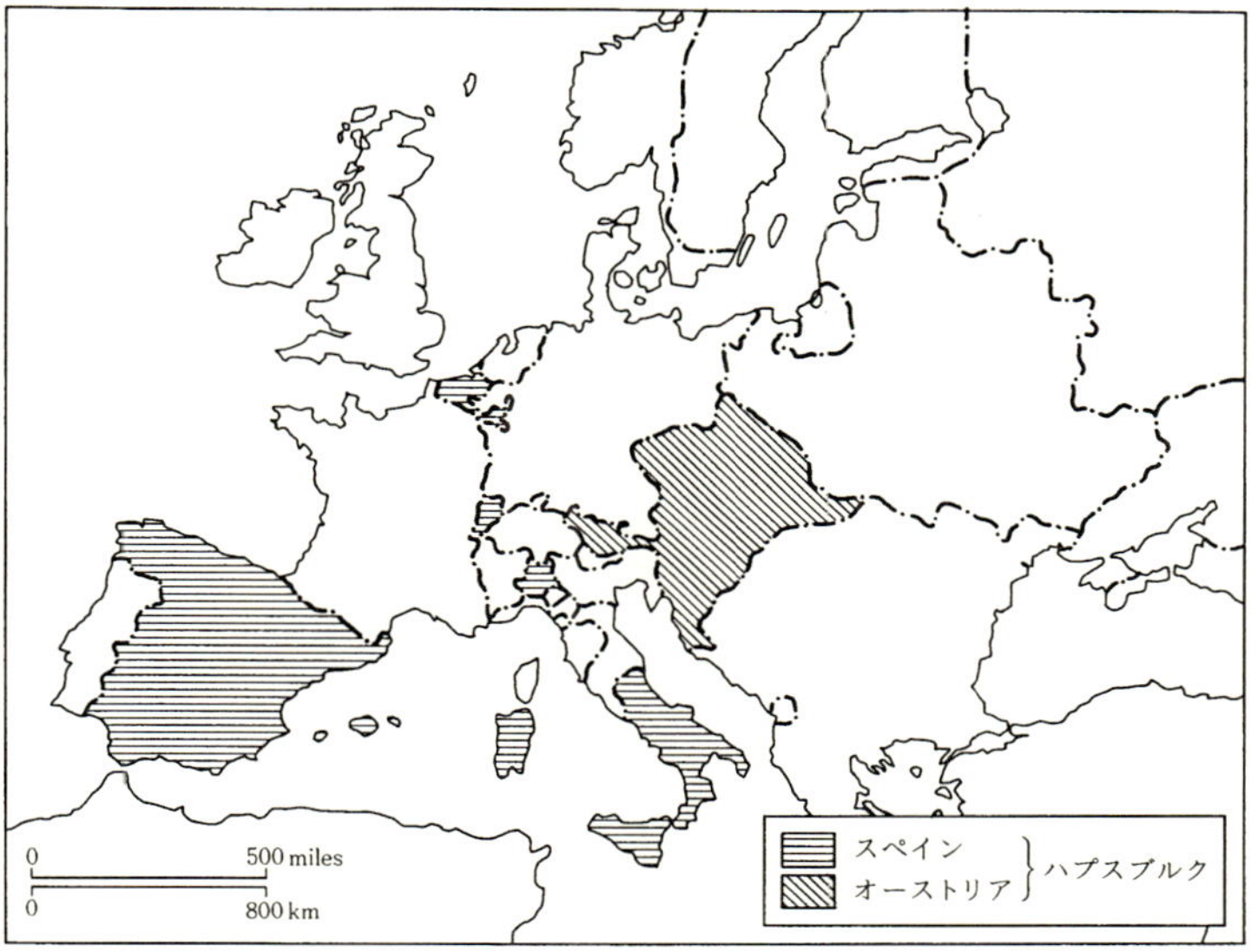

図 2　1600 年ころのヨーロッパ

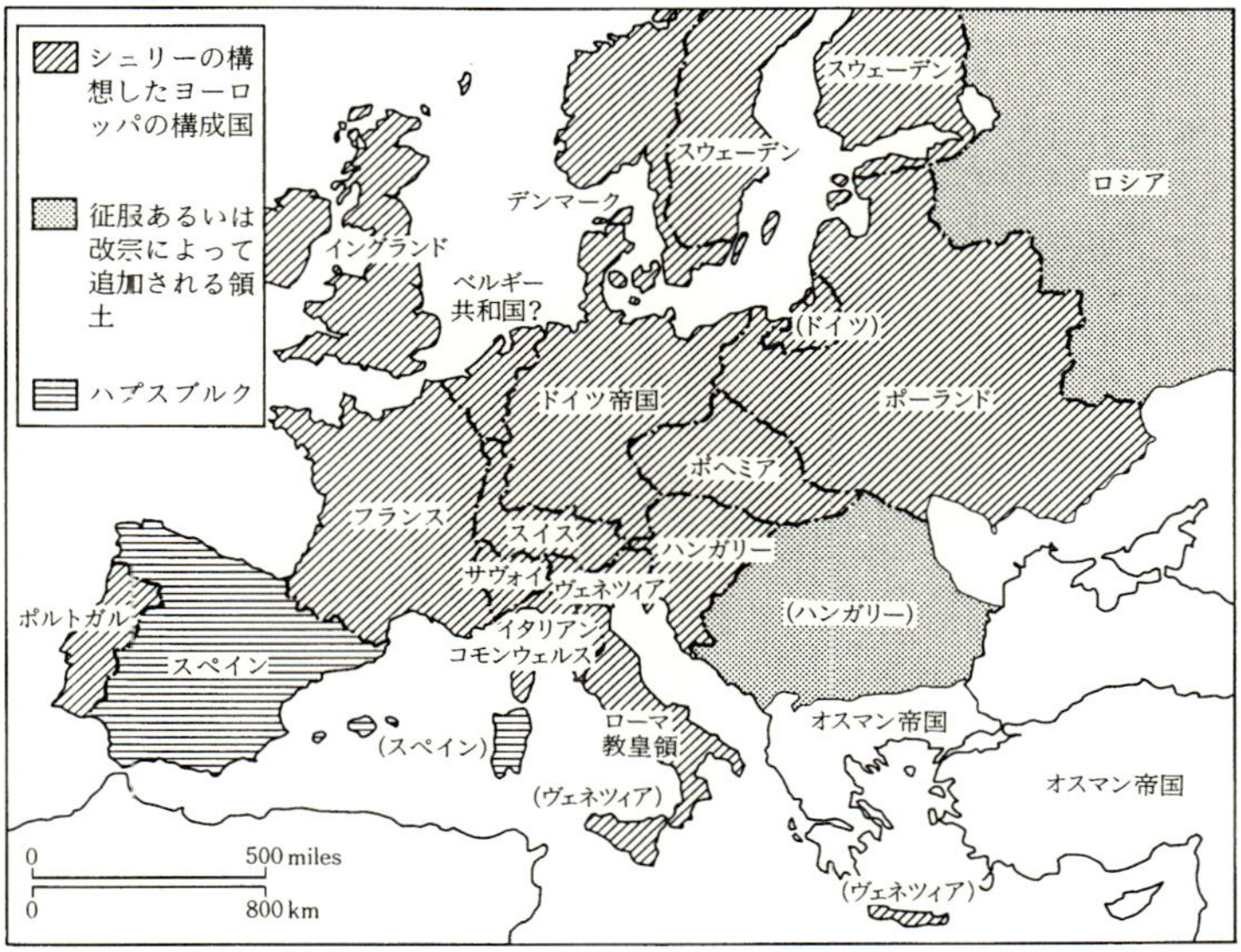

図 3　シュリーの「大計画」

3 「大計画」

シュリーの著作のイギリス人共同編者は、「「大計画」の名声は、シュリーの著作の一八世紀版によるところが大きい」(17:197)と記している。本書の五七頁でいずれ言及することだが、このような見解は「大計画」の直接的なインパクトを過小評価したものといえる。しかし、本節ではこの高名な一八世紀版、すなわちシャルロッテ・レノックスの手になる翻訳を用いていくが、それはまず妥当なところであろう(議論を簡潔にするため、シュリーがその著作のなかで陥った矛盾についてはあえて言及しないこととする)。

「大計画」は、まさにその時代とその著者の産物である。最初の部分でシュリーは、分裂状態にあるヨーロッパを救うためには、紛争の宗教的原因を分析しなければならないと述べている。シュリーは、ローマ・カトリック、改革派(カルヴァン派)、プロテスタント(ルター派)のキリスト教三派を峻別している(東方正教会についてシュリーは、数え上げるにはあまりにも異端すぎるとしている)。その上でかれは、各宗派の共存は可能であるという強い信念を組み合わせた公式を提示している。

現在ヨーロッパでは、キリスト教三宗派のそれぞれが独立して存在している。三宗派のどれひとつをとっても瓦解していく徴候すらなく、また瓦解させようとする企てがあったとしても、それは無益で、かつ危険であることは経験が十分に実証しており、それゆえ最善の方策とは、三派すべてを存続させ続け、むしろこういった状況をいっそう固定的にすることである。このような放縦な状況から新しい宗派や目新しい見解というのは生まれてこなかった。もし新たな宗派が誕生したなら、最初に世に出た時点でそれを注意深く押さえ込まなくてはならなかった(12:vol. 5, 85)。

各国において多数派に支持された教会は、支配的な地位にとどまるべきで、移住を希望する反対者を阻止する規制を行なうべきではない。シュリーは、完璧な簡潔さと実際的な公式を次のように示している。結局のところ、プロテスタントはかれらの信仰を他の人に強要したいとは考えていない一方、教皇は、シュリーの進言した平和維持構想において新たに首席仲裁人に指名されているため、ローマ・カトリック以外の宗派の国家を永久的に失うことを不本意ながら受け入れることになる(五一頁を参照)。さらに、三大キリスト教会のバランスのとれた共存は、大陸の政治的均衡を目的としたシュリーの構想を補うものである。

第二の基本的な問題は、ハプスブルク勢力の縮小である。「オーストリアのハプスブルク家から帝国、ドイツ、イタリア、そして低地諸国にあるすべての領土を奪取する。換言すれば、ハプスブルク領土を縮小させることで、大西洋、地中海、ピレネー山脈で囲まれた地域にスペイン領土を限定し、孤立した王国にすることである」(12:vol. 5, 89-90)。しかし、ハプスブルク家のヨーロッパの島々と海外植民地(ポルトガル征服で獲得したものも含む)はそのまま維持されるべきであり、ハプスブルク家には、植民活動の拡大が奨励され、他の大陸を開拓する独占権が保証されていた。このように主張するシュリーの構想は、ハプスブルク家領土を縮小する一方で、ハプスブルク家にはヨーロッパ以外で帝国主義的野心を満足させようとしたものである。この単純な計画は、手はずが整いさえすればよかった。すなわち、これによって「すべての当事者が勝利者となる。これこそがシュリーの構想の成功をアンリ大王に確信させる方法だった」(12:vol. 5, 92-93)。他国は、ハプスブルク家からの脅威が除去されることによって、また、ハプスブルク領から分離した地域の領土を併合することによって、さらに、他国の国王にも新たに神聖ローマ帝国の皇帝となる可能性が生まれたことによって、利益を得るのである。ハプスブルク家は、各国の利益が均衡するような計画にはあえて挑戦しないだろうと考えられていた。ハプスブルク家が現実的であったならば、同家はアフリカ、アジア、ラテンアメリカでの植民活動の保証を受け入れ、その代わりに国力を消耗させる原因となってきた厄介なイタリアとオランダの領土から解放されることを喜ぶであろう。

ハプスブルク家の中央ヨーロッパにおける主要な領土は、次に示すように編成されることになっていた。シュレジエンとモラビアを含んだボヘミアは、選帝侯国となる。ハンガリーも選帝侯国となるべきであり、その過程でオーストリア大公国とオーストリア南部からアドリア海の間に点在する規模の小さな公国を獲得する。ハンガリー王国はこのように強力な支援を受けて、トルコ勢力を着実にバルカン半島に押し戻すという責務を負うので、同王国はトルコから解放された領土を獲得できるとされた。ポーランドは第三の選帝侯国で、ハンガリー王国と同じ理由で特権が認められている。すなわち、「国境に隣接した地域にいる異端者から征服する地域を併合することによって、さらに、これまで争ってきたその他のすべての隣国との紛争においてポーランドが支持されることによって、ポーランドの勢力は拡張されることになっていた」(12:vol. 5, 94)。シュリーが「異教徒」という言葉のなかに、トルコと同様に、モスクワ大公国とタタールを含ませていたことは注目に値する。ツァーは三派の「正統な」キリスト教会のうちのひとつに従うことを誓うために招聘されることになっていた。しかし、ロシア皇帝がこれを拒否する場合には、ヨーロッパ諸国軍はツァーからウラルの西にあるすべての領土を取り上げることになっていた。

ドイツの南部に位置する国々は、五つの拡大された国家に整理統合されることになっていた。スイスは北西と東の地域(主にハプスブルク領)を併合して領土を拡張する。ヴェネツィアはシチリア島を与えられる。サヴォイはロンバルディアを獲得する。大都市であるジェノヴァ、フィレンツェ、マントヴァ、モデナ、パルマは、新しい共和国としてひとつになることになる。さらに教皇は、世俗の王と同じ権限が認められ、イタリア半島の中部、南部の全地域を支配することとなっていた。

ネーデルラントについては、かなりの混乱がシュリーに見られた。つまりベルギー共和国の設立を提案する一方で、かれはこの地域を一八の「主権封土」に分割し、フランスおよびイングランドの支配下に置いている。また同時にシユリーは、この古来の両君主国が欲深い野望を抱いていないことを苦労しながら強調している。事実シュリーは、アンリ四世の無欲さが、「大計画」全体のなかで最も特徴的な要素のひとつであるとしている。すなわち、「こうやって国土を分割していくことで、フランス自身はなんら得るものがないが、領土を平等に配置するという栄光を担うことを見てとることができる。アンリは、これがかれ自身の意思であることをかなり前に宣言していた」(12:vol. 5, 96)。「それ以上に、フランスが手に入れたかったものは、何なのか。フランスは、ヨーロッパのなかで常に最も裕福で強力な国になろうとはしないのであろうか。それは当然でなければならない」、「ヨーロッパの平和を維持するためにその力を行使するのはフランス国王であり、他のいかなる事業も、フランス国王にとって利益にも成功にもならないのである」(12:vol. 5, 72)。

もしこれら一連の変化が起こっていれば、結果としてヨーロッパのジグソーパズル的な政治地図は革命的な単純化を見たであろう。それはシュリーの整然とした頭にはとても喜ばしいものとなったであろう。さらにこのような国土分割と領土の再配置を行なえば、結果的に、なんとも驚くべきことだが、ヨーロッパ大陸は、ほぼ拮抗した勢力の一五の国家で構成されることになっていた。「均衡」というキーワードが、「どの国も相互に他国の領土や勢力に起因する妬みや脅威はもたない」(12:vol. 5, 98)という状態をつくり出すことになったであろう。これら主要一五カ国は、六つの世襲王国(フランス、スペイン、イングランド、デンマーク、スウェーデン、ロンバルディア[あるいはサヴォイ])、五つの選帝侯国(神聖ローマ帝国、ローマ教皇領、ポーランド、ハンガリー、ボヘミア)、四つの共和国(ヴェネツィア、イタリア、スイス、ベルギー)に分類されている。

シュリーは、領土再配置にかかわる困難な問題をすべて「取るに足らないもの」として片付けている。その理由のひとつとして、「新たな領土の組み合わせを試みるに当たっては……常に、人々や人種のもって生まれた気質やその人たち特有の性格といったものを考慮に入れる必要がある。さらに、……気質の違い、言語、法律、伝統の多様性が大きいほど人々は折り合いがよくないので、……統合を試みることが愚行ではないと信じ込ませなければならない」(121:110)。これは、ナショナリスト的考え方の注目すべき先駆的事例である。いかなる場合でも問題は、すべて次の機関によって効率的にとり扱われることになっていた。「すなわち、すべてのヨーロッパ諸国を代表する「一般評議会」で、その設立は考えうる最も幸福な発明となるものであり、最も聡明で最も利用価値のある制度化とはいえ、時間の経過とともにしばしば行なわれる革新を回避するものであった」(12:vol. 5, 98)。ここに、われわれは「大計画」の政治的制度の核心を見ることができる。全能のアンリは、最高の地政学的製造物を世に送り出した。しかし、それが分裂しないように、「パン・ヨーロッパ評議会」という統合する接着剤の下に置かれなければならない。シュリーは、モデルとしてアンフィクチオン同盟を採用したことを率直に認めている。古代ギリシアの都市国家間の協力関係であるアンフィクチオン同盟の経験は、しばしばヨーロッパ連邦主義者や世界連邦主義者の心をとらえて止まなかった。この経験が、かれらの描く体制に信頼性と尊厳を与えてきたのであった。

全ヨーロッパのキリスト教国から選ばれた代表は、地理上の便宜を考えて選ばれる大陸中心部にある一都市で常設される評議院の構成員となる。かれらの役割は、「異なった利益を議論し、紛争を鎮圧し、また国内あるいは隣国間であるかは問わず、ヨーロッパで発生した民事、政治、宗教の諸問題をすべて解決することである」(12:vol. 5, 99)。代表者たちの任期は三年で、定員は六六名。下位の地域評議会についても規定を定める。最終的な権限は、評議院あるいは大中央評議会に付与される。「そこでの決定は、等しく自由で独立した方法で、すべての主権国家の統合された権威が合意した処置とみなされたときに、最終で変更不可能な決定とみなされることになっていた」(12:vol. 5, 100)。

それでは軍事的、政治的、経済的観点からすると、この「大計画」をいかに要約すればよいのであろうか。シュリーは、各構成国が提供する歩兵、騎兵、砲兵、軍艦といった軍事力を詳細な一覧にしているが、その軍事的手段は二つの作戦を支援することになっている。ひとつは、構想に対するハプスブルク家の初期の抵抗を鎮圧するのに必要と考える軍事力を意味していた。実際にアンリが死に遭遇したときにはすでにシュリーのいう軍事力の動員を交渉中であったということを、シュリーは読者に信じさせようとしている。かれの目的を達するための軍事的手段のもうひとつの使い方とは、ロシアのツァーとトルコのスルタンに対する十字軍型の作戦である。しかし、シュリーはひとたび変化が起こって再編されたヨーロッパを補強するための軍事力の必要性を予見してはいない。「大計画」は、本質的に政治問題を政治的に解決するものだったのである。

シュリーが、構想の実行可能性について楽観的(あるいは自惚れの強い)であったのは、かれ自身が設定した権威、均衡、連合、自己利益といった四つの政治的原理から成る綱領に由来していた。再構成されたヨーロッパで平和を継続させる政治的な権威とは、古いものと新しいものが興味深く混ざり合ったものであった。シュリーは、教皇と神聖ローマ皇帝の中世的権威の復活を模索した。教皇の権威は、イタリアにおいて教皇が世俗世界への権力の拡大を図ることによって、さらに大中央評議会あるいは評議院における教皇の道徳上のリーダーシップによって復権するとされた。皇帝の権威は、ハプスブルク家が獲得してきたような独占的な使用から皇帝権を自由にすることで復権するとされた。王家を輪番制で皇帝につけることで、皇帝の権威の不偏不党性が確保できる。さらに皇帝の尊厳は、皇帝が新生ヨーロッパ連合の第一にして最高の君主であると宣言することでさらに向上するとされた。勢力均衡は、一八世紀外交に支配的だった政治的概念であるが、シュリーの時代には非常に原初的な意味合いで理解されていた。したがって、勢力の「均衡」を達成するために、領土を再配置するというシュリーの考えには目新しさが認められる。おそらくシュリーは信じていたと思われるが、均衡の原則こそがシステムを正常に保つものであった。ニュートンが後になって、宇宙の天体がある程度の距離を保っていることに重力がどのように関係しているのかを明らかにしたのと同じように。それゆえ、シュリーの中心的な統合機関は、詳細な仲裁裁判という限定的な機能のみを遂行することで十分であったのである。

もしヨーロッパ統一についての制度的な枠組みがこのように弱いものであったとしても、シュリーはわれわれが社会的統一と呼んでいるような展望をもっていた。なぜならば、シュリーはアンリの目的のひとつが「すべてのかれの隣人」にとって大計画が「かれらすべてを安全と友情という強固な結びつきで結合させるものであり、そうなればまるで同胞のように共同生活ができるようになり、良き隣人として相互に訪問しあうようにさせる」(12:vol. 5, 83)ことを可能とすることだとしている。かくして、最もすばらしいことは、ヨーロッパが歓喜で迎える平和と安全からあらゆる人が利益を得ることができるようにすることであった。

自己利益もまた、「大計画」の経済的利益によって満たされている。それには、三つの側面があるように思われる。まず第一は、全構想を通じて根底にあるものだが、すなわち、「数千の兵士、多数の要塞、多額の軍事支出の必要性といった膨大な維持費」(12:vol. 5, 83)を節約できることである。第二に、自由貿易に関する相互協定が締結されることになっていた。第三の利点は、自由貿易が拡大することであった。この点についてシュリーは、ハプスブルク家が海外の植民活動を強化することを根拠としている。なぜなら、全ヨーロッパ諸国への自由な通商上のアクセスは、ハプスブルク家の権力欲を牽制するという条件で可能となるはずだったからである。

結局、シュリーの論調は、われわれには、非常に常識的ではあるが、ヨーロッパ規模の協力関係について他の構想とは似ても似つかないという印象を与える。シュリーは、「大計画」が他の欠陥のある理論と混同されるのではないかと恐れていた。「この構想が最初、うっとりするような妄想あるいはくだらない空想のひとつと考えられるのではないかと気遣っていたことを告白しなければならない」としている。そのような人々は「いつの時代にも権力に陶酔した諸侯が自身の楽しみのために考え出した空想的な計画と、これまで形づくられてきた最も賢明で高貴な企てとを混同するのである」(12:vol. 5, 73–75)。

しかし実際のところ、「大計画」はかくも申し分のない計画だったのであろうか。最近の歴史家の評価はどうなっているのであろうか。四つの異なった解釈がある。まず第一は、理想主義的なものでシュリーがみずから喝采して止まぬ主張に支持を与えている。これは一九一六年にアメリカ人の学者が著した書によって例証される。「この計画は、まさに国際機構に関する古典的な計画であり、後に自分たちの国王の成功を願う者たちは、意識的にせよ無意識的にせよこの計画にヒントを得、この計画を基盤にして粗末な構造物をつくったのである」(James Brown Scott, 65:31)。

ケンブリッジ大学の歴史家メリアン・スターウェルは、「大計画」の実行可能性を確信して以下のように記した。「長く変化に富んだヨーロッパの歴史のなかで、アンリ四世の偉大な大臣であるシュリーの無視された助言ほど、世に出る機会が失われた事例は他にない」(121:97)と、空しさをつづっている。

このような見解とは正反対の意見としては、シュリーの最近の伝記作家にして編者であるデイヴィッド・ビセールの否定的見解を挙げることができる。「ヨーロッパの新しい政治組織についての多くの構想は、三十年戦争直前に提示されたものであり、シュリーの構想は首尾一貫しておらず、独自のものでもない」(17:197)。これほどあからさまではないにしても、同様の批判をしているのは、アメリカ人学者のヘムレーベンである。かれはシュリーの構想の実現可能性について次のように指摘している。「シュリーは、ロシアとトルコを打ち負かすことについてあまりにも楽観的であり、国境線を引き直し、その新たに引き直した国境線を永久に維持しようとする提案についてもあまりにも安易であった」(65:33)。

次は皮肉な評論家たちである。つまり、提案の背後にある信念は、フランスがヨーロッパの支配勢力としてハプスブルク家にとって代わることであったが、当時フランスにはこのような目的を遂行するだけの力が欠けていた、というものである。この見解は、アメリカ人の外交史家ルネ・アルブレヒト＝カリエがその著書 *The Unity of Europe*（『ヨーロッパの統一』）で表明したものである。またサー・ジョージ・クラークは、シュリーの「大計画」を簡潔に引用しつつ、シュリーの動機について非常に直截に述べている。「シュリーの目的は、領土拡張のない国家というものは消滅するとしている同時代のフランス人への回答とみなすことができる」(26:15)。シュリーの著作では、アンリ四世の利他主義が主張されたにもかかわらず、同時代の何人かが指摘したように、シュリーが秘密を漏らしたことを認めねばならない。フランス側ではいかなる貪欲さも否定されているが、すでに本節で言及したように(四九頁を参照)、シュリーは誇らしげに、フランスは常に最も富み最も強力な国であると語っている。フランスは、明らかに他国と均衡しないことが運命づけられていたのである。

最後は、歴史的文脈のなかで、シュリーの著作を分析しようと試みた研究者たちである。この研究者たちは明らかにシュリーを皮肉に解釈する人々と見解を同じくする。ケンブリッジ大学のサー・ハリー・ヒンズリーのような学者のアプローチはその代表である。「これは本質的にハプスブルク勢力を衰退させ、ヨーロッパにフランスの覇権を確立するという計画にとどまっている」(67:25)。興味をそそられるのは、ヒンズリーがシュリーのやり方について新旧の考え方、つまり、帝国やキリスト教世界についての中世的な考えと主権国家についての近代的な考え方、さらに均衡についての考え方とシュリー自身のフランスの野心について、シュリーは賛否を明らかにしていないと強調していることである。ヒンズリーは、シュリーの考えの矛盾が、心地よくない知的態度の産物であると論じている。それにもかかわらず、ヒンズリーは、「大計画」を暖かく迎え、「結局シュリーはかれの二つの立場の調和を試みた。……もしかれが依然としてヨーロッパの秩序についての古い概念にとらわれていたとしても、かれは独立国家の活力とその上にヨーロッパ秩序が構築されることを認識していた。ヨーロッパの支配は、少なくとも間接的となり、委任された権力をもつ帝国を通すものとなることを認識していたのである」(67:29)。

「「大計画」は決して実施に移されることもなく、決して試みられることもなかった。そのため議論する必要もない」(2:171)。これはアクトン卿によるぶっきらぼうな否定的見解である。しかし、たとえ構想は実施されなかったとしても、結果として完璧な忘却という死に屈するといった種類の失敗に終わったのではない。シュリーの「大計画」

がさまざまな版でいかに「なぞ解き」されようとも、いかに非現実的だと言われようとも、また厳しい現実世界の頑固な政治家にどれほど無視されようとも、「大計画」は秩序ある平和なヨーロッパ大陸実現の夢を見つづけた理想主義的傾向の強い人々によって、何世代にもわたって大切に守られてきたのである。

本章の後につづく二つの章では、表面的には限りなく続いたルイ一四世の戦争が、永続的な身内殺しの紛争を減少させるために、ヨーロッパの再構築問題に人々の意識をいかに集中させることになったかに言及するつもりである。「大計画」に言及した者のなかで最も注目に値する構想を提示したのは、次の三人、ウィリアム・ペン(一六九三年)、ジョン・ベラーズ(一七一〇年)、サン＝ピエール(一七一三～一七年)である。

ウィリアム・ペンは、「大計画」の起源に関するシュリーの解釈をまったく字義どおりだとし、シュリーに言及することで自身の論文の正当化をしている。ペンは次のように説明している。「……われわれの方便の本質のいくばくかは、計画においても準備においても、フランスのアンリ四世の英知、正義感、勇気[によるもの]である……なぜなら、そのためにスペイン勢力が政治的均衡という理由でラヴァイヤックの手でアンリを暗殺する計画をたてて実施したのである。アンリは、ヨーロッパ諸国と諸侯に政治的均衡をもたらすことになっていた。私は、現在および将来にわたってヨーロッパが平和であるための計画が、これまでヨーロッパを支配してきた偉大な王のひとりの計画のみならず栄光を担うのであれば、そういった計画を提案したいし、提案したことで非難されることを恐れはしない」(102:21 ならびに本書第三章を参照)。

ベラーズは、いっそう「大計画」に依拠している。ベラーズは、かれ自身の情報源を興味深く明らかにするとともに、主要な提案の明快な要約も、その書に掲載している。ベラーズの著書の序文は次のように始まっている。「シュリー公爵の回顧録のなかにあり、アンリ四世の生涯について(現在の国王ルイ一四世の家庭教師を勤めた)ロデーズの司教が出版した、偉大なフランスの王アンリ四世によるキリスト教世界の善と永久的な平静のためのモデルについての概要」(54:99 に再録、本書第三章も参照)。この司教は、ペレフィックスであり、かれの影響力、多大な著作について はすでに言及した(四二頁)。その書の英訳は、ベラーズの小論が世に出る四七年前に出版されていた。

ベラーズが小論を著したのとほぼ同時期に、サン゠ピエール神父も「大計画」に注目していた。「……私を完璧なまでに納得させるものは」とかれは書き始め、「[ヨーロッパ政府のための]この計画はキマイラ〔ギリシア神話に出てくる架空の怪獣〕ではない。私はこの計画に関する情報をフレンド会の友人のひとりから得た。自分の論文の最初の構想をかれに示した直後に、かれはアンリ四世がこの計画を策定したことを話してくれた。しかし、この計画がアンリ四世時代の首席大臣であったシュリー公爵の著作のなかにある記述とほとんど同じであることを、私は発見した」(39:115に再録、本書第四章を参照)。サン゠ピエールは、後になってアンリ四世について、その著書 *Discours sur le Grande Homme*(『偉大な人間に関する論文』)のなかで次のように記述した。「もし……かれがこの大計画を実施できるほど幸福であったなら、そのことによって、疑いもなくかれにはこの世の中でこれまで、おそらくこれからも最も偉大な人物といった形容が与えられたであろう」。さらに「大計画」については「人類の利益にとって、最も重要な発明、最も利用価値のある発見であるが、未だ世の中に現れていないものである」(12:vol. 5, 75 n)としている。さらに、ルソーがサン゠ピエールの著作について論評しようとしたとき、サン゠ピエールが提案したものに対する称賛の多くが実はアンリの構想であることが判明した(サン゠ピエールとルソーについては第四章を参照)。

シュリーの原典はさまざまな版をもつが、それらは称賛と冷笑の両方の対象となった。例えば、レクリューズ版の脚註は次のように解説している。「……一七世紀半ば以来、この構想について考えてきたすべての人のなかで、私はこの構想を実施する可能性に疑問をはさんだ人をほとんど発見できない」(12:vol. 5, 73 n)。他方、この構想をアンリが著したかどうかについての疑問、構想の実現可能性、そしてシュリーの目的の利他主義といった問題が直ちに提起されている。時期的に最も早かった詳細な批判は、一六七七年にヴィットリオ・シーリが著した *Mémorie Récondite*

(『隠された記録』)のなかにある。しかし、シーリのレクリューズ版に対する批評があまりにも辛辣であったので、「まるでこの著者は、オーストリア王家〔ハプスブルク家〕に雇われているかのようだ」(12:vol. 5, 96 n)と記述され、シーリは「大計画」に対する真剣な批評家とみなされていない。次は、一七一五年の *Observations sur le projet d'une paix perpétuelle, de M. l'abbé de Saint-Pierre*(『サン゠ピエールの永久平和計画に関する考察』)である。この著書のなかでライプニッツもまた、賢明な懐疑論を展開している。

以上のような早い時期の影響についての証拠は、すでに部分的には引用した(四六頁)シュリーについて最も卓越した最近の伝記作家にして編者であるデイヴィッド・ビセールの手厳しい言及を和らげるものである。ビセールは、次のように記述していた。「「大計画」のその名声の大部分は、シュリーの著作の一八世紀版によるところが大きい。その一八世紀版では、これまで多くの自己矛盾を含んだ異なった計画がロジェのド・レクリューズ神父によって比較的整然とした全体像をもつものに融合されたので、同じように誤解された理由で人気を博していたシュリーは、当時のヨーロッパでいちやく注目を集めたのだ」(17:197. 引用の後半の部分は、シュリーの経済理論についての誤解に言及している)。サン゠ピエールによるコメントに対して非常に注目が集まったので、*Project for Perpetual Peace*(『永久平和計画論』)の縮約版が出版される「九年から一〇年前」に、公衆はすでに大計画に関心をもっていた(一一〇頁を参照)。これはレクリューズ版が出版されるはるか前のことであった。一八世紀後半以降に「大計画」への関心が広汎に拡がったことを割り引いて考えたいとは思わないが、ペレフィックス、そのかれの著作に大きく影響を受けたと思われるペン、ベラーズ、サン゠ピエールを含む何人もの重要な著者が「大計画」を知っていたこと、さらにその構想がかれらの著作に影響を及ぼしたことは確かに明白である。このことは次章以降で言及する。注目すべきは、レクリューズが、その「整然とした」版で「大計画」を提示するはるか以前に、「大計画」への関心が存在し、著作も出版されていたことである。

いかなる形であろうとも、構想は、ヨーロッパの多くの地域の人々によって常に見返され、修正を受け、拒否されたり、あるいは誉め讃えられたりしてきた。当然のことながら、とくに戦争の時代にはその傾向が強かった。一八世紀半ばにエーボルト・トーツェがその著書 *Die allgemeine Christliche Republik in Europa*（『ヨーロッパにおける普遍的なキリスト教共和国』）において、とりわけアンリ四世が理想に貢献したかどうかを検証している。ルソーは、七年戦争の背景に照らしてサン＝ピエールの著作に反映されたシュリーの構想を復活させた。その後、フランス革命戦争のさなかカントは、『永久平和のために』を出版した。近代の権威のひとりの意見によれば、「カントの構想がドイツで広汎かつ活発な議論を引き起こしたのは、シュリーとサン＝ピエール神父の構想に当時のプロイセンのエリートたちが興味をもっていたことで説明がつく」(39:191)としている。ナポレオン戦争が終わると、サン＝シモンがかれ自身の計画のなかで「大計画」を復活させた。クリミア戦争をきっかけに、ベルギーの経済学者モリナリは、国際問題の平和的管理を推進するため、シュリーの「大計画」をはじめとする多くの構想を見直した。

一九世紀には、平和協会が設立され、ヨーロッパ合衆国の夢が語られた。これらの運動がシュリーに負うことが多いことは、セロン伯爵の活動によって要約される。セロン伯爵は「ジュネーヴ平和協会」の創設者で、「大計画」の現実的な実施に関する提案にエッセイ賞を設けたのである。

われわれの世紀、二〇世紀には、パン・ヨーロッパ運動の創始者クーデンホーフ・カレルギー伯爵が「大計画」に関心をもった。そして一九四八年、ハーグ会議で演説したウィンストン・チャーチルはヨーロッパ審議会創設の道を開いた。チャーチルは、「[この統一されたヨーロッパという]計画の復活と提示には、多くの有名人が関与した。しかし私は、この業績はフランス国王、ナヴァールのアンリによるところが大きいと考える。国王アンリは一六〇〇年から一六〇七年にかけてかれの偉大なる大臣シュリーとともに、……「大計画」の構築に力を注いだ。そして長い時間が経過した後、われわれはこの「大計画」の下僕となったのだ」(38:7)と語った。かつてチャーチルは、戦時中の二度の声明のなかで、シュリーの名は直接述べなかったものの、このフランス人の基本的な構想の一部を繰り返していた。戦時内閣の秘密覚書のなかでチャーチルは、戦争が終結したら「ロシアの蛮行」に対抗してヨーロッパを守るためには連合する必要があることを書き記している。さらにチャーチルは「おそらく一〇カ国による審議会」をみたいという希望を記している(116:725-26 n)。そして六カ月後、チャーチルはラジオ放送で、将来のヨーロッパ審議会について語った。このヨーロッパ審議会とは「紛争を裁定する控訴院をもち、力でもって……その決定を実施し、侵略が再発することを阻止できるものであった」(138:23)。

起源と内容についての神話と現実のなかで、疑似的な統一を通じて戦争によって荒廃したヨーロッパに平和をもたらす高貴な試みとして「大計画」は成功はしなかったが、何世代にもわたって人々の心のなかで生き続けてきた。この意味において、何世紀にもわたって常に意味をもち続けた「大計画」というフィクションは、いまや歴史的なノンフィクションになったのである。

第3章

ふたりのクウェーカー教徒

1　ルイ一四世の戦争

アンリ四世がヨーロッパ統一という神話的な夢とフランスに平和をもたらしたことで名声を得たとすれば、その孫に当たるルイ一四世は、主権国家への分裂を体現し、戦争をもたらす軍神マルスそのものであった。

ヨーク朝とテューダー朝は、イングランドにおいて権力の中央集権化をかなり達成したが、政治理論という点では遅れていた。ヨーロッパでは、一六世紀から一七世紀の中頃にかけて宗教のために闘争が激化することになったが、その最終的な結果として主権国家が固まっていった。そのための理論は、フランスの内乱のなかでボダンが、また、イングランドの内乱のなかでホッブズがつくっていった。さらに、その実践はリシュリューからルイ一四世に至るフランスの大臣や君主たちが中央集権的な政策を行なっていくなかで展開された。三十年戦争の野蛮な無政府状態は、その過程を促進させた。ウェストファリア条約は、この悲惨な戦争を最終的に終結させたが、国家の主権独立を強調することになった。その上、それ以後、支配者は軍隊に対してより厳格な規律を求めることを決意した。この目的を求めて、支配者は常備軍制度を発展させたが、これは君主の主権を強めることになり、結果として君主がその名の下に行動する国家を強めた。以上のように、逆説的に、戦争の悪夢がヨーロッパというものを教え、統一の夢を実現する必要性を訴えたが、実際には、分裂した国家の誕生をもたらしたのである。

三十年戦争の終結からわずか二〇年で、ルイ一四世はヨーロッパを一連の戦争に引きずり込み、その戦争は断続的にほぼ半世紀も続くことになった。ルイ一四世は、軍事的栄光を成し遂げるという野望に燃えて、統治を始めた。一七一五年、ルイ一四世は、死の床において、後継者であるわずか五歳の子供(すぐにルイ一五世になる)に次のように告白した。「国家建設に情熱をもち、戦争を愛した自分のようにはならないでくれ。反対に、隣国と平和裏に生きていくようにしなさい」(94:4)。ルイ一四世の動機と弁明（それは際限なく議論されてきたのであり、ここではわれわれに関係ない）がたとえどんなものであれ、以下の記録は戦争を嫌うものにとっては気の滅入る記録でしかない。一六六七〜六八年の相続戦争〔ネーデルラント戦争〕、一六七二〜七九年のオランダ戦争、一六八三〜八四年のスペイン戦争、一六八八〜九七年の九年戦争〔ファルツ継承戦争〕、一七〇一〜一三／一四年のスペイン継承戦争である。

ルイ一四世の行なった戦争の時代には、陸上戦の性質は一七世紀初めのやり方とはかなり変わっていた。以前よりも軍隊は大きくなり、包囲戦が広く行なわれ、兵站《へいたん》は巧く組織された。また、（六六〜六七頁に記したことは例外であるが）軍隊は一般市民を威嚇したり、現地で食料を徴発したりしないようになった。国際的な暴力紛争は、宗教戦争の時代に比べるとますます文明化されたが、悲惨さと敵対心を広汎にもたらす力を失ったとは結論づけるべきではない。新しい型の戦争は、財政的にも人的な面においても大きな犠牲を伴うものであった。

一六世紀の水準から見ると、ルイ一四世時代の軍隊は各国とも大きすぎるほどであり、フランスの軍隊も巨大であった。正確な数を算定するのは難しいが、スペイン継承戦争の終結ころのフランス、オランダ共和国、ハプスブルク帝国三国だけを合わせても、六〇万人をやや下回る規模の軍人を要していた。これは、三国の全人口の五〇分の一を少し切る程度の規模であった。女性、子供、老人をこの比率から除いて考えると、戦争に徴募された男性の比率はこれら三国の経済活動を損なうものであったに違いない。それにもまして、こうした軍隊には金を払い、装備を整え、食べさせていかねばならなかったのである。

戦費は目の回るほどの速度で上昇した。無謀にもそれに合わせようとして、大蔵大臣たちは税金の取り立てを厳しくした。オランダとイングランドの富は、一六八八年以後の対フランス同盟に大いに役立った。フランスは、同盟国をほとんどもたずに長期間の戦争にもちこたえ、非常な強靭性を示し、その絶頂期には五〇万人近くの軍隊さえ維持していた。しかし、一七〇九年には、フランスはまったく疲弊した状態にあり、農民は兵役と税金と飢饉とにより絶望のどん底に追いやられていた。

軍隊を大きなまま維持し続けることは、常に問題となった。包囲戦と会戦での死傷者数は極度に高まったが、その原因は交戦する軍隊が大規模になり、兵器の火力も増し、戦術が稚拙であったためである。一七〇八年に英国・オランダ連合国がリール〔ベルギー〕を占領したときには、おそらく一万六〇〇〇名にものぼる犠牲を伴った。英国のマールバラ総司令官が戦った決戦はとくに血生臭いものであった。ブレンハイム〔ドイツ〕では、総勢一〇万六〇〇〇名が戦ったが、そのうち約三万名が死傷したと見積もられている。これはそれ以前の「記録」である二〇分の一弱の死傷者率を上回るものである。しかし、マルプラケ〔フランス〕の戦いは、とくにその凄まじい虐殺で悪名高いものになった。その情景は、ヴォルテールが『ルイ一四世の世紀』という著書のなかで鮮やかに記述している。「オランダ人が戦ったところは、死体が最も高く山積みされ、ほとんど歩くこともできず、助け出すこともできなかった。フランスは戦いで八〇〇〇名足らずしか失わなかったのに対して、敵は約二万一〇〇〇名が死傷した。しかし、敗北した側も中央を突破し、両翼を分断したために、最も大きな殺戮を行なったのである」(131:231)。

こうして訓練された新しい大軍隊は、戦いで凄まじい損失を被った。しかし、そうした軍隊は一般の人々に三十年戦争時のような苦難を少なくとも与えないようにしたのであろうか。一般的には、そのとおりである。しかし、地域によってはひどい目にあわされたところもあった。マールバラは、その戦略目的からみて不都合な場所にある村落を完全に破壊したため、悪評を得た。フランス人も戦いによっては残虐に振る舞った。しかし、その発生率は平均的な水準ほどではなかった。三十年戦争時に見られた残虐さに後戻りした非常に驚くべき事例としては、フランス人がファルツ選帝侯領の哀れな民衆を恐怖に陥れたことである。

ファルツ選帝侯領は、アルザスとフランクフルトとの間のドイツの地域であった。ここは比較的豊かな地域であり、同地域の君主であるファルツ選帝侯が居住したマンハイムをはじめ立派な都市もあった。その地域の住民の大半は、ルター派とカルヴァン派のプロテスタントであった。しかし、この地域は、フランス軍がオーストリア、神聖ローマ帝国連合軍やその他の同盟軍を目指して東に進むときの道筋にも当たっていた。

一六七五年、フランスの偉大なテュレンヌ元帥はかれらしくない残虐さをみせ、ファルツ選帝侯領の二つの町と多くの村に火を放った。選帝侯は、騎士道時代の伝統に訴え、その罪に復讐しようとし、絶望的なまでにテュレンヌ元帥に決闘を挑んだ。しかし、さらに悪い結果となった。

九年戦争が始まってから数カ月後の一六八八年末、やがてネーデルラントが主戦場になることがフランス政府には明らかとなった。すでにドイツに侵入していたフランス部隊は退却しなければならなかった。その際、フランスはその東翼をいかに守ろうとしたのであろうか。ルーヴォワ侯爵は、ファルツ選帝侯領を破壊せよと命令した。ライン川東岸で、フランス軍は、前進してくる敵に要塞、待避壕、食料を与えないように、不毛の地をつくろうとした。真冬に、村や町の住民、貴族は、フランスによる恐怖が始まる前に逃げ出した。一〇〇〇以上の村や小さな町が放火され、作物と家畜は強奪されたり、全滅させられた。こうした破壊は、選帝侯領を越えてラインラントの諸公国とヴュルテンベルクにも拡がっていった。地域全体が燃えたのであった。一〇あまりの都市と主要な町が深刻な被害を受けた。ハイデルベルクでは、ルネッサンス時代の荘厳な宮殿が爆破された。一六八九年の初夏にはフランス軍はついにライン川西岸にまで退却したが、トリアー、ヴォルムス、シュパイエルといった大聖堂のある都市も同じ目にあった。家を失った人々のなかには難民になるものも出て、この恐怖の出来事が知られるようになり、とくにドイツの教養層はその無慈悲な放火にショックを受けた。ショックは憤激に変わり、その憤激は当時生まれつつあった反フランス同盟をより強固に結束させることになった。

しかし、ファルツの住民の苦悩は、それで終わりではなかった。一六九〇年代の中頃にフランス人は戻ってくると、恥ずべきことであるがプロテスタントを迫害した。さらに、選帝侯はカトリックであり、イエズス会の顧問に助けられて、プロテスタントの教会を衰えさせようとする政策を行なった。そのため、以後数十年にわたり、宗教的迫害の恐怖から、人々はこの不幸な地域を脱出していった。

宗教的迫害の範囲と厳しさ、国際紛争に対する影響は、ルイ一四世の時代には前世紀に比べると非常に弱まっていた。しかしながら、迫害がずっと続いていたことを示すには、ハンガリーの法律、スイスの内戦、ザルツブルクのプロテスタント追放のような事例を挙げることも可能である。しかし、不寛容の最も不快な事例を提供してくれるのは、またもフランスであった。

アンリ四世の最も好評な功績のひとつに、ナントの勅令がある。その孫であるルイ一四世の最も卑劣な法令のひとつは、ナントの勅令を八七年後の一六八五年に廃止したことである。ナントの勅令は、簡単にいえば、ユグノーにカトリックの同国人と平等な市民権を保証していた。こうした権利をルイが正式に撤回したのは、本当のところ、突然行なわれたわけではなかった。一七世紀に大臣がリシュリューからル・テリエへと続いていくなかで、権利は徐々に削られてきた。例えば、ルイ治世下の一六六六年の勅令(一時的)は、合法的にユグノーを襲撃しうる六〇の方法を成文化していた。一六八一年には、布告により、ユグノーの子供は七歳の時にその信仰を止めるよう要求された。ユグノーは、捕まればガレー船漕ぎの刑に処せられたにもかかわらず、フランスから逃げ始めた。多くのものが他国に聖域を求めて逃げたのは、竜騎兵制度による迫害のせいであった。これは、竜騎兵がユグノーの家庭に泊まり込んで、カトリックへの改宗を「奨励」することを許した恐ろしい制度であった。やがて政府はユグノーが移住しないように全力を傾けた。ヴォルテールの鮮烈な言葉によれば、「それは、広大な囲い地で狩りをするようなものであった」(131:406)。

宮廷での圧力の下で、ルイは最後の手段を講じた。一六八五年一〇月、ルイは祖父のつくった寛容の法令を廃止する勅令を発布したのである。ユグノーはこれに絶望し、移住に対する苛酷な法律があったにもかかわらず、約五万世帯が逃亡に成功した。「難民(refugee)」という言葉が英語に加わった。逃げたくなかったか、あるいはできなかったユグノーの多くは、二〇年間にわたって、ラングドックで困難な抵抗を続けた。

宗教的少数者を厳しく残酷に苦しめることは、時代と一致しなかった。一六八〇年代までには、信教の自由の考えがヨーロッパ中に拡がった。実際に、ユグノーが難民として国外に移住していったことは、宗教改革後の流血が招いた宗教的憎悪を静めるのに役立った。このような感情的な反応は、合理的な探求という新しい科学的な見方によりさらに強められた。生、死、救い、といった教義上の細かい点は、あまり重要視されなくなった。寛容の新しい精神は、まずイングランド、オランダ、ブランデンブルクで大きな影響力をもった。

イングランドの偉大な哲学者ジョン・ロックは、一六八九年に出版した『寛容についての書簡』でそのお膳立てをした。この著作は、すぐに、原語のラテン語から英語、オランダ語、フランス語に翻訳されていった。ロックが論じるところによれば、改宗は暴力によっては達成できず、ある宗教を押しつけることは、国家の適正な機能から外れる。すなわち、「私は、信用しない宗教や大嫌いな崇拝から救いを得ることはできない。……各人の魂についての心配や天国についての心配は、共和国に属するものでもなく、また、共和国に縛りつけることのできないものであり、すべて各人に任されている」(30:59)。別のところで、ロックは、誰かが自分の特定の信仰のために正統的信仰を占有してしまうことを「馬鹿げたこと」であり、「うぬぼれ」であると評している(30:62)。ロックのこの『書簡』の後、一六九〇年代には似たような傾向の著作が続いた。そのなかで最も急進的な著作は、フランスの思想家ピエール・ベールが一六九七年に亡命先のアムステルダムで出版した *Dictionnaire historique et critique*(『歴史批評事典』)である。

ベールはオランダに逃げたユグノーであった。オランダは、一七世紀の中頃以来、宗教的寛容の代名詞になっていた。商業上の利益は、教義上の言い争いよりもずっと重要なものとして認識されていた。とにかく、住民は教義的にはあまりにも雑多であったため、この異常なまでに活気にあふれた小国における知識人層の議論は必然的に宗教的自由を許す方向で行なわれた。さらに、ユトレヒト同盟諸州の統領であったウィリアム三世（オランダ名オラニエ公ウィレム三世）は、この態度と行動を政府として奨励した。

ウィリアムは、ルイ一四世の侵略政策に抵抗する諸同盟をまとめる要《かなめ》であったため、われわれは西ヨーロッパ中央の国際関係をマニ教（二元論）的に解釈する誘惑に駆られる。ウィリアムを宗教的・政治的自由という新しく進歩的ではあるが、波風を立てる原則の慈悲深い擁護者として描くこともできる。こうした原則は、宗教的不寛容、君主絶対主義のまさに縮図ともいえるルイ一四世から危険視された。一六八八年以後オレンジ公ウィリアム（ウィリアム三世）が率いたオランダとイングランド両国は、一世紀前にオランダのウィレム沈黙公とイングランドのエリザベス一世が横暴なハプスブルク家に抵抗したように、宗教的・政治的傲慢にふたたび抵抗した。しかし、このような説明は、このはるかに世俗的な時代の国際関係を宗教的な言葉で解釈していることによるものであり、はなはだ疑問の余地がある。

一般的にいえば、ルイ一四世の時代には、戦争は明らかに世俗的な動機から戦われた。つまり、領土的利益、商業的利益、王家の利益であった。宗教的な相違が政治的意味をもつと考えられたとしても、その相違は君主と臣民との間で解決されるべき国内問題と一般的に考えられていた。経験的に、「領土を支配するものが宗教を決定すべきである（cuius regio, eius religio）」との一五五五年の方針が認められているにすぎなかった。

しかし、支配者が宗教を考慮することを余儀なくされていると感じる場面も依然としてあった。最も一般的には、ロスキー教授が指摘しているように、「ヨーロッパ」と「キリスト教世界」という言葉は、ほとんど言い換えることのできるものとしてずっと使われてきたのであった。いま、ほとんどといったのは、本章で議論することになるヨーロッパ統一の諸提案に興味深い見方を投げかける曖昧な領域もあるからである。ロスキー教授の説明によれば、外交目的のために、「オスマン＝トルコの支配下に置かれたバルカン半島のキリスト教徒は、「ヨーロッパ」、「キリスト教世界」双方から一般的に除外されていた。他方、ロシアは……通常「キリスト教世界」に含まれていたが、「ヨーロッパ」からはしばしば除外された」(15:167-68)。宗教問題は、依然として外交問題にもなりうるのであった。フランスがファルツ住民を虐待した際、ドイツのプロテスタント君主のなかにはルイに圧力をかける手段として自国のカトリック教徒に同じ扱いをすると脅かしたものもいた。多くの支配者、とくにブランデンブルク選帝侯はユグノーの扱いについて激しく抗議した。スウェーデンのクリスティーナ女王とカール一二世はともにユグノーの運命に懸念を表明した。九年戦争の終結の際に、ルイは占領したドイツ領を明け渡したが、その代わりに講和条約(ライスワイク条約)はカトリック教会を第一の宗教勢力として維持することを命じた。

しかしながら、この時期、内面の宗教的衝動から外交政策を行なっていると考える主な支配者のなかでも最も熱狂的な信念を表明したのはウィリアム三世であった。オレンジ公は、喘息と結核に悩まされ、気むずかしく親しみにくい男であったが、ルイ一四世がヨーロッパの均衡を危うくしていることに対して激しい憎悪でいっぱいであった。そのため、その外交手腕のかなりの部分を太陽王の横暴な勢力を弱めるために捧げた。これは政治的な動機であった。たとえそうでも、ウィリアムは、この簡単にはいかない任務の際に、自分がこの企てのために神から選ばれたのだと確信することでときおり元気づけられた。それゆえに、妻のメアリとともにイングランドの王位に就任することをホイッグ党が提案してきたときに、喜んで受け入れたのである。一六八八年一一月にトーベイ〔イングランド〕に上陸したのは、九年戦争となる戦いが始まって約六週間後であったが、ウィリアムは、神が命じた、カトリックのフランスに対する聖戦で勝算がかなり高まったことを十分に認識していた。こうして、いまやイングランドは、チャールズ二世の確立した誤った親フランス政策ならびにカトリック教会に同国でもっと中心的な役割を与えようとするジェームズ二世の策略から救われたのである。

このように、この時代の宗教的背景について概略を述べることは必要なことであった。なぜならば、本章で考察する対象のふたりは、宗教的にはクウェーカー教に深く傾倒していたからであり、またかれらのヨーロッパ大陸統合構想はこの宗教的影響を反映していたからである。かれらはふたりともイングランド人である。それゆえ、かれらが執筆を行なった当時のより広いヨーロッパの状況のみならず、イングランド国内の状況についても少し知る必要がある。

基本的な事実としては、一六八八年の〔名誉〕革命は英国の憲法上の慣行と同様に外交政策にも劇的な変化をもたらした。ウィリアムは、英国をヨーロッパの戦争と外交の中心に追い込んだのである。かつてヘンリー八世は、「金布の野」の会見〔一五二〇年にフランスのカレー近郊で行なわれたフランス国王フランソワ一世との会見〕に出席していたし、オランダとはさまざまな関わりをもっていた。エリザベス一世は〔オランダに〕援助をしたし、クロムウェルとチャールズ二世はオランダと戦った。しかし、このようにヨーロッパ大陸の問題にときおり加わったにもかかわらず、全体としてはイングランドはほぼ二世紀半の間、政治的にはヨーロッパの辺境にとどまっていたのであった。

この事実上の孤立政策は、一四五三年に悲惨なカスティヨンの戦いでフランスの砲兵隊がイングランド軍を壊滅し、百年戦争が終結した後に始まったということができよう。英国の部隊はステーンケルケ（一六九二年）やネールヴィンデン（一六九三年）のように血生臭い戦闘にかかわり、英国がヨーロッパの問題にふたたび参加したことに伴う人的損失は明らかに厳しいものであった。マールバラ将軍の遠征は、以前よりも非常に多い死傷者を出した。この前例のない人的損失とともに、海軍と陸軍を拡張したり、戦場で不足気味の同盟軍を支えるために資金援助したりするための財政支出も、前代未聞の規模となった。英国にとって、九年戦争の経費は大きな懸念を引き起こしたが、スペイン継承戦争に比べれば、安いものであった。九年戦争は四九〇〇万ポンドかかったが、これは一一年にわたるスペイン継承戦争（九三〇〇万ポンド）の半分にすぎなかった(75:105)。こうした数字は、一六八八年直前の一年間の歳出が約二〇〇万ポンドであったことと比べてみるとよい。

こうした財源を増やすためにいろいろ工夫が必要となり、窓税、地租改正、国家くじが導入され、さらには、イングランド銀行が創設され、国債も正式に発行されるようになった。そのため、フランスとの戦争が続くにつれて、英国がその戦いに関与することが本当に国益なのかと疑問視する声が出てきたのも無理はない。

英国が、ルイ一四世に対して非常に成功裏に対抗できたのもまさに財源、つまり商業があったからであるが、大陸の戦争を優先しすぎたためにこの財源も一七世紀末には危ういものとなっていた。この時代のイングランドでは、政治ジャーナリズムが成熟し、アディソン、スティール、デフォー、ドライデン、スウィフトの活躍した時代であった。ドライデンは、その晩年に次のように述べている。

ヨーロッパのために十分すぎるほどわがアルビオンは戦ったのだ。

われわれの血であがなわれた平和を享受しようではないか(6:189)。

しかし、一七一一年に主席司祭のスウィフトが書いたすばらしい小冊子 *The Conduct of the Allies*(『同盟軍の行状』)ほど効果的に厭戦感を表現し、誇張したものはない。そのころには、戦争の遂行、継続と望ましい講和条件は政党間で激しい論争の種になっていた。三文文士連は、一七一〇年から一三年の間、講和のために戦いに狩り出された。アディソンとスティールは、ホイッグ党の戦争支持者の側にいたのに対して、デフォーとスウィフトは、戦争終結を求めるトーリー党の政策を支持する運動を行なった。実際に、スウィフトは、どんな犠牲を払っても講和することを求め、トーリー党のロバート・ハーレイ首席大臣の上をいくものであった。スウィフトは、かれ特有の辛辣な調子で、英国の同盟軍と戦争で暴利をむさぼっている人々の行状の誠実さを疑問視した。

その論点は、英国が大陸の争いから手を引くことで平和の果実を享受しようとするものであった。つまり、事実上の孤立政策に舞い戻ろうということであった。しかし、これは、英国が苦し紛れに求めた平和から引き出される唯一の結論ではなかった。逆に、英国は、政治統合構想を促進することで、ヨーロッパをして互いに相争わせないようにするためリードをとることもできたのである。

2　ペンとベラーズ

フランスの引き起こした戦争を嘆き悲しんだイングランドの人々のなかでも、クウェーカー教徒はこうした見方を最も強く抱くことになった。フレンド会(Society of Friends)は、一七世紀中頃の急激な政治・宗教的混乱のなかから結束力の強い宗教団体として生まれた。かれらは徐々にその信仰と規律を明確にしていった。また、かれらは非常に現実的であり、すべての人間がその信仰と規律に完全に沿って厳しく生きることができるわけではなく、それはキリスト教徒でもフレンド会の人でもすべて同じであると十分認識していた。良心と行動のこれらの理想は「教え」と呼ばれていた。一七世紀末に徐々に固まってきた教えのひとつに、戦争反対の教えがあった。おそらく、フレンド会会員は、この教えをその他の教えよりも支持したため、中傷されたり、あるいは尊敬されるようになった。しかし、われわれがここで関心を有している時期には、この道徳的立場の潜在力はまだまったくはっきりしていなかった。

一六五〇年代にフレンド会の指導者として登場したのは、ジョージ・フォックスであった。フォックスは、行動の判断基準を明確にするうえで、人間関係では基本的に愛が重要であると強調していた一六・一七世紀の宗教改革者から教えを受けた。フレンド会に関するアメリカ人の権威にいわせれば、「この運動の初期の段階では、クウェーカー教は、愛の征服力にすべてをかけるという一種のキリスト教を提示していたが、それほどには戦争反対の「教え」を強調していなかった。これは、憎しみをなくすことで、戦争をなくすという生き方であった。また、世界がこのままの生き方で進めば、戦争が永遠に行なわれることは明らかであった」(74:157)。一六五〇年代も終わりになると、スチュアート家の王政復古は、キリストの再臨よりも明らかに差し迫っていた。フォックスは、すでにクロムウェルに対してみずからの平和主義の考えを明確にしていたが、国家に対する態度を見直し始めた。一六六〇年一一月、フォックスと他の一一人のクウェーカー教徒は、チャールズ二世に平和主義宣言を提出した。もっとも、これは道徳的規律であるとともに、実際的な動機にも迫られたものであったかもしれない。つまり、復活したステュアート家の政府がクウェーカー教徒に反乱扇動の罪をかけることから身を守ろうとするものであった。

それでもなお、フォックスをフレンド会の創始者とみなすことができ、かれは自分たちを「あらゆる戦争をなくす命と力」(13:609)をともにするものと位置づけた。スコットランド出身で、神学に造詣の深かったロバート・バークレイは、当時のクウェーカー教徒にとって重要な区別を行なっている。一六七六年、バークレイは、キリスト教徒と称するが不完全である政治家について、「かれらがそんな状態にあるときには、ときおり行なわれる戦争はかれらにとってまったく非合法であるとはいえない」と書いた。他方、まったく完全なキリスト教徒であるが「心を病んでいる患者」として神の御加護を受けてきたものについては、「武器で自分を守ることは合法ではなく、神を全面的に信ずるべきである」(13:612)。この教義から引き出される政治的な教訓は、信仰という一種のベルトを兵器というサスペンダーで支えねばならないということである。つまり、政府は、その求める信仰の強さと安全の信頼性に応じて精神的武器と物質的武器の双方で国を武装すべきである。

その結果として、イングランドが「ルイ一四世時代の」フランスと血生臭い紛争に乗り出した際、フレンド会の会員は、戦争に頼ったことを残念に思い、戦争に個人的にかかわるのを避けたが、ヨーロッパ人とは悲しいことではあるが大体そんなものであると認めた。例えば、ライスワイク講和条約によって九年戦争が終結する一六九七年、ジョン・クルックという人が *The Way to a Lasting Peace*(『永続的平和への道』)を出版した。この小冊子で、クルックは物理的な戦いが終結したいまこそ、人間の内面の欲望と堕落に対して戦争を始めなければならないと論じた。

戦争反対の教えに固執することは、個人的に勇気がいる。つまり、恐ろしい状態で投獄されることに立ち向かうだけの肉体的勇気であり、嘲りや市民権の剥奪に立ち向かうだけの精神的な勇気が必要である。しかし、クウェーカー教徒は、その宗教的信仰のために迫害を経験して全体として勇気を学ぶことになった。この苦しみは、必然的にルイ一四世時代の国際紛争に対するクウェーカー教徒の見解に影響を与えた。というのも、すでに見たように、宗派の違いは、第二章で概観した時代とは異なり、国際紛争で重要な要因ではもはやなかったのであるが、宗教的不寛容と迫害は依然として広く行なわれていたからである。

クウェーカー教徒は、二つの明確な理由からこうした諸問題にとくに敏感であった。第一の理由は、フレンド会創立の時代からかれら自身が迫害されてきた歴史である。共和国というピューリタンによる政治体制のときでさえ、議会は一六五四年にクロムウェルの最初の信教自由の政策を破棄し、反フレンド会運動を始めた。王政復古の後、チャールズ二世はイングランド国教会を再建することを計画したが、その結果、非国教徒に多くの市民権剥奪が法律により課されることになった。クウェーカー教徒は、自説を曲げる気はなかったので、ピューリタンの他の宗派以上にこの政府の不寛容の声明から痛手を被ることになった。クウェーカー教徒は、秘密裏に集会をもつといった自衛策を講ずるのを潔しとせず、また、男性は名誉の印として帽子を脱ぐことを拒絶するなど変わった行動で注意を引いた。クウェーカー教徒が宗教的寛容に関心をもった第二の理由は、かれらが寛容をとにかく積極的に信じたことであった。寛容は、かれらの非常に優しく、従順な態度に欠かせない一部をなすものであった。その結果、イングランドではフレンド会会員が非国教徒の権利剥奪に反対する闘争の先頭に立った。クウェーカー教徒自身の植民地であるペンシルヴァニアでは、ウィリアム・ペンの見解が拡まった。ペンの友人であったジョン・ロックはフレンド会の道徳律があまりにも酷であると考えたが、さまざまなキリスト教の礼拝慣行に寛容であることは同植民地で生きるうえで根本的なものであった。この博愛精神は、以下のように植民地での総会で成文化された。

現在あるいはこれ以後、当植民地に居住し、唯一の全能の神が世界の創造者、擁護者、支配者であることを告白し、承認するもの、また、良心に従い、市民政府の下で平和に静かに生きることを受け入れると公言するものは、何人もいかなる場合も良心にしたがった信仰もしくは慣行のために苦しめられたり、迫害されることはない(96:85-86)。

その結果、実際にヨーロッパのさまざまな国からきわめて多くの宗派の移民が大波のように押し寄せてくることになった。

ペン自身の人生は、クウェーカーの教えのすばらしい模範であった。フレンド会の理想に非常に近いペンの生き方は、その出身をみるとますます顕著であった。ペンは、クウェーカーの過激なほどの質素ぶりからは遠く離れた家系の出であった。船乗りであった父は、海軍の上層〔提督〕にまで登りつめ、チャールズ二世からナイトの爵位を授けられ、海軍大臣のヨーク公爵〔後のジェームズ二世〕の個人的な友人となり、ロンドンとコーク〔アイルランド〕に広い土地を所有していた。一六五六年、感受性の強い一二歳の時、若きウィリアムはクウェーカー教徒のトーマス・ローから大きな影響を受けた。三年後に、かれはオックスフォード大学に入学したが、非国教徒と交際し、この容認できない行動のために放校となった。しかし、かれがようやくクウェーカーの信仰を信奉するようになったのは、一六六七年になってであり、そのために初めて投獄され、その結果、父をかなり悩ますことになった。ペンは、実際に何度も逮捕された。一六七〇年の第二次集会法に基づいてオールドベーリーにある中央刑事裁判所で行なわれたペンの裁判は、宗教的・市民的自由を求めた闘争の画期的事件となった。当局は、有罪評決を得ようと陪審団を暴虐にも脅して圧力をかけたが、陪審団はまったく大胆にもそれを拒絶した。ペン自身は、その小冊子や後の著作において市民的・宗教的調和および自由との間の切り離せない関係を一貫して論じるようになった。

さらに、ペンは神学的にみずから説教していたことを政治的に実行できる幸運に恵まれた。クウェーカーによるペンシルヴァニア植民地の建設は、ペンがステュアート家の支配層とクウェーカーの急進主義の両方にかかわった結果であったが、これはユニークであるとともに、しばしば容易なことではなかった。サー・ウィリアム・ペン〔ペンの父。ペンと同名〕は、ヨーク公爵に息子の後見人として目をかけてくれるよう頼んでいた。そのヨーク公爵は、一六八一年、〔ペンの父に対して負っていた〕債務を返済するために、ペンに土地を与えるように兄の国王チャールズ二世に取り計らった。その土地は、亡き提督を記念してチャールズ二世自身により「ペンシルヴァニア〔ペンの森の意〕」と名付けられた。青春時代に、若きウィリアムはユートピアをつくることを夢見ていた。特許状が出されてから六週間後、ペンは手紙を書き、そのなかで、いまや自分の前に拡がる好機にはっきりと感謝し、「自分はこれまで統治における危害を監視し、非難することに専ら理解と嗜好を向けてきたが、いまやそれを解決することに自分の力を向けること」(13:404)を明らかにした。ペンは、その「神聖なる実験」を監督するために、一六八二年一〇月に新世界に到着した。

ペンは、植民者を募る一方、同時に侵略していた土地の先住民との和解も求めた。この結果、インディアンとの間に有名なシャカマクソン条約が締結された。実際には、争いや困難も生じた。というのも、ペンも理解していたように、「人々が良ければ、その政府は悪いはずはない。しかし、人々が悪く、政府が非常に良ければ、人々は今度は政府を歪め、悪くしようとするであろう」(13:405)。しかし、「神聖なる実験」は、文化の異なる隣人たちとさえ平和な関係をつくり、さらに自由と寛容の原則に基づいた社会を築くうえで潜在的に重要な教訓であった。

ペンがジェームズ二世と親密に結びついていたことから、一六八八年の革命以後、ウィリアム三世とメアリの政府に対するペンの忠誠に疑いがかけられた。実際に、ペンは反逆罪の嫌疑で逮捕され、国王自身から尋問を受けた。ペンは釈放されたが、神経質になったのも無理はない。一六九〇年のジェームズ二世のアイルランド侵略により、ジャコバイト〔ジェームズ二世派〕との関係をもつ人に疑いがかけられた。また、フランスとの戦争のため、ウィリアムはペンシルヴァニアが北アメリカの防衛線のなかで弱点になるかもしれないとの懸念をもった。数年間、ペンは用心深くおとなしくしていた。

一六九二〜九三年はペンにとって惨めな時であった。戦争の進み具合は、ウィリアム三世にとって悪いものであった。一六九二年春、ルイ一四世は、これは明らかに気まぐれによるものであったが、イングランドを侵略する計画すら立案した。フランスがナミュール〔ベルギー〕を攻略し、一六九二年六月にウィリアムは反撃したが、これに失敗し、深刻な軍事的敗北を喫した。この決定的な段階で、国王は一〇月にペンシルヴァニアをペンの個人的支配から取り戻した。さらに、ペン自身にとって悲惨なことに、妻が不治の病に倒れた。ペンは、著作活動に向かい、この間に半ダースの重要な著作を著した。これらは、一六七〇年代の小冊子よりも内容があり、おそらく、より感動を与えるものであった。一六九三年には、ペンは *An Essay Towards the Present Peace of Europe*(『ヨーロッパの現在の平和についてのエッセイ』)を書いた。おそらく世を忍んでいたので、ペンは通常の手続きを踏まず、フレンド会の出版委員会である月例集会にその原稿を送らなかった。ペンは、それを匿名で出版した。

ペンは、晩年も幸福ではなかった。ペンシルヴァニアは条件つきながらもペンに返還されたが、この問題の処理のためにペンは大きな借金を抱え込み、その借金証文の規定から一七〇七年にフリート監獄に投獄された。一七一二年、ペンは卒中になり、最晩年の六年間精神機能を徐々に失っていった。

ペンが『エッセイ』を書いた一六九〇年代初めのヨーロッパの状況は、多くの知識人をして平和の思想を生み出し、あまりに多くのヨーロッパ諸国がフランスとの紛争で身動きが取れなくなっていたので、フランスも含めてすべての国が互いに友好関係に入るとの構想は歓迎されたメッセージであった。ペン自身は、ヨーロッパの平和的統一の構想を考察するのに最適な人物であった。第一に、ペンは、単に紛争にかかわりたくないという、フレンド会に通常みられる消極的姿勢よりも、むしろ平和維持のために積極的に行動したいと考えており、クウェーカー教徒のなかではやや例外的な存在であった。

第二に、ペンは机上の文士ではなかった。ペンは実際の政治と外交を経験した。ペンシルヴァニア憲法を起草する際ペンが発揮した自由主義と聡明さは、モンテスキューに深い感銘を与え、モンテスキューはペンを「現代のリクルゴス〔古代スパルタの立法者〕」と呼んだ。また、ペンはヨーロッパの諸問題について実務の面からもかなり理解していた。ペンはジェームズ二世の腹心であり、一六八六年にはオレンジ公ウィリアムと会談するために、オランダに派遣すらされた。実際に、交渉の(すべてではないが)ほとんどの議題は宗教的寛容の問題であった。しかし、ペンは君主たちの考えと政策を知っていた。ペンは、宗教的寛容が国際平和にとっても国家の偉大さにとっても必要な条件であることを確信するにいたった。

第三に、当然のことながら、ペンは愛、寛容、平和に関するクウェーカーの諸規律を有していた。戦争に対するペンの宗教的反対は、一六八八〜八九年(六六頁を参照)のファルツ選帝侯領一帯におけるフランス軍の蛮行と、前例を見ないほどの血生臭いステーンケルケの戦い(七一頁を参照)で、その必要性はさらに強まったに違いない。ペンは、ヨーロッパについてのエッセイを執筆した一年後、*A Brief Account of the Rise and Progress of the People Called Quakers*(『クウェーカーと呼ばれる人々の起源と発展についての小論』)でクウェーカーの教義をまとめた。ペンによれば、「戦いではなく、受難が、この人々に特有のもうひとつの教えである。つまり、キリスト教は人々に剣を鋤に打ち延ばすことを教えているとかれらは認めている。……あらゆる戦争と戦いは、使徒ヤコブによれば、人間自身の心の欲望から生まれるのであって、イエス・キリストの従順な精神から生まれるのではない。……また、キリスト教を抜きにしても、戦争の犠牲と成果をよく考えるならば、平和はどんなに不自由でも一般的に望ましいものである」(102:185–86)。

そうした人物にとって、世を忍んで、ヨーロッパ大陸で流される血をただ空しく見過ごすことはまったくできなかったのであろう。ペンは、たとえすぐには受け入れられる可能性がほとんどないとしても、貴重な提言をすべきだと考えたのである。

現実には、ペンは世間の出来事について熟知していたのであるが、ルイ一四世による戦争の猛威が弱まる気配はなかった。そのため、ペンの『エッセイ』から一七年後、ペンの一〇歳年下の友人、ジョン・ベラーズがクウェーカーのやり方で改めて提案をしなければならなかった。ベラーズは、一六五四年にロンドン、おそらくフィルポット・レインで生まれた。ペンとは異なり、ベラーズは父からクウェーカー教を受け継いだ。その父は、裕福な食料雑貨商人であったが、ジョンが生まれたころにフレンド会に入信した。ジョンも、織物商人として商業の道に入ったが、古典文学を幅広く読んだことから文学の素養を得た。しかし、本当のところ、ベラーズの思想は、かれが若者として貧困と宗教的迫害の影響を観察したうえで、形づくられた。

ベラーズは、さまざまな慈善活動にかかわり、われわれが知る限りでも二〇あまりのエッセイ、小冊子を書いた。ベラーズは、貧困に対する関心から経済、統計の研究も行なった。例えば一六九五年、ベラーズは、イングランドの一人当たりのGDP（国内総生産、時代錯誤の用語を使えば）が四〇ポンドであったと計算した。その博識から、ベラーズは王立協会（英国学士院）に選出された。

貧困と失業は、当時のイングランドにおいて深刻な問題であり、とくに一六九三〜九九年はひどかった。ベラーズが行なった研究と勧告した実際的な提案は、簡潔なものであったにもかかわらず、その時代ではきわめて進歩的なものであった。救貧、教育、健康の領域で、ベラーズは真の福祉国家を提案した。事実、ベラーズは、貧困、病気、無知、犯罪の間の相互関係を強調した。かれは、いつも人々のことを案じていた。かれは、国に対して失業がもたらす損失を懸念し、すべての仕事を個人的にも満足の行くものにする必要性を説いた。また、金持ちの富は貧民の労働から得られたものだとも、かれは主張した。それゆえ、カール・マルクスが『資本論』のなかでベラーズの二冊の著作に何度も言及したことに不思議はない。その二冊とは、*Essays about the Poor, Manufactures, Trade, Plantations and Immorality*（『貧民、製造業、商業、大農園、不道徳に関するエッセイ』）と *Proposals for Raising a Colledge of Industry of All Useful Trades and Husbandry*（『すべての有益な商業と農業の産業専門学校を設立する提案』）であった。マルクスは、そのクウェーカー教徒〔ベラーズ〕を「経済学史上の一異彩」と評した(88:619 n32)。ベラーズの名声は、現実にはそのヨーロッパ統一の提案よりも、社会状況の分析によるところが大きい。ベラーズの著作は、ロバート・オーウェンの心にも深い共鳴を与えたが、そのオーウェンの著作からマルクスはベラーズについて学んだのであった。その後、一九世紀にはドイツの社会民主主義者ベルンシュタインはベラーズについて「かれのなかにその時代の宗教的・社会的革命家の最も大胆で明確な思想を見いだせる」(13:594)と述べた。

ベラーズの思想の宗教的な側面も忘れてはならない。フレンド会の人々が自分たちを苦しめる苦難を和らげるという社会的良心と決意で注目されるとすれば、ベラーズは最も鋭敏な良心と最も堅固な決意を有していた。キリスト教の真の規律を貫くことで、改善は可能であるとの信念もベラーズはもっていた。かれの慈善活動と宗教的な信念はメダルの両面にすぎなかった。ベラーズはフレンド会の活動に深く関与し、一六八四〜八五年に三度も逮捕された。

貧困と戦い、宗教的に迫害された人々を支援するというベラーズの関心は、プロテスタントに対するルイ一四世の戦いから逃れた難民への同情と結びついた。一六八五年、ベラーズはペンシルヴァニアへの旅を続けさせるために数人のユグノーに財政的な支援をした。同年七月にペンはペンシルヴァニアの参議会に手紙を書いた。「ジョン・ベラーズ氏の支援を受けて、フランス人たちが行きます。〔そのために〕ベラーズ氏は、R・マーシュ氏の一万エーカーの土地のうち半分をすでに購入しております。……お願いですから、その人たちに親切にして、すぐに定住させてあげて下さい」(27:5)。ベラーズの著作の最近の編者は、この移住をナントの勅令の廃止に帰しているが、これは誤りである。というのも、ルイはその年の一〇月になって初めて勅令を改訂したからである。フランス人たちは、むしろその年に完全に確立した、恐ろしい「竜騎兵」による迫害の政策から逃げ出したのであった(六七頁を参照)。

一七〇九年までに、西ヨーロッパ地域は、戦争と飢饉で疲弊し、絶望的な状態にあった。ラインラントでは、とくにプロテスタントが危機に瀕していた。その年には、「ファルツ選帝侯領の人々」と一般に呼ばれた難民の波が新たにイングランドに押し寄せてきた。七月までに、一万人がロンドンの南東のはずれで「テント生活」を始めた。かれらは、冷淡に受け入れられた。高教会派《ハイチャーチ》のトーリー党は、教義上の理由からその滞在に反対して、ホイッグ党との違いを際立たせた。かれらは本来の意味の難民ではないと考えるものも多かった(これは一九八〇年代の英国でみられた「経済移民」への反対の先駆けである)。実際に、イングランドの生活水準の高さに惹かれたり、ルター派の殿下の寡婦であるアン女王から思いやりのある扱いを期待したものが多かったのも明らかであった。しかし、英国の教区は、穀物価格の高騰による国内の貧困のためにその財源をすでに使い尽くしていたので、この難民の殺到に対処できそうにもなかった。それにもかかわらず、ファルツ選帝侯領の人々は、多くの寛容な行為を享受した。例えば、ジョン・ベラーズは、かれらの窮状を認め、*To the Lords and others Commissioners, appointed by the Queen to take Care of the Poor Palatines*(『貧しいファルツ選帝侯領の人々を世話するために女王から任命された貴族とその他の委員に告ぐ』)と題する覚書を書いた。このなかでベラーズは、得意の「産業専門学校」の構想を改訂して、経済的自給の作業所の提案を行なった。

ベラーズがヨーロッパ大陸の戦争と迫害の影響についてなおも頭をしぼり、*Some Reasons for an European State*(『ひとつのヨーロッパ国のための若干の理由』)を書いたのは、その翌年であった。英国における戦争疲れも、無論この出版につながった重要な要因であった。一七〇九年夏にハーグで行なわれていた講和交渉は、マールバラがフランス軍に対して傲慢にも不可能な要求をしたために、失敗に終わった。その年の秋に、マールバラが「殺人的な」戦闘と呼んだマルプラケの戦いが起こった。金融業者と高価な盗品を扱う商人以外は誰にも利益のない戦争を終わらせようと切願したのは、ベラーズだけではなかった。それゆえ、ベラーズのエッセイを、その編者がいっているように「勇気ある行ない」(27:132)と評することにはやや誇張がある。もちろん、これはエッセイの議論をけなしているわけではない。

ベラーズは、一時的にヨーロッパの平和と統一の問題に戻った。ベラーズは、一七一二年にエッセイを書き、政治家に政党の争いを終わらせ、国が直面する真の諸問題に専念するよう嘆願した。そのなかには、「将来、キリスト教徒の血が流されないように、共同の保証と条約がこれまで生み出してきたものを越えて、ヨーロッパ諸国家間で普遍的・永続的平和を決するために、外国と諸条約を結ぶことを最優先する」(27:168)試みもあった。それは、サン＝ピエール神父の『ヨーロッパ永久平和覚書』が出版された年であった(第四章を参照)。その二年後、サン＝ピエールの計画が英訳された直後に、ベラーズはやや奇異ではあるが、この著作への若干の感想を *An Essay towards the Improvement of Physick*(『体格の改善についてのエッセイ』)の終わりに載せている。関連があるのは、今日まったく聞かれないわけではないが、財源を戦争準備から健康への配慮にふり向けるという請願である。ベラーズは、「サン＝ピエール神父」の勧告を全般に歓迎しながらも、紛争の宗教的原因をサン＝ピエールが無視していることを惜しんでいる。というのも、ベラーズの見解では、「宗教についての迫害と暴力が防止されるか廃絶されるまで、……それらの理由がどんなに価値があり、論証できようが、全体の平和を目指すあらゆる議論を長い間無駄にしてしまうであろう」(27:212)。ベラーズの推測によれば、フランスの聖職者はその昇進について国家に依存していたため、そのフランス人の著者(サン＝ピエール)はこの問題を見落としたのであった。政治的調和とともに宗教的調和もぜひとも必要であることは明白であるとベラーズは感じていた。つまり、「その良心の自由がなくては、「ヨーロッパ」評議院は将来のあらゆる戦争を宗教戦争に変えてしまうかもしれない。しかし、聖職者がそうした際限のない戦争を生ぜしめる迫害を奨励し、普遍的な平和という大きな善を妨げる限り、「ヨーロッパ」のすべての詭弁家の意見によれば、その神父(サン＝ピエール)が書いている罪は永遠の破滅で罰せられる人々の数ほどあるということになろう」(27:212)。

3　ふたりの構想

ペンの死後数年して、仲間のクウェーカー教徒ジョセフ・ベッセは、ペンの伝記を書いた。ベッセは、ヨーロッパに関するペンのエッセイについて「その当時の不安定な状況にうまく合い、好評であったので、その著作は同年に再版が出された」(102:xxxiii)と書いた。ペンの勧告はいかなるものであり、かれの宗教的信念や当時の国際情勢をいかに反映していたのであろうか。

その小冊子の題名全体は、その構想の制度的な構造を強調しようとするペンの関心を示している。つまり、*An Essay Towards the Present and Future Peace of Europe by the Establishment of an European Diet, Parliament, or Estates*(『ヨーロッパの国会、議会もしくは身分制議会を設立することによる現在および将来のヨーロッパの平和についてのエッセイ』)である。ペンは、序文において「うめき苦しむヨーロッパの状況」(102:3)に触れながら自分の計画を提示するのを正当化した後、エッセイを一〇部に小分けしている。第一部で、ペンは最近の紛争(すなわち、九年戦争)にとくに触れて戦争状態よりも平和の利益が大きいと論じている。ペンは熱心に次のように主張している。

それ〔構想の制度的な構造〕は人間ではなく、真鍮か石の彫像でなければならない。ハンガリー、ドイツ、フランドル、アイルランド、海上におけるこの戦争の残虐な惨状、病人が多く、弱体化する野戦軍・海軍の死亡者数、八八年以来、荒れ狂う風と波により引き起こされた船舶と人員の大きな犠牲を眺めることがあっても、動じることはないからである(102:3-4)。

ペンは、戦争のもつ副次的な悪い面と平和の情深い特徴を対比させ、「金持ちは蓄えを増し、貧しいものは兵士や泥棒になったり、餓死するのである。つまり、産業も、建物も、工場もなく、手厚いもてなしも慈善もほとんどないのである」(102:4)と続けている。ペンは、「正義が平和への手段である」(102:6)と主張しているが、この原則は国内政治から国際政治に拡張する必要がある。ペンはこれらの言を終えるに当たり、政府が法律と秩序の目的のためにいかに欠かせないかを強調し、改めてこの公理を国内の文脈からヨーロッパの文脈に拡張しようとしている。

第四部では、ペンは平和、正義、政府の関連した要求がヨーロッパでいかに実現できるかを示そうと努めている。この点で、ペンはヨーロッパ議会の計画を導入している。「主権をもつ君主が守らねばならない正義の規則をつくり、また、毎年あるいは少なくとも三年に一度会合する」ために、支配者の代表からなる議会をペンは考えている。もし仲裁の審判を守らない支配者が出た場合、「他のすべての主権国はひとつにまとまり、判決の受諾と履行を迫り、さらに被害を受けた国への損害賠償と受諾を強いる国々の費用の支払いも強要しなければならない」(102:8)。ペンによれば、いかなる国家も紛争の平和的解決を求めるこの統一的な圧力に逆らうことができないのである。

ペンは、その議会が現在の領土を維持したいとか、以前の領土を取り返したいとの欲望から生まれる潜在的な紛争を解決し、他国を占領しようと計画する侵略者を思い留まらせることになると考えている(第五部)。ペンは第六部で障害を認めているが、それは領土に対する道徳的な権利をいかに定義するかに伴う若干の困難である。ペンは征服により得られた領土の所有を許したくないと考えているが、そうした獲得がしばしば条約により法律上の神聖さを与えられていることを認めざるを得ないのである。これはペンにとってきわめて実際的な問題であり、ペンは永久平和の計画を国境の凍結に基づかせたいと考えている。その際の国境とは、ナイメーヘン条約(一六七八年)により決められたものか、当時の戦争〔ファルツ継承戦争〕が始まった時(一六八八年)のものか、あるいはその戦争が終わる時の講和条約で決められるものであった。

次に、第七部においてペンは提案した総会の構成について検討している。とくに、議席数の割り当てに伴う困難を扱っている。ペンは、議席数を一種のＧＮＰ(国民総生産)の見積もりに基づいて計算することを推奨し、そうした方

表1

神聖ローマ帝国	12
フランス，スペイン，モスクワ大公国，トルコ	各10
イタリア	8
イングランド	6
スウェーデン，ポーランド，7州（つまり，オランダ共和国）	各4
ポルトガル，デンマーク，ヴェネツィア	各3
13のカントン（つまり，スイス）	2
ホルシュタイン大公国，クールラント大公国	1
計	90

法は実用的でないとの主張を否定している。すなわち、「現在では、イングランド、フランス、スペイン、神聖ローマ帝国などは、地租収入、税関での輸出入、人頭税の帳簿、さらにそれらの税を割り当てるためにすべての政府が行なっている査定を検討すればかなり正確に見積もりが出せるので、この方法は非常に容易である。それゆえ、少なくともヨーロッパの平和への努力をこれが難しいといって停滞させたり中止させてはならないであろう」(102:10)。ペンは、議席の比例配分について表1のような大雑把な「見積もり」をしている。

トルコとモスクワ大公国について、ペンは「もし［かれらが］ふさわしいようであるならば」との但し書きをつけている。こうして、この議会は「既知の世界で最善かつ最も豊かな、さらにペンの意見によれば、最も文明化された［地域］」(102:11)の議会になるはずであった。ペンは全員の出席が望ましいとしていたが、それに固執していない。つまり、代表の〔出席〕数にかかわらず、審議での投票は上記の表1にしたがって軽重をつけることになっていた。

また、ペンは議事が公平かつ誠実に行なわれるように非常に骨を折っている（第八部）。それゆえ、巧妙にも「席次をめぐる争いを避けるために会議室は円形とし、さらに例外事項［すなわち、適用除外］を阻止するために出入り口もいくつか設けてある」（その他の諸構想では先例を重んずる慎重な主張が行なわれており、このやり方を比べてみるとよい）。投票は、「収賄の悪影響を極力排除した、ヴェネツィア人の思慮深くすばらしいやり方にならって行なわれるべきである」(102:11-12)。収賄をさらに防止するために、ペンは決定を総会の四分の三の投票で行なわなければならないと主張し、それゆえ棄権を認めようとはしなかった。

第九部では、ペンは提案した連盟もしくは国家連合に対して四つの主要な反対が提起されるかもしれないことを認めている(102:13-15)。第一に、最も裕福な強国がこれに加入するのを拒否したり、たとえ加盟国になっても、自国の利益を守ろうと他国を買収するかもしれない。第二に、「軍隊を使用しない結果、軟弱さが増す恐れがあり」、国家連合を無防備にしかねない。第三の反対は、動員解除により失業率が上昇するというものである。ヨーロッパ統一構想を提唱したもののなかでも、ペンはその計画の重要な点として軍縮を初めて強調した者と特徴づけてもよかろう。ペンは、これらの論点についてそれぞれ反論している。しかし、第四の決定的な反対は、現代でも頻繁に聞く性格のものであるが、ペンもこれにはやや手こずっている。それは、「主権をもつ君主も国家も、その結果として主権をもたなくなるが、この点はかれらには決して耐えられない」というものである。ペンの解決策は、君主の主権を対内的主権、対外的主権に区別するというものである。前者は損なわれることはないのである。つまり、「君主の国民に対する権力も、国民が納める通常の税収も一切減ることはない」とペンは主張する。失われるものは、「他の国家に対して主権」を行使する自由である。ペンは、「大きな魚はもはや小さな魚を食い尽くすことはできない」という意味でこれを解釈している。そのため、国家主権は相互に守られ、抑制されるのである。

ペンは、自分の計画から引き出せる利益を第一〇部で列挙している。ペンの最も重要な関心は、「人間、キリスト教徒の大量の流血」を防止することにあり、「国民の生命を気遣う努めは統治者の責任である。というのも、まったく疑いなく、統治者はその軍務で流される血について神に責任を負っているからである」(102:15)と統治者に説いている。第二の利益は、キリスト教の評判を回復することである。というのも、キリスト教徒が互いによく殺し合った結果、異教徒から見ると、キリスト教の評判は地に落ちていたからである。キリストが平和の王であることを、ペンは読者に思い起こさせるのである。第三の利益は、ヨーロッパの経済に関するものである。国際紛争に金を浪費する代わりに(ペンはとくに諜報活動の費用を強調している)、「学問、慈善、製造業など」(102:16)が栄えるであろう。第四に、戦争の物理的損害は、もはやなくなるであろう。第五の利点は、平和であること以上に、ペンが国家間に築こうとする国家連合の利害関係から得られるものである。ヨーロッパ大陸では、旅行は「多くの検問所」で邪魔されずに、容易にかつ安全に行なわれるようになるであろう(102:17)。当時、政治的な寄せ集めにすぎなかったドイツでは、とくに検問所は邪魔物であった。第六に、キリスト教世界に対するトルコの脅威はなくなるであろう。というのも、ヨーロッパは統一していないがゆえに脆弱であったからである。第七の考慮は、ヨーロッパ帝国議会の会合により、君主や代表たちが個人的に親交を結ぶことであるが、これにより好戦的な行動よりもむしろ平和的な行動に向かうことになろう。最後に、この制度の結果、君主たちは王家の利益のためではなく、愛のために結婚することが許されるであろう。個人的幸福と国際的な幸福が同様にこの慣習の変更から生まれることになろう。というのも、「さまざまな時代に、どんなに憎悪、反目、戦争、荒廃が君主とその妻との間の思いやりのなさから生まれたことであろうか」(102:20)。

ペンはこの書を結ぶに当たり、自分の国家連合計画が「実行しうる」ことを示すために同盟諸州〔オランダ〕の小規模な事例に触れ、また、「実行するのにふさわしい」ことを示すために有名なアンリ四世の「大計画」にも触れている(102:22)。さらに、ペンは「きわめて壮大ですばらしい計画を提案し、遂行する栄誉はヨーロッパのすべての国のなかでもイングランドに与えられることを心から熱望している」(102:21)と告白している。

ペンは、ベラーズの個人的な友人であったが、ベラーズは、自分の小冊子の終わりにそのエッセイが「著名かつ教養ある紳士でペンシルヴァニア総督ウィリアム・ペン殿によってすでに書かれたことのあるもの」(27:15)と認めている。一七一〇年に出版されたベラーズの短編の題名は、*Some Reasons for an European State*(『ひとつのヨーロッパ国のための若干の理由』)であり、副題は、「普遍的な保証によるヨーロッパ列強に対する提案、今後君主および諸国家の境界、権利に関する論争を解決するための年次総会、評議院、国会もしくは議会」である。このエッセイは、アン女王への献呈の辞で始まっている。そのなかでベラーズは、連合王国の統一およびそれに伴う平和の実現とヨーロッパ全体の同様な政治的偉業の必要性とを比較している。とくに、「スコットランドとの連合[すなわち、一七〇七年の連合法]がそうであったように、それは女王の栄光をさらに増すものとなろう。……女王はひとつの平和的な解決策でヨーロッパの列強を統一しようと喜んで全力を尽くすであろう」(27:135)とベラーズは示唆している。

その著作の本文では、ベラーズは引き続き連合王国の貴族院および庶民院議員、ヨーロッパ列強、国家の顧問官や国務大臣、司教、聴罪師、教誨師やその他の聖職者に語りかけている。ベラーズは、「キリスト教徒の血が大量に流されたことや期待された平和を得るために莫大な富が使われたこと」(27:136)に触れ、背景を述べている。

ヨーロッパ統一構想は、完全に実行できるとベラーズは主張する。かれはその証拠として同盟諸州・スイスの経験とアンリ四世の「大計画」の両方を引き合いに出している。

スイスのカントンのみならずオランダの諸州は、危機に瀕したときに統一されたことにより、より容易にかつ堅固に確立され、強化された。現在の連合国[つまり、フランスに対する同盟国]がその中で連合を開始し、次にすべての中立諸国をも引き込むならば、平和が(それ以前に達成されていないならば)より早くもたらされるので、フランス自身もこれにますます入りたがるであろう。その結果、英国は平和が継続するという恵みを得ることになるが、これは現国王の祖父が以前に提案していたものである(27:137)。

その計画はヨーロッパ諸国の国境の確定と防衛を含んでいる。しかし、それは戦争の終結時にできるものであった(というのも、講和は他のいかなるものよりも多かれ少なかれ恣意的ではないと、ベラーズは考えていたからである)。代表者の年次会議もしくは評議院が設立され、「ヨーロッパのすべての君主と国家」が「ひとつの国として参加し」、

「永続的なヨーロッパ法」を制定することになる(27:140)。ベラーズは、領土の保証、国内的主権の保持、より一致し、統一された政治制度の発展を均衡させようと骨を折っている。かれは現実主義者であり、その問題について発展的なアプローチの必要性を十分認識している。つまり、「ヨーロッパはさまざまな統治形態の下にあり、どの国も自己の形態を最善のものと尊重しがちである。関係各国の間の準備と事情に合うように構想を練るには、時間と熟慮が必要であろう」(27:140)。

ベラーズは、カントン制への地方分権と代表についての規定では、とくに新しい要素を組み入れている。この考えは、かなり長くなっても引用するに値する。

……ヨーロッパは一〇〇ほどの対等なカントンもしくは州に分割されるべきであり、主権をもったすべての君主や国家は少なくとも評議院に一名を送り出すことになる。また、各カントンは、公的な行事に際しては、一〇〇〇名の人か、それと同等の価値を有する金あるいは船舶を調達することを命じられる。……各王国や国家が調達することになっている人一〇〇〇名ごとに、その王国や国家はこのヨーロッパ評議院に議員を送る権利を有する……(27:140)。

平和はいくつかの理由からそうした取り決めによりもたらされるであろう。第一に、各国家は、総会の意思を無視することがどんなに無謀なことかを知っている。なぜなら、その他のすべての諸国の軍隊が反抗した国に向けられるからである。第二に、多数の諸国は、ある特定の論争に個人的な利害を有していないので、言い分のより正しい方を支援するであろう。第三に、すべての国は、とにかく適度な水準まで軍隊を縮小する必要があろう。

次に、ベラーズは「ヨーロッパの諸王国および諸国家の顧問官および国務大臣」に語りかけ、かれらがもしヨーロッパの平和のための構想に賛成すれば、この世界においても、またこの世界に入ろうとする国に対してもその評判を高めることになると説得を試みている。ベラーズは、もし平和がヨーロッパで確保されなかった場合の残酷な将来図を描いてみせる。すなわち「……一〇〇〇年もしくは二〇〇〇年ほどの間に、現在ヨーロッパに住んでいる人々と同じ数の人がヨーロッパにおける戦争で殺されるであろう」。さらに、「裁きの日には、ヨーロッパの平和を達成することに反対する罪ほど悪い罪」はないであろう(27:144)。

この部分の宗教的な調子は、驚くには当たらない。ここでは、ベラーズも、アレクサンドロス大王やカエサルのような「異教徒の英雄」の悪評をキリストの平和的な目的と対比させている。ベラーズは、信心深いフレンド会の教徒であった。かれは、その小冊子のかなりの分量を明らかに宗教的な問題にも割いている。また、かれは人間の本性についての評価では非常に現実的でもあり、人間の暴力への傾向が、国際的な政治紛争で主張が拒否されたときに、宗教闘争に新たなはけ口を見いだすものであることを十分現実的に認識している。かれは、聖職者へのアピールやヨーロッパ・キリスト教評議会への提案によってこの問題に取り組んでいる。

ベラーズは、「ヨーロッパの諸王国および諸国家の司教、聴罪師、教誨師、長老、大臣、教育者」に対して平和のために働くよう求めている。ベラーズは、かれらに恥を知れと述べている。「キリスト教の光明はトルコ人、異教徒にどんなに影響を与えるであろうか。宗教を口実にして、その信仰者が非常に強い遺恨と憎悪をもち、そのために異教徒の最大の迫害者がこれまで流させたよりも、はるかに多くの血がキリスト教徒同士の間で流されたことをかれらは知ることになろう」(27:145)。ベラーズは、プロテスタントとローマ・カトリック教徒が実際に仲良く生活し、協力している事例を多く提供している。また、かれは「宗教を遵奉させようとする迫害は無益であり、最悪の異教徒の規律、慣行と同様に、キリスト教の意思に直接反するものでもある」と主張している。「人は自分の意思に反して救われるものではない。つまり、自分が確信していないものを堅く信じることはできないのである」。ちなみに、この議論をジョン・ロックの議論(六八頁)と比べると興味深い。さらに、「通常、戦争は宗教迫害の結果である」(27:146–47)。

将来、宗教紛争を勃発させないように、ベラーズは「ヨーロッパの全キリスト教宗派からなる一般評議会」を提案し、それは「意見の相違を争うよりも、隣人を愛せよとか、互いに良いことを行なえといった神の摂理により集まる」(27:148)と述べている。キリスト教の規律のなかに共通する最高の要因といったものについて合意し、解明することで、宗教的動機に基づく公然の戦争をなくせると、ベラーズは信じていたのである。

次に、ベラーズは、シュリーの「大計画」の説明に移り、これをアンリ四世がフランスにおける宗教的平和化をヨーロッパ大陸全体に拡げようとした構想であるとみている。ベラーズは、アンリ四世が平和をキリスト教と結びつけていることを称賛するが、その「大計画」からはっきりと除外されていたモスクワ大公国とオスマン＝トルコ(実際には、「大計画」の犠牲者)に平和と連合の関係を拡げようとした。ベラーズは、寛容で広い心の持ち主であった。というのも、「キリスト教徒のモスクワ大公国の人々とイスラム教徒の人々は、他の人々と同じ能力と思慮を有しており、同じ人間になるために、同じ機会と意思疎通の適用を求めているだけである。しかし、かれらに理性を与えようと、かれらの頭を叩くのは大きな誤りであり、ヨーロッパをずっと戦争状態にするだけであろう。しかるに、この市民連合がさらに拡大できるのであれば、この世の平和と人々の好意がますます増大することになろう」(27:152)とベラーズは主張しているからである。ベラーズは平和への祈りでこれを結んでいる。

では、これら二つのヨーロッパ統一計画をいかに比較評価できるであろうか。両者のエッセイはともに短く、ペンのもので約八〇〇〇語、ベラーズのもので七〇〇〇語である。双方とも、戦争とそれによる無分別な大虐殺に対する反応として出版された。つまり、それぞれ九年戦争であり、スペイン継承戦争であった。かれらはともに戦争の全面的な廃絶に行き着いたが、これはフレンド会の会員であることから当然期待されたことであろう。この差し迫った平和への願いが、ヨーロッパの諸国をより緊密に結びつけようとする制度的提案の動機となっていた。しかし、この主要な動機の背後には相違も見られる。ベラーズは宗教上の信念に固執したが、ペンは世の中について抜け目のない人間でもあることを示している。ベラーズは、流血がキリスト教の真の解釈に反するものであるとの指針を繰り返し述べているのに対して、ペンは戦争が富の生産を中断させるものであるとの点を繰り返している。

また、ペンのエッセイは、ベラーズのものよりも論理的に論じられており、政治的諸問題の核心により鋭く迫っている。実際のところ、ベラーズも政治制度を徐々に整合させる必要性を正しく認識していたが、少なくともペンが解決しようとした主権の中心的な問題をほとんど考慮していない。ふたりともシュリーの「大計画」と小さな事例に触れ、その計画の実現性を擁護しようとしている。ペンはとくにオランダ連合の成功に感化されたが、ベラーズはその事例にスイスと英国自体も加えた。

もちろん、ふたりともヨーロッパ大陸総会の仲裁能力と非武装化を信頼しているが、ここでもペンは罰金や損害賠償という財政的な罰を提案しており、より実務的な感覚を示している。他方、ベラーズの方はおそらくカントンへの移行という理想化された提案でその問題の核心に迫ろうとしたのであった。ペンは抑止力に頼ったが、ベラーズは国家の軍事力を部分的に無力化することでこれを補強した(しかし、実際には誰がカントンの徴税権を統制するのか明確ではない)。ペンは財政にも忘れずに配慮しており、その結果、諜報活動、収賄、汚職などの政治の悪習についても懸念している。

これとは対照的に、ベラーズは、政治的なヨーロッパ総会だけでなく、聖職者の総会も決めていることに示されるように、恥ずべき政治工作を防止することよりも宗教的寛容を奨励することにいっそうの関心をもっていたのは明らかである。ベラーズがロシアとトルコも組み入れようとした点も、ペンの簡単な指摘よりもはるかに積極的な寛容の態度を示している。それにもかかわらず、ふたりとも、互いに殺し合う紛争がキリスト教の評判に有害であるとの正当な意見を表明している。

しかし、ベラーズの提案は、少なくとも二〇世紀の戦間期まで忘れられており、その時でさえ関心は大体フレンド会に限定されていたのではないかと思われる。ペンと比べると、もちろんベラーズは個人的にはそれほど有名ではなかった。また、おそらくベラーズが、紛争の宗教的原因を強調していたことがすたれる要因になった。ペンの影響でさえも、限られたものであった。確かに、かれの文書は一七二六年に著作集が出版されたことで利用できるようになった。その後、米国でのクウェーカー教に対する関心から、一八九六年に Old South Leaflet(『古い南部のリーフレット』)として、また、一九一二年には米国平和協会によりペンの著作集がそれぞれ再出版されることになった。しかし、第一次世界大戦の衝撃により、初めてペンの『エッセイ』に対して関心が大いによみがえり、著作集が一九一四年、一六年、一七年の三度も復刻された(67:370 n1; 380 n91)。

実際に、ルイ一四世の戦争に対してイングランドの教養ある、高潔なクウェーカー教徒が簡潔に答えても、この同じ紛争を熟慮したフランスの退屈な合理主義者、サン=ピエール神父の膨大でとりとめのない著作に比べると、それは微々たる影響しかもたらさなかったのである。

第4章

サン＝ピエールとルソー

1　世界市民主義時代と戦争

本章で取り上げる一八世紀は、皮肉なパラドックスの時代であった。すなわち、一八世紀とは、世界市民主義《コスモポリタニズム》が復活するとともに、新たに博愛主義が掲げられた時代であったが、同時に絶えず国際紛争が生じていた時代でもあったのである。なかでもフランスは、いわゆる「啓蒙哲学者《フィロソーフ》」が唱える世界国家の中心である一方、ヨーロッパ最大の軍隊を配備し、主要な戦争すべてに関与していた。

人間は、コスモポリス(世界国家)に忠義を感じ、ポリス(都市国家)や人間が制定したさまざまな法律と同様に、あるいはそれ以上に自然法に忠誠を尽くさなくてはならないという考え方は、古代世界のキュニコス派やストア派の強力な主導理念であった。そのような古典著作家たちに没頭した一八世紀の啓蒙主義者たちは、かれらの考えを自分たちの気性に最も合ったものとして受け入れていった。それゆえ、百科全書派《アンシクロペディスト》のディドロはディオゲネスを、ヴォルテールはマルクス・アウレリウスを、それぞれモデルとしたのである。トーマス・ペインは、「私の祖国は世界であり、良き行ないをすることが私の宗教である」(99：250)と記している。このような政治思想家たちは、愛国者が祖国のアイデンティティーに誇りをもつのと同じくらい、みずから宣言した世界市民という地位に誇りをもっていたのである。

こうした世界市民主義感覚の中心地、そのような精神的世界国家の中心都市はパリであり、有識者が集うサロンでは、この新しい考え方が共有され、広く普及していった。それは、パリという巨大都市が有している知的活力だけではなく、フランス語とフランス文化という共有の財産から生ずるものであった。英国サセックスのある地主は、息子に宛てた手紙のなかで、「フランス語を理解する者は、気楽に世界中を旅行し、道中で出会うあらゆる人々と意気投合することができる」(60：53)と書き記している。フランスの学者ポール・アザールは、みずからは同感していなかったが、「世界市民主義者とは、「フランス流」に考える人のことを指すようになった」(63:445)とまで述べている。その結果、貴族および高等教育を受けた人々の間では、外国旅行が魅力的な年中行事となり、英国紳士たちは、ヨーロッパ大陸を一周する「グランド・ツアー」を行なった。例えば、イタリアの法理論家ベッカリーアは、フランスの啓蒙哲学者ドルバックをパリに訪ねた。ヴォルテールはポツダムに赴き、フリードリッヒ大王と交流した。政治的な国境線は、当時の文士や学者にとってあまり意味のあるものではなかったのである。

これらの人々は、政治および社会問題については、博愛主義的な政策とその実践を追求していた。個々の人間の価値と幸福を信じることが、啓蒙思想の底流をなしていた。サン＝ジュストは、「幸福はヨーロッパにおける新しい観念である」(5:75)という記念すべき言葉を残したが、かれがフランス大革命の恐怖政治を狂信的に支持したのは残念なことであった。しかし、その言葉は嘘ではなかった。一八世紀は、異端に対する不寛容と迫害、拷問裁判、戦争といった、ロバート・バーンズの言葉を借りるなら、「人間に対する人間の残酷な行為が、何千もの数え切れない人々を悲しみに追いやる」ことに対する急激な反動の世紀だったのである。

ロックは、一六八九年に発表された四通の『寛容についての書簡』のなかで同様の議論を展開している(六八頁を参照)。一七六二年に、ヴォルテールはダランベール宛の書簡のなかで、この時代の偉大なスローガンのひとつになった「恥知らずを粉砕せよ」という言葉を進言した。二年後、ベッカリーアは『犯罪と刑罰』を著し、ヨーロッパ刑法の残酷さと不正を糾弾した。啓蒙哲学者たちの賢明な忠告と熱心な訴えにより、ゆっくり、かつ断片的にではあったが、しだいに現実の政策が取られ始めた。宗教上の寛容と取り調べの拷問廃止に関する勅令は、この時代の革新的支配者に与えられた「啓蒙君主」の名をまさに立証するものであった。

残虐性は啓蒙世代の感情を損ねただけでなく、人間の理性に対する侵害とされた。さらに、この人間の能力に対する信頼は、人類はみずからの力により進歩し得るという楽観的な信念をもたらしたのである。それでは、幾多の人類の不幸を招いてきた戦争を、啓蒙哲学者はその理論体系のなかでどのように調和させていたのであろうか。かれらは反軍国主義的知性の持ち主であった。ヴォルテールは『哲学辞典』の戦争の項で痛烈かつ軽蔑的な皮肉を込めて、「田畑を荒らし、人家をこわし、毎年平均[四万から一〇万の]人々に死をもたらすのはたいへん見事なものである」と書いている(132:231-32)([　]内の数字は、ヴォルテールの意図するところが不明瞭であるため、厳密な翻訳ではなく、かれの意図を推測して挿入したものである)。しかし、皮肉を武器とするならば、理性はもうひとつの武器であり、しかもその時代の多くの思想家たちにとって、理性は人間として当然のものであった。もし、人間の行為におけるすべての悪事が、適正な思考力が欠如していた結果であるならば、最大の悪行である戦争は、国益に対する冷静な評価により排除できるはずであった。支配者が、人的資源の損害や身内の争いの原因となる財産の損失を理性的に計算するならば、争いを回避し、平和な生活を送ることができるのであり、戦争は人間の社会行動の特質から生じる不可避的なものでも、必然的なものでもないとされたのである。

三十年戦争の恐怖から、学者および政治家たちは、戦闘の最中に想像を絶する無秩序な蛮行が起こらないようにするためには、なんらかの行動規範が不可欠であることを認識していた。平和と戦争についてのルールを規定する草案作成の試みは、啓蒙思想家たちの考えに沿うものであった。グロティウス(二八―二九頁を参照)がまず本格的に草案づくりに着手し、次いで、スイスの外交官で国際法学者であったエマーリッヒ・ヴァッテルが、一七五八年に公刊した*Le Droit des Gens*(『国際法』)で熱心に提唱した。グロティウスとヴァッテルの議論に見られる基本原理は、自然法から派生する人権が、例えば、戦時捕虜の人道的処遇、あるいは一般人や中立国の非戦闘員の尊重についての前提となるということであった。

戦争に人間性を賦与しようとする理論的な願望は、一八世紀の初期国際法には実際に活用されなかったが、数多くの実用的な考えがそこから芽生えていった。また、宗教改革後、戦争を悪化させた原因であった宗教感情は、もはや国際紛争の主要要因ではなくなり、それに代わって、王朝、領土、貿易といった限定された目的の下に一八世紀の紛争は生じていたのである。

しかし、戦争の恐怖が相対的に減少した最大の理由は、おそらく軍隊の召集と戦闘方法が変化したことにあると思われる。軍隊の形式は、かつての素人軍隊の臨時召集から常備軍へ移行し、軍の統制と維持費用が最も重要な問題となっていた。軍人の多くは外国人傭兵であり、かれらは君主や国に対して忠誠心をまったく欠いていたため、かれらを統率し、有能な戦闘部隊にするためには厳しい軍規が不可欠であった。さらに、当時流行していた歩兵の前進攻撃、横一列のパレード型では、敵から攻撃を受けたときにも一糸乱れぬ沈着さを確保する必要があった。こうして、軍隊はより厳しい規律で統率され、戦場における強姦、略奪、不当な破壊といった行為に一般市民が苦しむことは少なくなっていったのである。また、将校クラスに、素人軍人が混在していたり、世界市民主義者を気取る者がいたことも、好戦的な憎しみを抑えるのに役立った。例えば、一七四五年のフォントノイの戦いにおける以下のようなやりとりはその後有名になっている。一万四〇〇〇人の英国およびハノーヴァーの軍隊が教練のごとく正確にフランスの砲兵攻撃のなかを行進し、フランスの衛兵連隊の前で止まった。両軍の将校は、帽子を脱いで互いに挨拶した。その時、英国側指揮官のチャールズ・ヘイ卿が「フランス衛兵の諸君、撃て！」と叫んだ。すると、フランス軍指揮官のドートゥロッシュ伯爵は、「いいえ、いいえ、閣下。われわれは先に発砲いたしません」と返答した。これはずる賢い返答で、騎士道精神などによるものでは決してない。なぜならば、当時の歩兵隊形では最初に発砲した方が、扱いにくいマスケット銃に再装塡する間、実質的に無防備になってしまうからである。他方、戦闘中のそのようなゆとりと形式は、他の時代では一騎打ちの場合を除いて見つけることは困難である。

大規模な常備軍を徴集し、訓練し、維持していくことは、たいへん費用のかかる作業であった。それゆえ、マールバラの会戦（六五頁を参照）のような大量殺戮によるむやみな浪費よりも、防衛、攻囲、機動戦術を通じての軍の維持が政策として好まれた。とくに、一七一三年から一七四〇年の間は、英国のウォルポール、フランスのフルーリー、プロイセンのフリードリッヒ・ヴィルヘルム一世といった優れた政治家たちは、戦争という負担を余儀なくされることを嫌い、平和的な政策を追求した。また、この時代は、英仏間の長い敵対関係のなかで、緊張が緩和した束の間の時期でもあった。

しかし、ここで誤解してはならない。一八世紀は、戦争が皆無であった時代では決してない。ヨーロッパ人は、大陸内部で、もしくはアメリカ、アジア、また公海における帝国主義および通商上の利潤をめぐる紛争で、お互いに相手の喉元に飛びかかろうとしていた。本章の対象であるサン＝ピエールは、一七〇六年から自分の計画について構想を練り始めた。その構想に対するルソーの『永久平和論批判』は、サン＝ピエール没後の一七八二年に出版された。オスマン＝トルコとの戦争を別にしても、この時代には以下のような大きな戦争があった。北方戦争（一七〇〇〜二一年）、スペイン継承戦争（一七〇一〜一三／一四年）、西地中海におけるハプスブルク朝スペインの危機（一七一七〜一九年）、ポーランド継承戦争（一七三三〜三五年）、オーストリア継承戦争（一七四〇〜四八年）、七年戦争（一七五六〜六三年）、バイエルン継承戦争（一七七八〜七九年）、アメリカ独立戦争（一七七五〜八三年）などである。

スペイン継承戦争はサン＝ピエールに、七年戦争はルソーに、それぞれ最も鮮烈な影響を与えた。ルイ一四世による戦争が、クウェーカー教徒の統一ヨーロッパ構想に影響を与えたことはすでに第三章で指摘した。サン＝ピエールが統一構想を考察し始めた一七〇四年から一七〇八年まで、フランス軍は、ブレンハイム、ラミリー、トリノ、マルプラケ、オーデナルドといった一連の敗戦で後退していた。自暴自棄の反撃により、ルイ一四世は自国を疲弊させた。一七〇九年八月二六日、〔オリー〕財務総監は王に宛てて次のように書き送っている。

軍は相応の報酬を得ることができず、このようなときに補給物資や食糧を部隊内に確保することは不可能です。……四カ月の間、一週間とて反乱のない週はありません。あらゆる問題を解決するには、早期和平しかあり得ません(113:488)。

ルソーのヨーロッパ統一に関する思索の背景となった七年戦争は、プロイセンに同様の国力消耗状態をもたらした。フリードリッヒ大王はこう書いている。

プロイセンの人口は、七年戦争の間に五〇万人減少した。全人口が四五〇万人であることを考えれば、この減少数は莫大なものである。貴族と農民は、多くの軍隊により略奪と恐喝にさらされ、裸を覆う惨めなぼろ着以外何も手元に残っていない。……地方の状況は、三十年戦争後のブランデンブルクに類似している(80:484-85)。

これらの証言は、一八世紀は異常で残酷な戦争が事実上中断した時代であったと安易に結論を下す前に、一考する必要を感じさせるものである。

フランスは、七年戦争に参戦したことにより、ヨーロッパでの影響力を減少させ、一番のライヴァルである英国に領土を割譲して、政治的屈辱を味わうことになった。

こうして戦争が連続していたにもかかわらず、その背後で共通の「ヨーロッパ感覚(Europeanness)」が広い範囲に生まれつつあった。その感覚は、部分的には前述した世界市民主義(九七頁を参照)との関係から生じるものであり、さらに、ヨーロッパ人は共通の経験をしているという特別な思いがあり、それがヨーロッパ人は同一であり、他の大陸の人々とは異なるという感覚をもたらすことになったのである。モンテスキューとヴォルテールも、ほぼ同じ表現を使っている。モンテスキューは、「ヨーロッパは、複数の地方から構成されるひとつの国家にすぎない」(39:141 n17)と述べ、ヴォルテールは、「(ロシアを除いて)キリスト教ヨーロッパは、複数の国家に分割されてはいるが、一種の大きな共和国とみなすことができる」(131:5)と書いている。ヨハネ・クリスティアン・アーデルンクは、「ヨーロッパは地球上の他のいかなる地域よりも優越している。……その境界がどこにあるかは不明瞭であるが、それにもかかわらず、ヨーロッパは「すばらしい有機的統一体」を形成している」とドイツ語で書き記している(63:437)。

ヴァッテルも、外交官としての目をとおしてヨーロッパを観察し、こう主張した。世界の一部分であるヨーロッパはひとつの政治システムを形成しており、そこに存在する諸国家は相互のつながりとさまざまな利益により結びつき、単一の統一体を構成している。ヨーロッパは、もはや過去のように、ばらばらな部分が雑然と一塊りになっているのではない。……［外交慣行により］近代ヨーロッパは一種の共和国となり、そのメンバーは……秩序の維持と自由の保護のために一体となっている（81:90）。

政治統合に向けた特定の青写真はどうだったのであろうか。当時最も創造力に富み、幅広い知性の持ち主であったライプニッツは、一六七〇年代にこの問題について考察し、二つの構想を生み出した。そのうちのひとつは、かれがカエザリウス・フルテナリウスというペンネームで書いたもので、中世を偲ばせる方法で帝国および教皇権力を伴った王政を復活させることを提案している。「もし法にしたがって行動するならば、皇帝はヨーロッパの広い範囲での権力と、教会の権力に相当する最高統治権を賦与されなければならない」（39:129）。

一七一二年に、サン＝ピエール神父は、最初のヨーロッパ統合案を公開した。それについては次節で検討するが、同じころ、ライプニッツは書簡のなかでこの問題に立ち返り、サン＝ピエール宛の手紙のなかでも触れている（一三三—一三四頁を参照）。さまざまな統合構想が、一七三〇年代から一七四〇年代にかけて提案された。一七一七年から一九年のハプスブルク朝スペインの危機（一〇一頁を参照）を引き起こしたアルベローニ枢機卿は、一七三五年に、「ヨーロッパ市民の安定を確立するための永久国会構想」（67:32）を含む計画を提示した。その後でてきた構想では、フォン・レンのヨーロッパ会議計画や、ガルガッズによる永久平和保障計画などがある。これらは、ルソーの著作に見られるように、サン＝ピエールから多くの刺激を受けている。称賛されたにせよ、軽蔑されたにせよ、いずれにしてもサン＝ピエールの構想は決して無視されることはなかったのである。

2 サン＝ピエールの構想

善意に基づく空想的社会改良家たちは、あまりにも熱心であるため、ややもすれば話が長く、聞いている人を退屈させてしまい、結局支持を失うことが多かった。サン＝ピエール神父もその典型的な人物であった。一世紀後、著名な文学評論家のサント＝ブーヴは、サン＝ピエールの著作について以下のように論評している。

かれは健全な考えを述べ、有益な改革を提案する。しかし、たとえあなたがそのことを評価しても、かれは満足しない。自分の考えをより確固たるものにするために、かれはくだらない反論を列挙し、ひとつひとつ反駁することを楽しみ、面白がっている。第一に、第二に……第二八に……という具合に。かれは、あなたが閉口するまで止めようとはしない。かれは最後まで理論上の勝利を追い求め、勝者として戦場で眠ろうとする。しかし、先に眠るのは読者の方である(42:340)。

それゆえ、クウェーカー教徒が統一ヨーロッパに関する勧告を提示するのに数冊の小冊子で済んだのに対し、フランスのサン＝ピエール神父は、分厚い書籍三巻を必要としたのである。

サン＝ピエールは、まだ若い時代に、人類の和解のために働かなくてはならないという強い衝動に駆り立てられた。かれは、堅信式(幼児洗礼を受けた者が成人してその信仰を告白し、教会員となる儀式)の際に、洗礼名をシャルル＝フランソワからシャルル＝イレネ(イレネは、平和的な、調停者の意)に変更し、十代の時には、地元の争い事の調停役を自分の仕事として進んで引き受けていた。かれは、ノルマンディー地方のサン＝ピエール＝エグリーズの住人で、家名はカステル、父は男爵で、称号を町名から取っている。

シャルル＝イレネは、一六五八年に生まれ、伝統的なカトリックの教育を受け、下級聖職位の地位を得たが、キリスト教の信仰はきわめて浅いものであった。二二歳の時、かれは独立してノルマンディーの親元を離れ、パリに赴いた。そこでかれはまず、最先端の科学の勉強に打ち込むが、まもなく自分を満足させ得る恩師として、政治学についてはプルタ－ク、哲学についてはデカルトに出会う。かれの著書を出版したイギリス人は、「かれは虚弱な体質であったにもかかわらず、非常に勉強家であったといわれている」(65：57 n56)と評している。

サン＝ピエールは、アカデミー・フランセーズ(フランス学士院)の会員として認められ、パリ知識層のサークル入りを果たすが、アカデミーからは後に除名されてしまう。かれはクリュブ・ドゥ・ラントルソルに参加するが、このサークルはサン＝ピエールが政治的な論争を持ち込んだことを理由のひとつとして、閉鎖されてしまった。しかし、女流文学者が主人として主宰していた他のサロンはかれに寛大であり、ランベール夫人やとりわけデュパン夫人がかれにとって最も気心の知れた女主人であった。淑女のみが、サン＝ピエールの人類改善構想の果てしない説明に耳を傾ける忍耐と礼儀をもちあわせていた。多くの男は、かれを我慢ならないと感じていた。ラ・ブリュイエールは、多くの読者を引きつけた有名な著書 *Caractères*（『性格』)のなかで、サン＝ピエールの異常なまでの社会的無神経さについて鋭い描写をしている。

かれは、面識のない人に紹介してもらうよう、自分が面識のない人間に依頼する。……かれは、自分のことを知らない著名人の話の輪のなかに割り込み、聞かれもしないのに、またかれが会話を中断していることをまったく認識せずに、しきりに、しかも馬鹿げた調子で話をする(127：106)。

男性よりも女性の方が、サン＝ピエールの社会的に粗野な振る舞いには寛大であり、かれは、ある女性から職を提供されて、ルイ一五世の幼少期の摂政であったオルレアン公爵の母親、オルレアン公爵夫人の司祭となった。

サン＝ピエールは非常に長寿で、死去したのは一七四三年であった。かれがパリのサロンに受け入れられたのは、おそらく円熟期にかれの礼儀作法が穏やかになったことによるものだとも思われる。

かれは、自分の見解、判断、計画をきわめて詳細に提示するときのあまりにも厚かましい熱心さに、みずからは気づいていなかったようである。ルイ一四世とその摂政を書物のなかで批判したため、かれはアカデミーから除名されたが、追放の方法が公平でないとして、同情を集めることもあった。しかし、かれは社交界でも、書物のなかでも馬鹿にされ、嘲笑された。サン＝ピエールを可愛がっていたグリムでさえ、「かれの果てしなきおしゃべり」(42:335)にはさじを投げている。だが、かれの誠実な人類愛への態度を疑う者は誰もいなかった。

かれには悪意がなかった。かれは、自分の人生を多くの人々の境遇改善のために捧げる決心をしていた。それは非常に重要な任務であり、それゆえかれは「bienfaisance(善行)」という言葉をつくる必要性を感じた。かれは、みずから考案した言葉についてこう述べている。

キリスト教徒が慈善(charité)という言葉の本当の意味を知らないということを認識して以来、他の人々に良いことを行なうのがわれわれの義務であることを明確に示す単語を私は探し求めてきた。私の思いを伝えるのに、善行という言葉以上に適切な言葉は見つからなかった。この言葉を使えば、人々は思い思いに行動するであろう。私は、この単語は明確で、紛らわしくないと思う(63:170-71)。

また、かれに自己中心的なところがあったにせよ、そのことはかれの真意を減ずるものではなかった。百科全書派のダランベールは、アカデミー・フランセーズの元会員の評伝のなかで、サン＝ピエールを称賛してこう書いている。「名声などにはまったく無関心であると公言する者のなかでさえ、かれほど、みずからの栄光に関心がなく、あるいは自己愛の幻影に密かにとりつかれていない作家はこれまでいなかった」(30:128)。実際、かれは積極的に批判を求め、かれの作品の欠点を減らそうと努力していた。かれは夢想家であり、キマイラを追い求めていると非難された。しかし、かれは自分のような人間が豊かな発想をもち、その実現方法を根気よく提示するならば、人類の進歩は無限であることについて不動の信念をもっていた。この信念が、誇り高き人間の精神を打ち砕くような尊大な嘲笑からかれを守っていたのである。

サン＝ピエールの思想の根底にあったのは、啓蒙主義そのものであった。一九世紀に書かれたエドワール・グーミーによる伝記には、「一八世紀全体を、サン＝ピエールの観念、信念、期待、幻影のなかに構築することができるであろう。誠実な人類愛、美徳が勝利を収め、進歩を享受できるという信念、それがかれの哲学の基盤である」(57：324–25)と記されている。サン＝ピエールは理神論者であり、キリスト教の神学論争は明らかに有害であると信じていた。かれは、合理主義者で、人間の思考力を信頼し、楽観主義者で、人類の無限の進歩を信じていた。さらにかれは功利主義者であり、最大多数の最大幸福を提供するために政策と社会を適応させ、その理想の達成を妨げる制度や慣行を大胆に疑問視する、というベンサムの原則をすでに提示していたのである。

サン＝ピエールの哀れみ深い精神と創意に富んだ心が融合し、改善へのさまざまなアイディアがつぎつぎと生まれていった。かれは晩年の一〇年間に、政治的・道徳的著作を一六冊出版している。改良と進歩に向けたかれの熱烈な願望に関するエピソードに事欠くことはない。かれは、ヨーロッパ言語の綴りを完全にすること、冬季道路の通行確保、フランスの政治制度の改革、土地税の累進課税についての文書を書いている。累進課税に関する提案文書は十分に称賛に値するものであり、その枠組みは、オリー財務総監により試験的に実行された。しかし、改革に対して根強い抵抗があったことや、実行過程での行政上の問題により、計画は実現しなかった。リモージュ地方でも、同様の課税案を凄腕のテュルゴー行政官が一七六〇年代に苦心して導入しようとしたが、成功しなかった。

より身近なことでは、例えばかれは七〇歳代の半ばに揺れる肘掛け椅子を考案している。馬車に乗ることは人間の体のさまざまな重要な部分を振動させるので健康に良いというある宮廷医師の意見に感銘したサン＝ピエールは、家のなかで快適さを追求しながら健康を維持する方法に気づいたのである。サン＝ピエールの案を取り入れたデュゲという技術者が生産した、縦にも横にも動く肘掛け椅子は大流行した。この椅子の使用は、座ったままでの生活を余儀なくされている人々にとってとくに有益であるとサン＝ピエールは断言している。健康維持のために行なわれてきた狩猟、散歩、血抜き療法という人体への苦痛な補助行為は、ふだんの座ったままの姿勢で規則正しく身体を揺り動かすことに代えられ、しばらくの間デュゲは大量輸出による恩恵を受けたほどであった。しかし、流行は一時的なもので終わり、「駅馬車の肘掛け椅子」は、サン＝ピエールの他の構想と同じようにほこりを被ることになったのである。

しかし、サン＝ピエールがその円熟期に多くの時間を割き、お蔵入りしてほこりがそれほど積もらなかったものは、ヨーロッパに永遠の平和をもたらすための計画であり、その計画案は数冊の本により明らかにされた。サン＝ピエールの外交経験は、一七一三年のユトレヒト平和会議に書記官として参加しただけであるが、ときにいわれるように、その経験がかれのヨーロッパ構想の出発点であったわけではない。

サン＝ピエールの計画の本当の起源を理解するためには、この時代の多くの道路が、暑い時期には轍が固まり、雨の時にはぬかるみに車輪をとられるという旅行者にとって大変な障害であったことを思い出さねばならない。一七〇六年の冬のある日、当時四七歳であったサン＝ピエールはそのような不安定な道路上を馬車で旅していた。馬車が大きく揺れ、かれは泥のなかに落ちてしまった。それからしばらくして、創意に富み、慈愛の精神が旺盛なサン＝ピエール神父は、道路の改善についての勧告を執筆した。勧告文を書き終わったとき、かれは突然まったく別のことを思いついた。人類にとって比較にならないほど有益なものを発案しなければならないと思ったのである。すなわち、永久平和を保障する構想である。それは、絶え間ない戦争の現実と世界市民主義の理想が競合する新しい世紀の相反する性格を調和させるべき仕事であった。しかも、かれが思いついたさまざまな構想のなかで、ルソーが指摘しているように、「それはかれが最も長期間抱き続け、執拗に追求した構想のひとつであった」(53:157)。かれはその計画の概要が脳裏に浮かんだときの様子を以下のように説明している。

……その計画の見事なまでの美しさに私は目を見張った。私はその後二週間もの間その計画のことしか考えられなかった。その計画について研究すればするほど、私はそれについて考え込み、違った視点からもその計画が支配者にとって有利であると私には思われたのである(42:108)。

計画案が完成すると、かれは持ち前のしつこさを発揮して、大臣や君主たちに写しを集中砲火のように送り続けた。もしフン族のアッティラ王が生きていたら、かれにも写しを送ったであろうとさえいわれたほどであった。

その構想は一七一二年にケルンで、『ヨーロッパ永久平和覚書』(*Mémoire pour rendre la paix perpétuelle en Europe*)と題して最初に出版された。次いで、多くの批判点を考慮して、全二巻の改訂・増補版が一七一三年に、『ヨーロッパ永久平和論』(*Projet pour rendre la paix perpétuelle en Europe*)と題してユトレヒトで出版され、第一巻は翌年英訳された。サン＝ピエールの作業は、一七一七年に第三巻を出版してようやく終了する。その第三巻のタイトルは、『キリスト教主権者の間における恒久平和を構築し、国家間の永遠の自由貿易を維持し、王位継承家系を強化するための計画案。フランス王アンリ四世によって公式に提案され、イングランドのエリザベス女王およびジェームズ一世、その継承者およびヨーロッパの多くの有力者が同意。サン＝ピエール神父解説』となっている。一七二九年に、かれは縮約版を出版し、一七三八年にはその改訂版を出している。ここで分析の対象とするのは、その最後の改訂縮約版である。しかしながら、縮約版はかれの膨大な作業の単なる要約ではない。なぜならば、サン＝ピエールは、読者がすでに元の全三巻を読破していると想定して、重要な論点をいくつか除外しているからである。とはいえ、この間ヨーロッパには多くの変化が生じ、サン＝ピエールもいくつかの問題については意見を変えてしまっている。

サン＝ピエールのアプローチは、五つの命題を提示し、永久平和を確立するシステムに合意することが、ヨーロッパの君主たちに計り知れない利益があることを証明する方法であった。第一命題は、条約草案と呼ばれる中核部分である。同案は、一二の基本的な章、八つの重要な章、八つの有益な章に分かれており、それらは縮約版では五つの基本的な章にまとめられている。草案の提示に続いて、構想に対するさまざまな批判が列挙され、サン＝ピエールはそれらを、まるでパイプ落としゲーム（年輩の女性木像の口にくわえさせたパイプに棒を投げて落とすゲーム）をしているかのように、的確かつ論理的に論破している。

縮約版の冒頭には、論理的ではあるが、人をいらだたせるようなサン＝ピエールの議論の典型的な例が見られる。

私は、読者に対して、幾何学を解いているときのように、一つの命題に対する証明が十分ではないと思える場合には、次の命題に移らないようにお願いしたい。命題に対する確信が得られないことは、著者の責任ではなく、読者自身の注意力の欠如によるものであり、読者はそれらの証明を読み返さなければならない（24:17）。

縮約版で提示されている、証明されるべき第一命題は以下のとおりである。

永続的な平和をもたらすのに絶対不可欠な一般同盟の五つの基本条文にヨーロッパの君主たちが調印できない限り、過去において作成されたもしくは今後作成される諸条約が常に遵守され、今後戦争が生じないと仮定するのは誠に浅はかな考えである（24:17）。

サン＝ピエールは、いわゆる平和条約は実際には常に一時的な休戦協定以外の何物でもないことを説明している。しかしながら、「ここ九年から一〇年くらいの間に、ヨーロッパの人々がフランス王アンリ四世の「大計画」を読み始めた」（24:18）ことにより、永久平和が可能であるという考えが受け入れられるようになってきていた。

ここで、「大計画」に対するサン＝ピエールの論評について一言つけ加えておきたい。かれは、シュリー公爵と同じように、明らかにアンリ四世の名声を利用しようとしていた。一七一七年に出版した第三巻の題名のなかで、二つの構想が関連していることをかれが強調しているのは先に指摘したとおりであるが、第一巻では、アンリ四世について明確にこう記している。

幸いにも、この計画の創案者は私ではない。最初の発案者はアンリ大王であった。ヨーロッパの君主たちが公平な政治組織体を設立するための方法について神からの啓示を授かったのは「ヨーロッパの哲人王」であったのである。……私はかれに触発されただけであり、アンリ四世の大計画の栄誉を減ずるものでは決してない(65:56)。

第一の命題について続けよう。サン＝ピエールは、国際紛争の法による平和的解決を、国内問題の法的解決に類推する。かれが列挙する国内の基本条文は、国際場面でも同様の法システムを形成するとかれは主張する。さらに、それらの条文は有益であることがあまりにも明白であるため、参加することを拒否する君主がでれば、「厳格かつ強固な同盟」と「不審な反抗者」の二者が平和のうちに形成されることになる(24:20)。したがって、それらの規約を受け入れるか否かが、支配者の本心を確実に示す基準となる。

しかる後に、かれは戦争が風土病のように発生した多くの理由を挙げ、君主たちに戦争から心を遠ざけることを求め、平和は可能であり、紛争よりも有益であることを説明している。君主たちは、納得したうえで、サン＝ピエールの「貴重な条約」に署名するのであり、その五つの条文は「同盟および永久不変の社会構築に絶対必要不可欠なものをすべて含んでいる」(24:24)のである。かれは、提案されたヨーロッパ議会が「ドイツ議会がドイツ人民を何世紀も戦争から守っているように、ヨーロッパ人民を戦争から守る」(24:24)ものであることを強調し、縮約版の第一命題についての所見をまとめている。

サン＝ピエールの条約案について、主に縮約版のなかでまとめられているものを参照してみよう。なお、一七一三年に出版された『ヨーロッパ永久平和論』と一七三八年の改訂縮約版の間には、ヨーロッパ連合の加盟国リストに違いがあることに留意されたい(表2を参照)。

加盟国リストに見られる相違には、歴史的に説明しやすいものもあるが、相違自体が興味深いものもある。例えば、ハノーヴァーが縮約版で除外されているのは、そのとき選帝侯がイングランド王ジョージ二世だったからである。クールラントはポーランドに吸収され、ロレーヌは一七三六年以降はフランス領になっている。フィレン

表 2　サン＝ピエールのヨーロッパ連合加盟国リスト

永久平和論 (1713 年)	縮約版 (1738 年)
フランス	フランス
スペイン	ドイツ皇帝
イングランド	スペイン
オランダ	ロシア
サヴォイ	イングランド
ポルトガル	オランダ
バイエルンとその連合国	デンマーク
ヴェネツィア	スウェーデン
ジェノヴァとその連合国	ポーランド
フィレンツェとその連合国	ポルトガル
スイスとその連合国	「ローマ教皇」
ロレーヌとその連合国	プロイセン
スウェーデン	バイエルンとその連合国
デンマークとその連合国	ファルツとその連合国
ポーランド	スイスとその連合国
ローマ教皇領	選帝聖職者侯とその連合国
モスクワ大公国	ヴェネツィアとその連合国
オーストリア	ナポリ
クールラントとその連合国	サルデーニア
プロイセン	以上 19 ＋ ジェノヴァ，モデナとパルマが合同で代表者を 1 名出す
ザクセン	
ファルツとその連合国	
ハノーヴァーとその連合国	
選帝聖職者侯とその連合国	
以上 24	

ツェはナポリと違い、一七三八年以来ハプスブルク家の支配下となっていた。また、ザクセン王国は、一七三八年にはポーランドに周囲を大きく囲まれており、それゆえ、別個にザクセン代表を置くことは適当ではないように思われたのであろう。さらに、リスト上の国および支配者の順番も、単なる偶然ではない。フランスは、両方のリストで一番目に挙げられている。また、縮約版には「ドイツ皇帝」の名も見られ、神聖ローマ帝国が君主たちの共同体に復帰している。

サン＝ピエールがロシアとトルコの問題をどう取り扱ったかについては、少し説明しておく必要があろう。一七一三年の時点では、モスクワ大公国は非常に弱い立場にあったが、一七三八年には、「ロシア皇帝もしくは女帝」が四番目の順位を得ている。ロシア全土をヨーロッパ統一の範囲に含めるか否かについて、ヨーロッパ統一論者の間に躊躇する人もいた点を考慮するならば、ピョートル大帝の政策が成功したことによるものとはいえ、この昇格はきわめて興味深いものである。次いで、ヨーロッパ地域に広大な領土を有しているにもかかわらず、ヨーロッパ統一から除外されることが多いのが、もうひとつの国トルコである。サン＝ピエールは、この難しい問題にどう取り組むべきかあまり定かではなかったようである。かれは、『永久平和論』の第一巻および第二巻において、イスラム教諸国との同盟・通商条約を提案しており、さらにそれらにヨーロッパ連合の準連合国としての地位を与えることにも同意している。しかし、第三巻では、かれはトルコをヨーロッパから除外することを提案し、縮約版では、トルコとの国境線における同盟軍の強化という防衛上の状況にしか触れていない(42:128 n1)。

これらの諸国が調印するよう要請された条約の最初の基本条文は、「永久連合」(24:24–26)への加盟であった。戦争を消滅させるという主要な目的以外に、さまざまな利点が列挙されているが、そのなかでも次の二つは特筆に値する。ひとつは、「軍事費の大幅削減」と「通商が継続され、その安全確保から生じる年間利益の大幅増」に伴う経済的利益の大きさについてであり、もうひとつは、国内政治および国際政治の双方について現状維持が重要であることを強調している点である。かれはこう記している。

［ヨーロッパ諸国は］現領土の境界線と最新条約の執行が基本条件であることに合意し、また、本基本条約に調印した各君主の領土およびすべての現有権利を永久に保証することを相互に約束する。

連合への加盟国については、「すべてのキリスト教主権国が参加を要請され」、可能な限り多くの国が連合に加盟するよう努力がなされることになっている。

国家連合はいちど結成されると、第二条に記された概要にしたがって財務管理される(24:26–27)。予算の分担金は、「各国の公債の程度を十分に勘案したうえで、臣民の収入に比例して配分される」。

第三条(24:27–28)は、調停もしくは仲裁による紛争の平和的解決を取り上げている。もし、「審議に参加する国の数が減少せず」、「五大国の領土が拡大されない」ならば、同条の制度が十分に受け入れられ、かつ機能するとサン＝

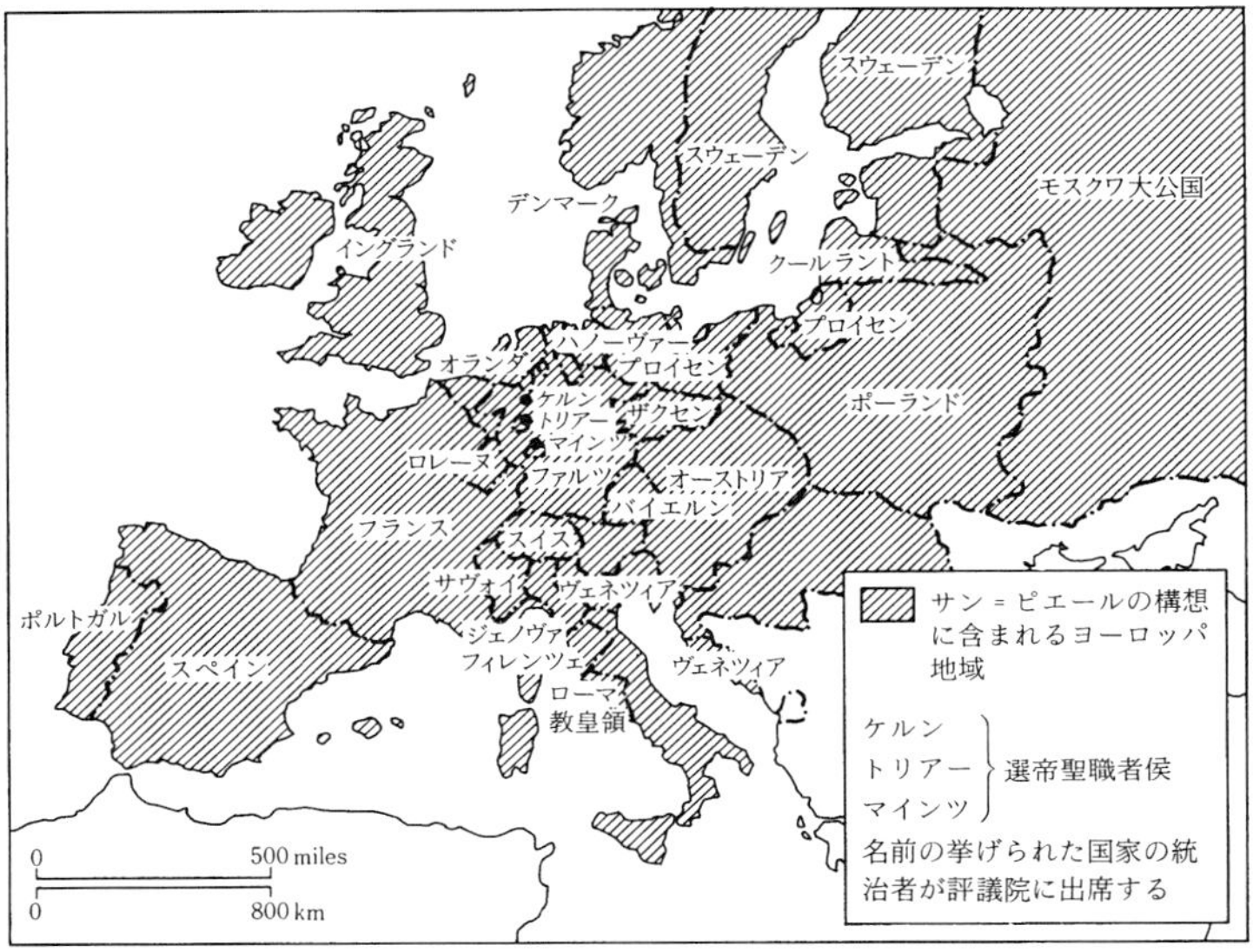

図4　サン＝ピエールの構想

ピエールは自信をもっていた。この条約がいちど承認されれば、「荘園の境界線をめぐる些細な争いや通商上のトラブルもそれほど重大なものではなくなり、今後生じる紛争はもはや深刻なものではなくなる」と考えられた。いずれにせよ、君主たちは、さまざまな問題が「正義の視点からはずれた方法で調整されることは決してない」と確信してよいのである。

この制度の運用に関しては、縮約版よりも原著のなかでより詳細に説明されている。各加盟国は、代表一名、代理二名、担当官二名を「永久会議」または「平和評議院」に派遣する。同会議の議長は、一週間ごとのローテーションとする。通商上の衝突や論争が生じた場合には、その調査のために複数の委員が急派される。紛争調停に失敗したときは、当事国は評議院による仲裁評決を受け入れなければならない。評議院は暫定評決を過半数の投票により決定する。五年経過後、四分の三以上の票数により、暫定評決は最終的に拘束力をもつものとなる。国の大きさとは関係なく、一国一票とする。

しかし、法律の効力が不十分であることも考えられる。

そこで、第四条(24:28-29)では、連合の平和に対する一加盟国からの脅威を除去するために、また条約上の義務不履行国に対して補償を強要するために、連合内での軍事力行使を規定している。サン＝ピエールは、平和の利点という飴と、その条件を妨害するものに対する厳しい規律という鞭の両方が必要であることを認識していたのである。頭のおかしい君主は子供の如きである、として「基本的法律に違反する者には、確実に、速やかに、十分な制裁が課せられることをかれらに予期させることが必要である」と記している。『永久平和論』の第一巻で、かれはその手続きについて以下のように記述している。

連合に対して軍事力を行使する国は戦争を宣言され、連合組織の規則もしくは評議院の評決の実施を拒否する国は連合に対する敵国と宣言され、当該国が非武装化するまで、もしくは評決および規則が執行されるまで、連合は当該国に対して戦争を遂行する。また、当該国は戦争費用を負担し、軍事力の行使が停止された時点までに当該国の支配下に置かれていた国が、当該国の領土となることは永久にあり得ない(65:61-62)。

第五条(24:29-31)では、連合の創設後も解決すべき多くの問題が残存することを認めており、連合創設の時間的遅れを最短に抑え、かつ反対意見の噴出を最小限に抑えるために、手続き上の問題を中心としたそれらの課題は先送りにすべきであるとしている。前述の「過半数暫定、四分の三最終決定」という決定方式についても、「決して覆せない障害とみなしてはならない」として、サン＝ピエールはヨーロッパの君主たちを安心させようとさえしている。また、基本条文の変更には全会一致を要求している。

ここで、サン＝ピエールは、第一命題を立証したと確信し、第二命題(24:31-33)に進む。そこに含まれる「五つの条文は、すでに作成されたか、または今後作成される条約の執行を全面的に保証し、永久平和を構築するもの」であった。ここでかれが提案するシステムは、いったん始動すれば、システム自身の論理の勢いにより、発展し、強化されるものであった。関与することによる利益と関与しないことによる不利益が圧倒的な強制力になるとされた。さらに、連合は永久でなければならなかった。それどころか、連合から脱退しようとするものに対して、かれは非常に厳しかった。

連合加盟国がなんら懲罰なしに連合から離脱できる限り、同盟は永久的な組織とはみなされない。それゆえ、いかなる連合加盟国も、懲罰を受けずに、あるいは連合加盟諸国の共通の敵とみなされずに、脱退できると期待してはならない。したがって、……懲罰が適正かつ避けられないものとして認識され、連合加盟諸国がそれに脅威を感じることが、常軌を逸した行動に出たり、馬鹿げた野心に心酔するのを常に抑制することになる。

次いで、サン＝ピエールは、ヨーロッパの支配者たちの特別な責任についての考察に移る(24：34-36)。第三、第四および第五命題では、皇帝、フランス王、ヨーロッパの他の支配者たちの最も重要な仕事は、「五つの基本条文が、可能な限り多くの君主により調印されるよう保証すること」であると述べられている。サン＝ピエールは、この構想を促進することが、かれら自身の利益であることを示している。例えば、

イングランド王にとって、かれが享受している主権を、議会の扇動的な人物が将来制限しないようにすることが重要である。同様に、議会の権限と現行の政府組織が、あまりにも横暴な大臣や気短かで誤った忠告を受けた君主たちによって悪影響を被ることなく、今後も現状を維持していくことがイングランド国民の利益である。

縮約版の第二部、「反論と応答」(24：38-47)およびそれに加わる第一補足(24：48-52)では、中核となる文書が繰り返されたり、当時進行中の特定の問題が言及されている。それゆえ、ここで焦点を当てるべき項目はあまりないが、いくつかを紹介しておこう。第一は、平和の経済に関することである。これについて、サン＝ピエールは、「もしフランスが過去二〇〇年間において戦争に費やした費用を蓄えていれば、フランスは現在の四倍以上の財産を保有していたであろう」と実例を挙げて強調している。第二は、仲裁制度に対する恐怖感を和らげるために、君主たちが常に適切な評決を下さなければならないのは、立場が変われば、「加害者や被害者として、かれらやかれらの子孫」が評決

を下される場合が生じるからであると説明している点である。第三は、サン＝ピエールが連合の全加盟国を平等に取り扱っている点であり、以下のようにその理由を述べている。

なぜならば、国家が最善の道を選択すれば、最も裕福な国と最も貧しい国はそれぞれの財産に比例してそれぞれ利益を得ることができるからである。かれらが共通のものに同じように関心を寄せ、同じように啓蒙されているのであれば、かれらが同等の発言権をもつのは、不自然で、非合理的なことなのであろうか。

善良なるサン＝ピエール神父は、すべてについて考慮し、すべての質問に答え、入念な政策と完全な構想を練り上げたと心底から信じていた。しかしながら、かれの確信と楽観的考えが、現実の政策として結実することはなかった。かれの永久平和論は、ルソーが宣伝したことにより、多くの人に読まれた。だが、その読者のひとりであったルソー自身が、ヨーロッパ統一のためのこの壮大な構想がいかに非現実的であるかを見抜いていたのである。

3　ルソーの見解

ルソーは、著書『告白』(110:379–80, 393–95)のなかで、なぜ自分がサン＝ピエールの著作に関与することになったのかを述べている。サン＝ピエール神父の死後、デュパン夫人はルソーに神父の作品の要約を作成するよう提案した。まずルソーは、神父がデュパン夫人の「だだっ子」であり、彼女が「神父の失敗作が生き返るのを見て得意になる」ことについて辛辣に批判する。次いで、ルソーは、サン＝ピエールの作品の性格を評し、「作品そのものにはきわめて優秀な内容がいくつか含まれているが、提示方法が極端に悪いため、読むのは非常に退屈である」と述べている。ルソーは、一七巻の著書と六つの箱に入っていた草稿を読み、その核心部分を抽出し、それらを理解しやすい形に直さなければならなかった。しかし、かれは非常に寛容であった。「私の場合よりもはるかに巧みな形で多くの重要な真理が知らぬ間にサン＝ピエール神父の言葉のなかに入り込んでいたので、私は自分の作品をあのような形につくり上げることができたのである」。

ルソーは、サン＝ピエール神父の慈悲深い影の下に、かれとの強い愛憎関係を発展させていった。ルソーとサン＝ピエールは、デュパン夫人の別荘であったシュノンソー城で最初に会っている。それは、ルソーがまだ世に知られていない青年で、サン＝ピエールが他界する一年前のことであった。ルソーは、サン＝ピエールの著書や論文について仕事を進めていたので、サン＝ピエール神父の性格について深い尊敬を抱くようになった。『告白』のなかで、ルソーはサン＝ピエール神父を「たぐい稀な人物であり、かれと同じ時代の、かれと同じ分野の人々にとって誇りである」と述べ、サン＝ピエールについて熱心に話し回り、いろいろと書き記している(もっとも、ジョルジュ・サンドは、ルソーがサン＝ピエールを称賛したことを恥じて赤面したこともあると記している(42:330))。ある研究では、一七五六年から五八年にかけてのサン＝ピエールの作品に関する研究が、ルソー自身の思想に少なからず影響を与えたとされている。かくして、ステラン＝ミショーはこう書いている。

ルソーの政治思想の形成において、サン＝ピエール神父の著作が大きな役割を果しているが、その重要性は一般に理解されていない。『社会契約論』を含め、多くの政治作品の着想とその展開の上で、ルソーは、古典的ユートピア理論を分析・反駁し、自分の政治思想との比較を行なうことにより、緻密な議論を積み上げていった。社会秩序の構築、政治的主権と政府の性質、国家間関係、戦争と平和の問題についてルソーが書いたすべてのものは、『永久平和論』の著者の遺作と関係があり、両者の間に対話が見いだされるのである(111:cxx)。

他方、人間の性質と政治過程についてのかれらの個人的見解と仮説は、真っ向から対立するものであった。サン＝ピエールはユートピア的な楽観主義者であり、ルソーは苦悩する悲観主義者であった。サン＝ピエールは、人間理性の潜在的な善を信じていた。ルソーは、それを前提とする百科全書派と激しく争い、反対に、感情が人間の問題に主要な影響を与えるものであると論じたのである。それゆえ、ルソーは、サン＝ピエール神父の計画案についても、「人間は情念よりも理性により誘導される、というひとつの考えから筆者が決して抜け出せなかったことにより、実現不可能である」(110:393)と批判している。その結果、ルソーはどのようにサン＝ピエールの業績について出版するか、板挟みになってしまう。かれはそこで並列方式を採用し、まずサン＝ピエールの考えを可能な限り正確に再現し、それについてかれ自身の論評を組み立てることにした。ルソーは、研究計画の二つ目まではこの方法でやり遂げたが、その後偏執病の発作により倒れてしまった。サン＝ピエールは、フランス政府を自由に批判していたので、ルソーは、それを反復することでかれが神父の代理人として非難されることを恐れたのであろうか、それとも、単調な仕事から抜け出すための釈明として、被害妄想を促進させたのであろうか。いずれにせよ、完成した二つのエッセイは『永久平和論』についてであった。

ルソーは、サン＝ピエールよりも半世紀遅い、一七一二年にジュネーヴで生まれた。かれの人生は、非凡な才能と同様なみ外れたものであった。かれは一五歳の時に家を離れ、かれより二倍年上の魅力的な女性、ドゥ・ヴァレンス夫人の世話になる。彼女は若きジャン・ジャックに綿密な音楽教育を施し、やがて性的関係をもつ。

その後、ルソーは著述家になることを決心する。パリで、かれはサン＝ピエールの世話をしていたデュパン夫人の個人秘書となる。彼女の事務所にいる間、ルソーは駐ヴェネツィア・フランス大使秘書として一年間過ごし、ささやかではあったが、政治と外交の知識を身につけた。一七五〇年に世間に知られるようになるまで、かれは作曲家であり、音楽学者であった。転換点は、かれの最初の論稿『学問芸術論』というすばらしいエッセイを書いたときにやってきた。同論文はディジョン・アカデミー賞を受賞し、人間はいわゆる文明により堕落したというかれの議論は非常に有名になった。

それから一二年間、かれは文学的創造と評論生活を送ることになる。かれの作家としての独創性と力強さは一七六一年から六二年に絶頂期を迎え、小説『新エロイーズ』、教育理論の研究書である『エミール』、かれの最高の仕事である『社会契約論』が出版された。『学問芸術論』の命題は、これまでに生じたあらゆる問題に対する解決策に理性的考えを応用することにより人類は進歩している、という当時優勢であった啓蒙思想の信念に真っ向から対立するものであった。それにより、かつての友人との論争が始まった。実際、かれの個人的生活全体は必ずしも幸せなものではなかった。ルソーは、パリの知識人社会の上辺だけの丁重さに不安を感じていた。かれは尿閉症による苦痛と泌尿器系の機能障害に苦しんでいた。かれは頭も悪く魅力的でもない女中と奇妙な関係に陥り、驚くべきことに彼女との間にできた五人の子供を孤児院送りにした罪で有罪判決を受けている。

ルソーの人生と業績には、矛盾があり、偽善があるとの非難は多い。そのなかで最も有名なものは、「一般意志への服従を拒む者は誰でも、……自由であるよう強制される」(109:64)というかれの言葉である。しかし、ルソーの人生は明らかに相対立する緊張関係に満ちており、そのような矛盾する真理を個々に理解することが唯一の解決策であることをかれは認識していた。したがって、人間は潜在的可能性を達成するために政治社会のなかで生きることが必要であり、さらにその目的のために人間が設立した仕組みが、人間の無邪気さと美徳を堕落させるとされたのである。

ルソーが、サン＝ピエールによって提示されたヨーロッパ統一の考えに取り組むに当たり、すでにさまざまな政治モデルについて比較検討していたことを念頭に置いておく必要がある。根本では、かれは都市国家を理想としていた。かれは、感情的にスパルタの歴史的事例とみずからのジュネーヴでの経験に関心をもっていた。前者の専制主義的な厳格さと、後者の寡頭政治の堕落を見過ごし、そのような小規模共同体のなかで育まれることが可能であった市民の美徳に、かれは焦点を当てていた。にもかかわらず、かれは同時にナショナリズムの予言者でもあった。当然のことながら、近代国民国家は、ポリスの空間的制約ではなく、同一民族に属する人々の地理的拡がりから構築される政治的単位を前提としている。

しかし、都市国家であれ、王国であれ、国民国家であれ、国家を他国から分離して考えたり、より広い共同体の一部として考えるべきであろうか。もし、国家内部で、あるいは国家を超えた所で、共同体の概念が現実性を有するのならば、それは世界もしくは大陸を範囲としているのであろうか。かれの著作の編者のひとりは、かれの二本目の論文『人間不平等起源論』と『永久平和論』の間には見解の相違があると指摘している(111:cxliii)。前者においては、「人民を隔てている想像上の障壁を越え、すべての人類を慈善で取り囲み、人民創設の主権者としての世界市民主義の魂」(111:178)が述べられているが、後者では、後に述べるように、ルソーは現存の有機的なヨーロッパについて書いており、それは世界の他の地域とは異なるアイデンティティーを有しているのである。

しかしながら、われわれはこうした世界市民主義の思想が、その地理的範囲が世界レヴェルであれ、ヨーロッパ・レヴェルであれ、世界市民主義「哲学者たち」とルソーとの最も辛辣な論争に先行していることを忘れてはならない。ルソーは二本目の論文である『人間不平等起源論』を一七五四年に出版し、一七五六年からサン＝ピエールの『永久平和論』についての仕事に取りかかっている。一七五八年には、『ダランベールへの手紙』を書き、人間の理性を基盤とする百科全書派との最終的な訣別を示した。その後、かれは世界市民主義的発想を痛烈に批判する作品を書いていった。一七六一年から六二年にかけて、『エミール』と『社会契約論』のなかで、ルソーは、隣人に対する憎悪を隠すために寛容の精神を実践する人々を描いている(31:106)。一〇年後、『ポーランド政府についての考察』で、かれは「今日ではもう、人がなんといおうが、フランス人も、ドイツ人も、スペイン人も、またはイギリス人さえも存在しない。いるのはヨーロッパ人だけである。全員が同じ趣向、同じ情熱、同じ習俗をもつ。……盗むべき金と、堕落させるべき女性とが見つかりさえすれば、かれらはどこでもくつろいでいるのである」(111:960)という事実を嘆いている。

それにもかかわらず、超国家機構の問題を一七六〇年ころにかれは大いに考えていた。諸国家の連合の考え方は、かれの政治哲学全体に必要不可欠なものであったと論じることさえできる。『エミール』のなかで、かれは国家と国家間関係の包括的な研究に着手する意図を表明する。後者の国家間関係の分野について、かれは以下のように考えることを提案している。

……すべての国家はその最初の自由を維持している場合よりも、この絶えざる攻撃と反撃の繰り返しのうちに、[国家は]多くの惨めな人々をつくり出し、多くの人命を犠牲にしているのである。……社会共同体相互間では自然の独立が維持されているのに、個人は法と人々とに服従していて、この自然と社会の両状態の害にさらされつづけながら、しかも両状態の利点をうけていないのではないかということを私たちは検討しよう。……このような両状態の部分的かつ不完全な結合こそが暴政や戦争の根源ではないだろうか。……さらに、私たちは、それらの不都合を癒やすために求められてきた救済策、国家を国内では主人として残しつつ、国外では不正な侵略者に対して武装させる同盟や連邦による救済策について検討しよう。私たちは、各国の主権を侵害せずに、どこまで連邦の権限を拡大できるのか……を調べなくてはならない（128:96．分析については同 97-100）。

『社会契約論』のなかで、ルソーは次のように問いただしている。「[共和国が]非常に小さい場合、征服されないだろうか。答えは、否である。大国の対外的な力と小国の容易な統治と良好な秩序とをどのように結びつけることができるか後で証明したい思う」。この文章の脚註で、かれは『社会契約論』の続編を書き、そのなかで国家連合の性質を含めて、この問題を取り上げることを約束している。「この主題はまったく新しいものであり、その原理はまだ確立されていない」(109:143)。ルソーは、それについてかなりの分量を書き上げたが、残存していないのが残念である。

しかしながら、その原理の一部は前記の引用から明らかである。第一に、国家に対する個人の関係および連邦制度に対する国家の関係についてのルソーの概念は、平行かつ補完的であるということである。どちらの場合にも、安全

保障と真の自由はより大きな全体への参加を通じて得られるものである。ある批評家の言葉を借りれば、

> かれの外交政策のシステムは、かれの国内政策の理論と最も完璧な形で調和し、結びついている。……小国家の国家連合共和国は、円蓋が建築物の上に自然な頂上を形成しているように、またそれらの建築物を奇跡的に保護しているように、社会契約の上にそびえ立っているのである(J.-L. Windenberger, 52:92)。

基本的な議論は次のように展開されている。市民社会の発展は、人間が国家に対して自然状態を放棄しても、国家は他国に対して自然状態を放棄していない限り、不完全である。専制と戦争は、諸国家を国家連合制度のなかにつなぎ止める過程が完了するまで風土病として残るであろう。

ルソーの構想の第二の特徴は、この計画により利益を受ける者は、ルソーが称賛して止まない小国であることである。第三は、ルソーが目指したヨーロッパ統一構想は、強固な連邦ではなく、明らかに緩やかな国家連合であることである。そのことは、『エミール』のなかに出てくる「各国は国内問題にそれぞれ対応しつつ」、しかも「国家主権は侵害しないで」という文章にも現れている。換言すれば、かれは国家と国家連合の類推を究極の段階まで押し進めるつもりではなかった。フォーサイスが述べているように、「国家の全権力をルソーは主権と呼び、諸国による国家連合内では、主権は他の参加国により放棄させられることはないのである」(52:94)。

国家連合に対するルソーの考えは、上記のようにきわめて短いものであるが、それだけでもこの問題に対するかれの見解は十分に明らかである。われわれは、それらを理解したうえで、統一ヨーロッパに関するサン＝ピエールの概念をルソーがどのように解釈したかを読みとる必要がある。その最初のエッセイは、一七五六年に書かれた『サン＝ピエール師の永久平和論抜粋』(*Extrait du projet de paix perpétuelle de monsieur l'Abbé de St-Pierre*)であった。その内容に論争的な部分があったため、検閲を恐れた出版者は、アムステルダムで印刷したが、このようなことは当時よく行なわれていたことであった。同書は一七六一年に出版され、同年英語に翻訳された。二冊目の論評である『永

久平和論批判』(*Jugement sur le projet de paix perpétuelle*)は、同じころに執筆されたが、ジュネーヴで出版されたのは、かれの死後の一七八二年のことであった。

『抜粋』は、表面上はサン＝ピエールの著作の概説書ではあるが、ルソーが独自の文体を加えているだけでなく、かれ自身の理解と解釈をもつけ加えているため、全体の調子はサン＝ピエールの原書とは同じものではない。「一言でいうならば、サン＝ピエールの計画の純粋に中核となる部分を除き、全体を通じて、サン＝ピエールの言葉というよりもルソー自身が前面に出ている」(128:360)。その序章部分では両者が明らかに混在している様子がうかがえる。例えば、「私はみずから実証できないことは主張しないという決意であり、読者に対して反駁できないものを否定しないように求める権利がある」(53:131)という、あたかもサン＝ピエールが述べているような言葉に出会う。しかし、その後には、「われわれはそれぞれ、同僚市民として市民生活を営んでいるが、世界のなかでは自然状態に置かれている」、「連邦政府の形態は、……小国と大国の利点を兼ね備える」(53:132)といったルソー独自の考えが展開されていくのである。

ルソーは、序論に続いて、連邦もしくは国家連合の試みについてのかれ自身の歴史的検証を行なう。ちなみに、かれは「ゲルマン連邦」、ヘルヴェティア連邦、オランダ連邦の当時の形態を高く評価している。本書の目的に関わるヨーロッパの同質性についても、ルソーは興味深い主張を行なっている。

これらの公式の国家連合に加え、あまり目に見える形ではないが、利益共同体、習慣・慣習の同一性、共通原理の受容、また政治的に分断されている国家間の相互関係を確立するその他の絆により、それとなく国家連合の形が形成されることもある。このようにして、ヨーロッパの列強諸国は一種の総体を形成し、同一の宗教、同一の道徳規範、同一の国際法により結びつけられ、学問、通商により、さらにはそれらすべての現象からの必然的結果ともいえる一種の均衡によって一体となっている。その一体性を維持しようと奮闘している者は誰もいないのに、それは多くの人間が想像しているように簡単に崩壊するものではないのである(53:133)。前述したモンテスキュー、ヴォルテール、ヴァッテルの引用からすれば(一〇二―一〇三頁を参照)、ルソーがここでヨーロッパの結合力に関するかれらと共通の見解を繰り返していることは明らかである。

ルソーは、ローマ帝国の統合力と遺産、とくにキリスト教の凝集力についての検証を進め、「なぜヨーロッパが世界の他の地域よりも緊密な仲間意識を保ち続けているのか」、その歴史的、地理的、文化的つながり、さらに歴代王朝や通商上の相互関係を理由として列挙している。かれによれば、ヨーロッパは、アジアやアフリカとは異なり、「独自の宗教、道徳規範、習慣、さらには法体系をも有しており、いかなる構成国家も、それらを放棄すれば、必ず枠組み全体に混乱を引き起こすのである」(53:135)。

しかし、そのような一体性がヨーロッパというメダルの表であるとするなら、裏面には絶え間ない暴力が刻まれている。国家間体系が無計画に発展してきたために、紛争が頻発するのは避けられず、国家間の関係が非常に親密になれば、紛争も身内の争いのように過激なものとなる。ここでわれわれは、条約は「真の平和ではなく、一時的な平和である」(53:136)というサン＝ピエールの言葉に戻る。国際法の弱点は、各国が自国の利益を自由にできるということである。

次にルソーは、ひとりの君主だけで、もしくは単一の同盟のみで、ヨーロッパの政治地図を軍事力により根底から覆すことはできないとする。その理由の一部は軍事的なもの、一部は地理的なものであり、「ゲルマン連邦」の地政学上の位置もそのひとつとされた。なぜなら、「ゲルマン連邦」、すなわち神聖ローマ帝国は、「ヨーロッパの中央に位置し、周囲のすべての領土を牽制しているので、自国内部の構成員の維持よりも、周辺諸国の安全を確保するために役立っている」からである。ゲルマン連邦のきわめて大きな利点は、「この政治体制は構成国から軍事的征服行動への手段と意欲を剝奪しているので、武力侵攻の計画すべてが連邦との断絶とみなされるような暗礁を形成している」

(53:140)ことだという。

かれは、非常に多くの障害があることは認めつつも、地理的な利点とウェストファリア条約の外交上の計画によってつくられたシステムが、ヨーロッパを平和な大陸にするために必要な改善を行なうことが可能であると信じるに足る下地を有していると結論する。その望ましい目的を達成するための手段として、サン＝ピエールが提案した条約の五条文をかれは紹介する。しかし、ルソーはサン＝ピエールの原書にある長い一連の反論と応答の部分は切り捨て、次の二つの質問だけを取り上げている。「提案されている国家連合は平和の条件を提供するのであろうか」、「そのような条約にヨーロッパ諸国が加入することに利益があるのだろうか」という質問である。

つづいて、サン＝ピエールの縮約版にあった加盟国リスト(一一二頁表2を参照)と同様の「ヨーロッパ・コモンウェルス」の一九の加盟国リストが登場するが、ルソーのリストでは第一位はフランス王ではなく、「神聖ローマ帝国皇帝」に替わっている。批評家のなかには、ルソーのリストについて解釈を誤り、ルソーがサン＝ピエールのリストを変更したと批判する者もいることを指摘しておきたい(例えば、128:360; 67:46)。変更が生じたのは、一七一三年と一七三八年ないし五六年の間の歴史的変化に起因するものであり、ふたりの間に違いが生じているのではない(一一一一一二頁を参照)。

さきの二つの質問に対して、ルソーはサン＝ピエールに倣い、国家連合がいったん創設されればいかに平和が強固に維持されるかを示している。しかし、その国家連合に諸君主が同様に考えて参加するか否かについては、「ヨーロッパのあらゆる会議で嘲笑されたサン＝ピエール構想」(53:148)の素朴で単純なところにルソーは同調できなかった。だが、その辛辣な評価は真実ではあったが、自分に都合の良い議論展開となっている。というのは、調停者として得られる栄誉のために君主たちが喜んで国家連合に参加するというサン＝ピエールの議論を退けておきながら、ルソーは最後の数ページで、自己利益に基づいて行動する場合のサン＝ピエールの議論、すなわち戦争の疑念や費用、五条文による恩恵について、反論もせずに要約しているのである。

サン＝ピエールが、論理上の結論を動かし得ないものとして、それを君主たちが合理的に判断して受け入れることを確信しているのに対し、ルソーは人間の本質に対する理解を深めようとしている。かれは、『抜粋』の結論部分で以下のように警告的な皮肉を記している。

もし、それらすべてが満たされたにもかかわらず、構想が実現しなくとも、それはこの構想が空想だからではない。それは、人間が無分別であり、狂気の人々の世界のなかで思慮分別をもつこと自体が、いわば狂気だからである(53:165)。

ここで『永久平和論批判』に移ろう。同書は短いエッセイだが、ルソーはそのなかで自分の見解を率直に提示している。かれはまず、この誰の目にも最も望ましい構想を達成することは不可能であると強く主張する。「その構想を全力で擁護する君主たちも、もしそれが現実のものとして現れたら、その創設を目指すいかなる提案に対しても全力で抵抗するであろう」。しかし、かれは構想を捨て去るわけではない。「それは中身の充実した書物であり、そのような書物をわれわれが手にしていることがきわめて重要である」(53:157)とかれは主張する。

ルソーは、君主政体に対して毒舌的な攻撃を加えていく。当然のことながら、君主たちがサン＝ピエールの構想を受け入れることはなかったであろう。というのは、かれらは自分たちの目先の利益に反するような真の利益を識別することはできなかったからである。「かれらは、うわべに絶えず惑わされている」(53:160)。「王たちの全生涯は二つの目的に捧げられている。ひとつは支配圏の拡大であり、もうひとつはその内部での権力をより絶対のものにすることである」(53:158)。しかし、サン＝ピエールの『永久平和論』では、国境の設定と憲法上の調整が速やかに行なわれ、それらの二つの野心をそれ以上追求するのを阻止するようになっていた。いずれにせよ、すべての君主は、法的仲裁による屈辱よりも、戦争による可能性にかける方を選択したであろうし、聖職者たちも賛意を示さなかったであろう。しかし、サン＝ピエールの『永久平和論』が公表されたことによる重要な点は、少数の人間だけが光明を見いだし、昔ながらの方法を放棄することではなかった。それよりも、すべてのヨーロッパの支配者が、その構想が賢明であり、その一般的利益が有効であることを同時に悟ることであった。しかし、それは夢物語であった。

そこでルソーは、サン＝ピエールおよび他の人々と同様、アンリ四世という崇敬すべき名前を持ち出し、その基本的な考えがどれほど道理的なものであるかを示した。ルソーは、アンリ四世が「大計画」の創案者であるというシュリーの虚偽の発言を額面どおり受け入れ(第二章参照)、サン＝ピエールよりもアンリ四世の偉大さを称賛している。ルソー曰く、アンリ四世は「大計画」を完成させるのに幾年も費やし、実行のための大義名分を計画し、ヨーロッパの君主のすべての私的・直接的な利益は確保されることを保証しようとしたという。「それらがアンリ四世が連邦創設のために準備した方法であり、その創設をサン＝ピエールが一冊の書によって提案したのである」(53:165)。

ルソーは、希望のもてない憂鬱な雰囲気をさらに沈めるかのようにこう結論している。ヨーロッパの永久平和のための計画は、「人類がしりごみするような暴力的手段によってしか実現されないであろう」。かれは続ける。

いかなる国家連合も革命を除いて設立されることは決してないであろう。それゆえ、ヨーロッパ連盟は望ましいものであるのか、それとも恐れるべきものなのか、誰が断言できるだろうか。それはおそらく、何世紀にもわたって防御しなくてはならない被害よりも大きな被害を一瞬にしてもたらすであろう(53:166)。

4　ふたりの評価と影響

アンリ四世の「大計画」が称賛されて有名になったのに対し、サン＝ピエールの構想は笑いものになることで知られていった。このようなまったく逆の反応は、二つの構想の相対的な真価によるものというよりは、既成のイメージや実際のふたりの個人的評判によるものではないかと考えざるを得ない。サン＝ピエールがかれの計画の実行可能性について執拗に説明しても、実際にはまったくの妄想であると面白がられるだけであった。

ライプニッツは、不毛に終わったが、同様の構想を考えていた(一〇三頁を参照)。しかし、しばしば引用されるようにかれは、サン＝ピエールに対して辛辣な批評を数多く加えており、例えばある友人にこう打ち明けている。「サン＝ピエール氏のヨーロッパ永久平和論に多少引かれるところはある。墓石に刻まれた言葉、「とこしえの平安(pax perpetua)」を思い出す。死者は闘わない。しかし、生きる者は死者とは違うのであり、また強者は法廷に対する尊重の念などほとんどない」(24:7-8)。カントは、自書『永久平和のために』の脚註のなかで同じことを述べている。ヴォルテールも、モンテスキューも、さらにここまで見てきたようにルソーも、サン＝ピエールに対して、可能性に対する感覚の欠如を非難している。フリードリッヒ大王も皮肉を込めてヴォルテールにこう書いている。「サン＝ピエール神父は、……ヨーロッパにどのように平和を再構築するかについての詳細な構想を送ってきた。その実現はきわめて簡単である。成功するために欠落しているのは、全ヨーロッパでの合意といくつかの細かい点についての合意である」(39:119)。

しかし、このように嘲笑の的にはなっていたが、サン＝ピエールの構想はプラスの影響も残している。ヒンズリーは、「サン＝ピエール構想の模倣と複製は、一八世紀半ば以降は出版物としての権威を消失していた」(67:82)と述べているが、これは少々誤解している。サン＝ピエールの影響は、少なくとも一九世紀の半ばまで続いている。アルベローニの計画(一〇三頁を参照)も、サン＝ピエールの構想に負うところがあるし、後にフランス外相となったダルジャンソン侯爵も、一七三七年にある計画を発表しているが、そのなかでかれはサン＝ピエールの著作に対する感謝の意を率直に記している。同様に、サン＝ピエールから直接ヒントを得た作品が同世紀中にいくつか見受けられる。また、第五章で見るように、カント、ナポレオン、サン＝シモン、皇帝アレクサンドル一世といった人々もすべてサン＝ピエールの計画を知っていた。ヒンズリーも、「一八世紀前半の連邦構想、サン＝ピエールの計画およびかれの後継者によるヨーロッパ諸国連盟構想と神聖同盟との類似性」(67:201)をやはり強調しているのである。

一九世紀に入ると、アメリカ人の国際法専門家であるヘンリー・ウィートンは、サン＝ピエールを積極的に評価し、一八一五年に設立されたドイツ連邦にその影響が及んでいるとまで主張した。ベルギー人のモリナリは、一八五七年にサン＝ピエールの伝記を出版し、そのなかに自分自身の簡単な構想を添付している。一八七〇年代の連邦主義者の学者であるロリマーとブルンティリは(一七三－一七四頁を参照)、敢えてサン＝ピエールを批判している。第一次世界大戦後、サン＝ピエールの著作は国際連盟の先駆的業績であると見られるようになった。あるフランスの法学者は、「かれのシステムは、ほとんど完全な形で、国際連盟規約の基盤となっている」(P. Collinet, 24:9)とさえ主張している。同様に、E・H・カーも、かれが「国際連盟の構想を早い時期に提出したひとりである」(22:34)と述べている。

サン＝ピエールの影響は、細々とではあるが、象徴的に今日まで引き継がれている。ベートーヴェンの第九交響曲の「歓喜の歌」を、一九七〇年にヨーロッパ審議会が、さらに一九八六年にECが、ヨーロッパの歌として採択したが、ベートーヴェンはシラーから歌詞をとり、そのシラーはルソーによるサン＝ピエールの計画の縮約版を読んで、その歌を書くことを思いついたのであった。

サン＝ピエールの短気な振る舞いとかれの著作の「饒舌の泥沼」(121:140)は別にして、われわれはどのようにかれの構想を評価できるであろうか。一世紀半にわたって表明されてきた数多くの批判は、五つの議論に集約されるように思われる。第一は、評議院において、全加盟国に平等に一票ずつ与えることは、現実の国家の力関係に反するものであるとの批判である。これは、例えばフランスがフィレンツェよりもはるかに大きな力をもっているということからも明白であった。人口は別にして、経済力や軍事力となんら関係なく、平和を維持することにすべての国が共通の利害を有しているという考えは、かれの先人であったシュリー、ペン、ベラーズと比較すれば、かれ自身があまりにも無邪気であることを露呈するものであった。少数の大国が、多数の小国により投票で負ける立場にみずからを置くことになるのがいかにあり得ないことかという点について、かれは検討しなかったように思われる。公正という観点からは、国による発言の平等が求められるのだが、それは権利として制度化されてはならなかったのである。しかし、この原則は、薄められた形ではあるが、国際連合憲章のなかの国連総会の構成と手続きを定める条文に記されることになった。さらに、ＥＣにおいても、ＥＣ委員会の委員数を加盟国の大きさにより決定することを廃止するドイツの勧告が、一九九一年に提出されている。

サン＝ピエールに対する第二の批判点は、ヨーロッパ政治の将来について、各国の体制と国境の現状維持を強調していた点である。変化は決して予期できるものではなく、英知によって管理するものであるとするかれの考え方に多くの批判が集まっている。グーミーは、サン＝ピエールの原則にとって「最悪のシナリオ」を明示している。

……国家を既存の国境内に固定し、政府を現在の権力の枠内に完全に固定することにより、……この卓越した人物は、誤りを永遠のものとする方法を提案しているに他ならないのである(57:85)。

グーミーは、この文章を一八四八年革命の一〇年後に書いている。われわれは、かれの懸念に今日同意できる。他にも、国境を凍結するというサン＝ピエールの考えは、当時の国境線の状況を考慮したとしても、民族自決の原則を否定するものであるとの指摘もある。

他方、サン＝ピエールを擁護する人々は、一九世紀から二〇世紀にかけての時代の特徴的な拘束条件を指摘して、かれを評価する基準が公平ではないと議論した。しかし、そのような擁護では十分ではない。サン＝ピエール自身が明解であると主張したシュリーの文書では、国境線を引き直したうえで、民族自決の原則に関する特別な条項が作成されている。また、既存の体制を強化することについて、サン＝ピエールが首尾一貫しているわけではない。例えば、イングランドに関して、かれは素早く立場を変えている。初期の著作では、かれはスチュアート家が永久に統治すると断言していたが、一七一四年以降は、スチュアート家の復活を狙う人々の要求を退け、ハノーヴァー家の権利を認めているのである。

サン＝ピエールをさらに擁護するための議論は、二点に整理されるであろう。まず、国境の問題に関しては、かれが生存していた期間に生じた戦争が、しばしばささいな領土調整のために、きわめて多数の人的・物的損害を伴って行なわれていたことが指摘できる。正当な戦争という神学上の立場であろうと、国益という合理的な立場であろうと、国境の再調整に暴力を行使することは容赦されるべきことではなかったのである。第二に、サン＝ピエールが国内政治と外交政策を関連づけたことは、ヨーロッパ連合の枠組みを考えるに当たって当時は目新しかったが、その視点はルソーから今日に至るまで引き継がれている。サン＝ピエールは、洞察力が優れていたあまり、かれの論理が当時は不適当であったのかもしれない。

サン＝ピエールに対する批判の第三点は、かれの天真爛漫な性格と、かれが連盟を設立し運営する手続きを描写するときのきわめて不用意な点が読者を悩ませることにあった。事前の活発な外交交渉も必要とせずに、世界の支配者たちが、かれの条約に署名するために集まってくるという見通しの甘い仮定は、あたかも国家間関係を汚く狡猾な取り引きではなく、純粋な理性により構築するものであるとして、とくに嘲笑の的となっていた。サン＝ピエールとフリードリッヒ大王との書簡のやりとりはそのことを顕著に表わしていた。フリードリッヒ二世は、王位に就いた直後の一七四〇年一二月に、ハプスブルク家のシュレジエン地方へ突如侵攻し、オーストリア継承戦争を開始した。プロシアの「啓蒙君主」たるフリードリッヒ大王も、無節操な王様になってしまったのである。この露骨な侵略は、ヨーロッパ世論に大きな衝撃を与えた。翌年の春に書いた手紙のなかでサン＝ピエールは、フリードリッヒ大王のこのジキル博士とハイド氏のような相反する二面性を「政治的な謎」であるとしている。かれは、フリードリッヒ大王の悪行をたしなめ、「良き評判を回復するためには、オランダや英国のような調停国の判断を仰ぐよう」(42:136) 助言している。サン＝ピエールは、このような語調で死の三週間前まで手紙を書き続けていたのである。フリードリッヒ大王の反応がいかなるものであったか想像がつくであろう。

批評家たちのなかには、サン＝ピエールが国際法の詳細な規約を提示していない点、評議院の決定を強制する具体的な取り決めが欠如している点や全会一致を必要とする非現実的な決定方法について批判するものもあった。

しかしながら、他のいかなる構想もその履行を細部まで定めているものはない。第七章で述べるように、ECの基盤となる文書も、きわめて重要な論点での合意を確保するために、一部の問題については故意に曖昧なままにしてあった。国際法に関しては、サン＝ピエールは *Règle pour discerner le droit du tort, le juste de l'injuste entre nation et nation*（『国家間における善と悪、正義と不正義を区分するための規則』）という別の小さな書物を書いている(42:129-32)。しかし、その規則たるや、「すべての人に対して私がするようにかれらも私にすべきである」という教理問答形式のものにすぎず、おそらくサン＝ピエールが単純すぎるという批判を解消できるものではない。

サン＝ピエールを批判する者の多くは、ダヴィデ王の「君主を信用してはならない。……かれらを助けるものは何もないのだから」という「詩編」（旧約聖書）の言葉に大なり小なり似かよっている。これが批判の第四点である。すでにルソーの意見については述べてきた。それよりも控え目な語調ではあるが、半世紀後にオーギュスト・コントは、「……かれは平和を維持するために……王たちの連合を提案した。かれは、狼が小羊を守ることも提案できたはずである」(67:106)と書いている。しかし、当時の時代背景を考慮するならば、ヨーロッパの君主たちの代表ではなく、人民の代表から構成される総会や裁判所をサン＝ピエールが考えることができたとするのは過度な要求であろう。

ライプニッツが当時のドイツ帝国システムと行なった比較は、より的を得た批判であった。サン＝ピエール自身、意識してドイツの例を自分の構想のモデルにしていたことを強調しておきたい（一一一頁を参照）。フランスの歴史家ソレルは、サン＝ピエールの著作を否定的に要約し、「サン＝ピエール神父は、神聖ローマ帝国に範を求め、かれの永久平和論はその構造を改良し、発展させたものにすぎない」(119:214)と記している。しかし、ライプニッツがサン＝ピエールに宛てた書簡で示したように、サン＝ピエールが提示したシステムでは、支配者間での紛争処理のみが考慮の対象となっているのに対し、ドイツの帝国議会は臣民からの苦情を受理する権限が与えられていたのである。このことは、帝国裁判所の行政機能がきわめて非効率的であり、一七七二年には未解決の訴訟が二万件もあったとしても、注目すべき点であろう。

最後に五番目の批判として、サン＝ピエールが国家主権の問題についてあまりにも明快に、絶対不可侵な国家主権が戦争の原因であり、それゆえ主権は制限されなければならないと論じた点が挙げられる。他方、仲裁は戦争よりも被害が少ないがゆえに、主権の侵害とはならないと主張する。しかし、サン＝ピエールだけがこの問題を解決できずにいるのではない。本書で検討している計画のいずれも、統一ヨーロッパにおける国家と連合の権限について、決定的で、効果的で、かつ受諾可能な構想を提案するにいたってはいないのである。

サン＝ピエールの計画に向けられた批判に対して、ここでそのいくつかについては反論することができる。かれを支持する者の多くは、最終的に「かれには時代が早すぎた」という議論に落ちつくことが多い。しかし、そのような議論よりも、本書での議論の方がサン＝ピエールに対して公正ではないだろうか。確かに、晩年のサン＝ピエールは、かれの永久平和論が一度読まれ、評価された後で、それがヨーロッパの君主たちにパウロの改心のような変化を生むという無邪気な信念はもっていなかったようである。縮約版の第二版への第一補足を書いたとき、かれは国際環境について概観し、「平和を維持することによる利益は、すべての君主たちに次第に理解されつつある」と慎重な判断を下している。だが、かれはこうも続ける。「しかし、連合それ自体を維持するにはまだ長い道のりが必要である」と。さらに、かれはあきらめたように以下のごとく結論する。

われわれは、ヨーロッパにおける戦争にまだ一〇〇年以上耐えていかねばならない。支配者たちが、いかなる連盟も、いかなる同盟も、常設の調停［システム］なしには存続し得ず、ヨーロッパの主権者による広汎な連合が保障されない限り、どの国も安全保障を確保できないことを悟るまで、われわれは主権国家体制を二〇〇年以上我慢しなくてはならないのである(24:49)。

これは誤った見通しではなかった。それから二〇〇年と一二年後、ヨーロッパの六カ国がパリ〔ECSC〕条約に調印し、何世紀にもわたって平和協調を阻害してきた主権の「プール(共同管理)」が始められたのである。

しかしながら、サン＝ピエールに対する最も辛辣な批判者がルソーであったことを忘れてはならない。それでは、ルソーのサン＝ピエール批判はどのように評価されるのであろうか。このジュネーヴ生まれの哲学者は、フランスの啓蒙哲学者、すなわちサン＝ピエールよりも世間では好評であったことをまず指摘しておく必要がある。作家としてのかれの名声と明快さにより、サン＝ピエールの構想はオリジナル版よりもルソーの手をとおして拡められることになったのである。それゆえ、現代の批評家たちが書いた以下のような称賛に満ちた見解が出てくるのである。「国際関係に関するかれの著作は、きわめて明快かつ鋭敏である」(53:129)。「[『抜粋』と『批判』を通じて]かれは、サン＝ピエールの非生産的な細かい説明と果てしない繰り返しを政治的に分別ある広汎な原理に言い替えていった」(128:360)。また、ルソーは、サン＝ピエールよりもはるかに洞察力に優れていた。フォーサイスは、全国家が共有する安全保障と経済的繁栄についての一般的利益を同一視するサン＝ピエールの信念と、国家の利益は異なり、多様であり、それらを調和させていくという仕事は非常に複雑であるとするルソーの認識との間の対照性を指摘している(52:90)。さらに、ルソーがヨーロッパ連合が誕生する条件として恐れた暴力的な大動乱と脅威は、まさに第二次世界大戦と冷戦の時代に現実のものとなったのである(第七章を参照)。

他方、ルソーがみずから批判の対象とならなかったわけではない。『抜粋』の出版について、グリムは「この構想は原著者の手によるものよりも、ルソーの筆によりいっそう非常識なものになった。深い洞察もなく、政治的理解もなく、読者が同意し得るような、心を動かされるような幻想を抱かせるアイディアさえ見当たらない」(42:333)と書いた。しかし、ルソーの説明の最大の弱点は、原則に対する熱意とその実現性に対する軽蔑的な拒絶との間の矛盾にある。多くの人々は、それはルソーが設定した仕事の内容から生じるものと見ている。つまり、ひとりの作家による理想主義を、現実主義的な他の作家が正面から取り組むのはそもそも不可能なのである。しかし、ヒンズリーに至ってはそれほど寛大ではない(67:49-60)。ヒンズリーは、ルソーの一貫性の欠如は、かれの思想の中核部分に欠陥があったからであり、サン＝ピエールのユートピア主義を公然と批判することができなかったことは不誠実であるとしている。なぜならば、ルソーは、人工的につくられた国家が、同じように形成された他の国家と、永久平和を追求するよりも、永久に対立していくように運命づけられていると信じていたのではなかったのか。

ヒンズリーは、ルソーの根本的な政治理論からして、ヴィンデンベルガーやヴォーガンの指摘(一二三頁を参照)、すなわち、かれが国家と国家連合を相互補完的関係として捉えている、という議論を否定する。反対に、ルソーの政治理論は、ヨーロッパの既存国家は崩壊し、それぞれの地方の規則を基盤とする下位国家となり、次いでスイスをモデルとして、ヨーロッパ国家連合における下位国家の再連合に移行することを示唆しているとする(67:55)。そのような動きは、現実にはヨーロッパ国家システムの革命的な再建であり、その暴力性ゆえにルソーは熟慮するのをためらったのであろう。さらに、現在のECにおいても、「補完性の原理」を支持する者は、同じように考えている。「補完性の原理」は、EC委員会とヨーロッパ議会内のヨーロッパ連邦を熱心に訴える人々に歓迎されている概念である。ローマ教皇の政治思想から借用されたこの原理は、政策決定はその実行可能な最も低いレヴェルに委ねられ、重要な政策のみが中央連邦政府の問題として取り扱われるべきであるとするピラミッド型の政治構造を提起するものである。そのような政治システムは、ルソーが望んでいた「小国と大国の長所を結合させる」(一二二一一二三頁を参照)構想を実現することになる。

統一ヨーロッパに関するサン＝ピエールとルソーの構想には、数多くの欠点があった。しかし、かれらはそのアイディアを多少なりとも発展させていった。ヘイは次のように書いている。

世界平和を切実な計画として考えていた著者たちは、同時に「ヨーロッパ」という意識をさらに発展させることになった。……「ヨーロッパ」の概念を「制度化させよう」とする理想主義者の試みのなかで最大の功績を挙げたのは、もちろん……サン＝ピエールであった……(62:119)。

しかし、ルソーに比べ、サン＝ピエールの描いたヨーロッパは、機械的に構築されたもののように思われる。もし、政治連合が将来現実のものとなるのであれば、それは有機的に発展し、文化的同質性を有している大陸においてである、というルソーの考えからわれわれが得られるものは大きいであろう。

第5章

英国をモデルとして

1　産業革命とフランス革命

一八世紀初めのイングランドは、決して政治的安定の手本などではなかった。ある国王の臣民は、自分たちの君主の首をはね、かれらの子孫はその君主の息子を、即位からわずか三年後に国外亡命へと追いやったのである。一六四〇年代から一七四〇年代にかけての一〇〇年間には、内戦の後に国王殺しと共和政が続き、さらに王政復古に続いて名誉革命が起こった。さらにスチュアート家のふたりの「王位要求者」が、ハノーヴァー家のみせかけの平静を絶えず脅かしていたのである。

一八世紀から一九世紀に至るにつれ、英国の議会制度の欠陥がしだいに明らかになっていった。選挙は、買収によって腐敗していたばかりでなく、社会的・地理的にまったく時代遅れのものになっていた。このため、「人民の友協会」が一七九三年に報告したように、任命制が広汎に行なわれていることにより、わずか一六二人の特定の人間が五一三人の英国の下院議員のうちの三〇三人を選出していたのである。さらに議員の大部分は地主階級出身であった。「バーミンガム政治同盟」が一八三〇年に指摘したように、「そこでは、あらゆる上流貴族の利益は、申し分なく代表されている。地主、教会、法曹界、金融資本家の利益等々。……だが工業と商業の利益を代表するものは、まったくといっていいほどいなかった」〔傍点は著者〕(37:6, 11)。

しかしながら、ヨーロッパ大陸、なかでもフランスにおいては、英国海峡の向こう側の出来事について別の解釈が存在した。ヴォルテールは、海の向こうの島国の国民が享受していた自由と寛容を称賛した。またモンテスキューは、巧みにバランスをとって配置された英国の憲政上のしくみへの賛美を謳った。実際、一八三二年の選挙法改正以前の半世紀において、最も影響力をもった英国の憲政に関する著作は、ジュネーヴ市民のジャン・ルイ・ドロルムによって書かれたものだった。この本は、一七七一年にフランス語〔*Constitution de l'Angleterre*〕で出版され、後に英語に翻訳された。かれは英国政府をヨーロッパにおける最良の政府として描いたのである。それに対する反論はほとんどなかった。というのは、数々の欠陥はあったが、英国の政治制度が国王による独裁を食い止めたからである。代議制議会は毎年開催されていた。政治的迫害や検閲は、事実上まったくないと同然であった。このような長所は、他のヨーロッパ大陸諸国には決して見いだせないものであった。

英国が政治の先駆者であるといえるならば、それは経済の先駆者でもあった。ヨーロッパの海外貿易は一七四〇年以来着実に増加していたが、一八世紀を通じて、なかでもその最後の一〇年間における英国の商業的な拡大は驚異的であった。一七〇〇年から一八〇〇年の間に、英国の貿易額は一〇〇〇万ポンド弱から五〇〇〇万ポンドに増加した。一七八二年から八八年の六年間だけでも、英国の商船隊は倍増した。同時に、この商業上の浮力と関連していたのは産業革命であった。この革命においても、もちろん英国は世界を先導していた。工業化を相対的に評価するひとつの指標としては、一七八九年に英国のジェニー紡績機が、フランス(人口にして英国のおよそ二倍)の九〇〇台に対して、二万台であったとの見積もりが挙げられる。

工業化を近代化のひとつの指標とするならば、一九世紀初めのイングランドは近代社会であったといえよう。なんらかの形で工業生産に従事している人口の割合は、急速に拡大しつつあった。例えばマンチェスターの人口は、繊維産業の影響によって一七七〇年から一八二〇年の五〇年間に四倍以上になった。これらの発展は、政治的影響力をもつようになり、それが最もはっきり現れたのは、民衆の抗議と選挙法改正の立法であった。またすでに引用した「バーミンガム政治同盟」のもっともな苦情にもかかわらず、産業界の非常に優れた人物が政治に参加するようになった。早くも一八三四年までに、英国は産業界からひとりの首相を輩出した。一族の財産をランカシャーでバリー社の工場によって築いた、ピール首相である。

さて本章の中心的人物は、一八一四年にヨーロッパの統一についての研究書を著したひとりのフランス人である。かれは、英国をみずからが思い描く国家連合のモデルとなる構成国と考えていた。本章の短い考察のなかでわれわれは、当時の英国がパン・ヨーロッパのあらゆる試みにとって貴重な資産であったという点で、おそらくかれと意見の一致を見るであろう。

確かに、一八一四年直前の歴史を振り返るものは誰でも、フランスを政治制度上のモデルとすることには躊躇するだろう。フランスは一七八九年以降、立憲君主政を打ち立てようとしたが、その試みはジャコバン派とナポレオン派の独裁の前に挫折した。にもかかわらず、フランス革命は、ヨーロッパ連合に関する議論の流れをいくつかの点で劇的に変えたのである。一七八九年以前のさまざまなヨーロッパ連合の構想は、国境線の現状維持あるいはその改訂に平和的に同意し、現状を変革する手段としての戦争はいかなるものであってもこれを回避するという君主たちの原則に基づいていたといっても過言ではないであろう。フランス革命に伴う主権在民の原則の出現は、そのような協議事項をまったく時代遅れのものにしてしまった。それは次のような三つの理由からである。

まず第一に、君主の意志はもはや支配的ではなくなった。確かにメッテルニヒと同じように考える人たちは、ナポレオン以降のヨーロッパに、君主の権威に基づいた国際体制を復活させようとした。しかし、それは長続きするものではなかった。君主たちがヨーロッパに国家連合型の体制を樹立するという構想は、民衆の同意を欠いていたために、時代錯誤のものになっていたのである。戦争を回避するという支配者たちの構想でさえも、ますます実行が困難になっていた。戦争もまた革命的な変化をとげていたからである。国家間の紛争はもはや、君主が職業的な傭兵軍によって行なう血生臭いゲームではなかった。フランス革命は、徴兵制の導入をもたらし、戦争を全面戦争に変えた。以後戦争は、母国のために動員された人々の間の、命を賭けた戦いになったのである。

ヨーロッパにおける戦争の形態は、ナショナリズムによって決定されるようになった。もちろん、国民国家の概念は、フランス革命のはるか以前にすでに生まれていた。実際われわれがすでに見てきたように(四九頁)、シュリーのヨーロッパ地図は、民族を考慮に入れて改訂された。フランス革命の意義は、独立国家の意識を主権在民の原則と結びつけることによって、その意識に計り知れないほどのダイナミックな力を与えたことにある。事実、アルフレッド・コバンは、フランス革命は「偉大な理念、すなわち主権在民、あるいは国民主権の理念の体現である」とまで断言している(30:189)。この風潮は、アベ＝シェイエスの『第三身分とは何か』という小冊子のなかに、はっきりとうかがうことができる。このなかでかれは次のように断定している。「国民はすべてに優先して存在するものであり、あらゆるものの根源である。……国民がいかなる方法で意思をもとうとも、その事実で十分である。すなわちいかなる形態をとろうとも善であり、その意思は常に至高の法だからである」(32:189)。ひとたびこの教義が急速に西ヨーロッパおよび中央ヨーロッパに普及し、拡まり始めると、国家へのアイデンティティーの力と世論の代弁者を通じて表明される国民の意思の力を無視しては、いかなるヨーロッパ連合の構想も正当なものとは認められなくなったのである。ジェレミー・ベンサムにとって世論の力は、たとえ少々曖昧であるにしても、ヨーロッパ協調のための万能薬であった。それゆえ、ヨーロッパ連合の問題に関するこの英国の哲学者の立場を、ここでかいつまんで説明しておくことにしたい。政治理論と法律学におけるベンサムの著作は、およそ二〇〇〇万語というその分量において(そして手書きの文字のひどさにおいても)、けた外れである。一九世紀のヨーロッパとアメリカにおけるかれの評判は、比類なきものであった。英国の旅行家ジョージ・ボローは、スペイン北東部の片田舎の市長との会話を伝えている。市長は「偉大なるベンサム」を讃え、「かれは全世界のために法を草案した。……ここにいる私は、ガリチアの一介の市長にすぎないが、あそこの棚にベンサムの全著作を揃え、日夜勉強しているのです」と語ったという(47:7-8)。

もう少しささやかなレヴェルでは、ベンサムはまた一七八〇年に「国際(international)」という言葉を発明した。そしてかれは『国際法の諸原則』の執筆にとりかかった。その一連の作業の第四番目に当たり、かつ最後のものである、一七八九年に書かれた論文は、「普遍的恒久平和のための計画」と題された。かれは、いかに英国とフランスに植民地を放棄させ、軍隊を縮小させるかに心を砕いているが、超国家的な管理の問題についての議論には、わずかなページ数しか割いていない。論文は一連の提言からなっている。第八番目の提言は次のようなものである。

そのような平和の維持は、さまざまな国民国家間の紛争を裁定するための共通裁判所の創設によって、かなりの程度容易になるに違いない。しかもこの裁判所は、いかなる強制力によっても武装されてはいないのである(47：210)。

ベンサムは、国際的な軍事力が、裁判所の仲裁裁定の履行のために、きわめて稀には必要であることを示唆している。しかしながら、そのような履行に頼ることは、「おそらく、それぞれの国家における報道の自由を保証する条項……の導入［によって］、……永久に不要になるだろう」(47：215)。

ベンサムにとってヨーロッパの連邦制度は、必要物でもなければ、方便でもなかった。合理的な世論は、戦争が無益であることを十分承知している。ヨーロッパに欠けているものは、紛争を仲裁する公正な機関と、その裁定を支持するに足りる情報を有する大衆だけなのである。

ベンサム同様、当時の法律学の重鎮の大半は、ヨーロッパ協調に関してほとんど関係のない議論を行なってきた。当時の最も優れた道徳的哲学者であった、イマニュエル・カントでさえも同様であった。東プロイセンのケーニッヒスベルク(現カリーニングラード)の一市民であったカントは、極端にきちょうめんな性格の人物であった。そのかれもフランス革命の報に感動したあまり、何年もの間同じ時間に行なっていた散歩の方向を変えたほどであった。歴史の偉大な転換点のはるか以前に、かれは永久平和に関するサン＝ピエールやルソーの作品に親しんでいた(一二九頁を参照)。一七九五年に、かれはみずから『永久平和のために』を発表した。しかしながら、この作業のなかで、たとえかれが主としてヨーロッパを頭に描いていたとしても、カントはヨーロッパの平和ではなく、「世界の」平和について書いたのである。さらに、カントが「諸国家の連合」あるいは「連邦連合」という言葉で意味したかったことは、改善された国際法によってのみ、分立し独立した諸国家を拘束するとができるということである(67:66)。

事実、当時のすべてのドイツの政治思想の流れは国家主義的であった。それはとくにプロイセンに当てはまる。初期のドイツ・ナショナリズムには、多くの要素が複雑に混じり合っていた。それはヘルダーの著書のなかに見受けられるように、一部には文化的アイデンティティーの模索であった。それはまた一部にはヘーゲルの哲学に見受けられるように、国家概念の強化であった。さらにそれは一部には、カントの教え子であったフィヒテによってベルリン大学で一八〇七年から八年にかけて行なわれた、有名な「ドイツ国民に告ぐ」と題された演説に示されたように、知的な探求と現実的な反フランス政策の結合でもあった。ドイツのなかでも最も激しいフランス嫌いの人物のひとりは、ヨハン「神父」であった。かれは、娘にフランス語を習わせるような親は、その寛容さによって娘を娼婦にするのに等しいと主張した。そのような雰囲気は、ヨーロッパ統一の思想をもたらすはずなどなかった。

このドイツ・ナショナリズムは、フランスに対して向けられたものであった。それは一七・一八世紀のフランスの文化的な帝国主義と当時のナポレオンによる軍事的な帝国主義の双方への反動であった。ヨーロッパ連合の歴史におけるナポレオンの位置づけは、両極端に分かれている。一方では、かれの功績は、個々の政治的あるいは民族的アイデンティティーの感情を強めた。すなわち、フランスの占領軍、いくつかの地域におけるフランス法の実施、フランスの行政制度の導入は、政治に目覚めた階級の憤りを刺激したのである。この反動は、プロイセンで起こったような、国家のもとへの愛国的な結集をもたらした。ドイツとイタリアの民族的統一の基盤を求めて国家主義的な模索が行なわれ、スペインの人民国家主義運動への接近の試みさえあった。

他方で、ヨーロッパはローマ帝国以来の広い範囲に及ぶ政治的統一を実際に体験した。一八一〇年ころまでに、フランス帝国はハンブルクからローマにまたがり、アドリア海沿岸のイリリア地域を併合していた。それはライン同盟とイタリア王国を含む衛星国家によって、側面を守られていた。ライン同盟とイタリア王国はそれぞれ、中央ドイツとイタリア半島の大部分に一種の統一感を提供していた。社会的・法的制度の刷新を目指すナポレオン法典の普及によって、ヨーロッパは、みせかけではあったが、共通の自由主義的な政策を享受することになった。それゆえ、ナポレオンは、弟であるライン同盟のウエストファリア国王ジェロームに、次のような教えを垂れている。「法典の恩恵、公開法廷で出された評決、陪審の創設は、そなたの王国のすばらしい業績になるに違いない」(71:38)。

ではナポレオンは本当に、フランスの覇権とかれの意志にヨーロッパが服従するのではなく、ヨーロッパの実り多き統一を求めていたのであろうか。敗北の後、はるか大西洋のセント・ヘレナ島に流され、癌に犯されてその生涯を閉じるまで、かれは六年間生きながらえた。そこでナポレオンは、同行者たちに向かって語り始め、同行者たちはかれの思想を記録した。

こうした会話の一例として、ラ＝カーズ伯爵の記録は次のように述べている。

かれはヨーロッパ全土における共通の原則、共通の制度を目指してきた。ヨーロッパ法典、すべての誤った決定を見直す全権をもったヨーロッパ最高裁判所、異なった貨幣ではあるが共通の価値の度量衡、共通の法……等々。

かくしてヨーロッパは速やかに現実のひとつの国家になり、どんな旅行者もあらゆる場所が共通の母国と感じるようになるだろうと、かれは語った(39:215)。

もうひとりの記録者であるモンソロンは、その『回想録』のなかで、敗北した皇帝が、その卓越した構想の達成を打ち砕かれたことを嘆いている旨を伝えている。

もしイングランドが、高潔な政治家の声を聞き、フランス革命をその友としていたなら、フランスとヨーロッパの将来はどうなっていただろうと想像するのはすばらしい。サン＝ピエールの構想は実現されていたかもし

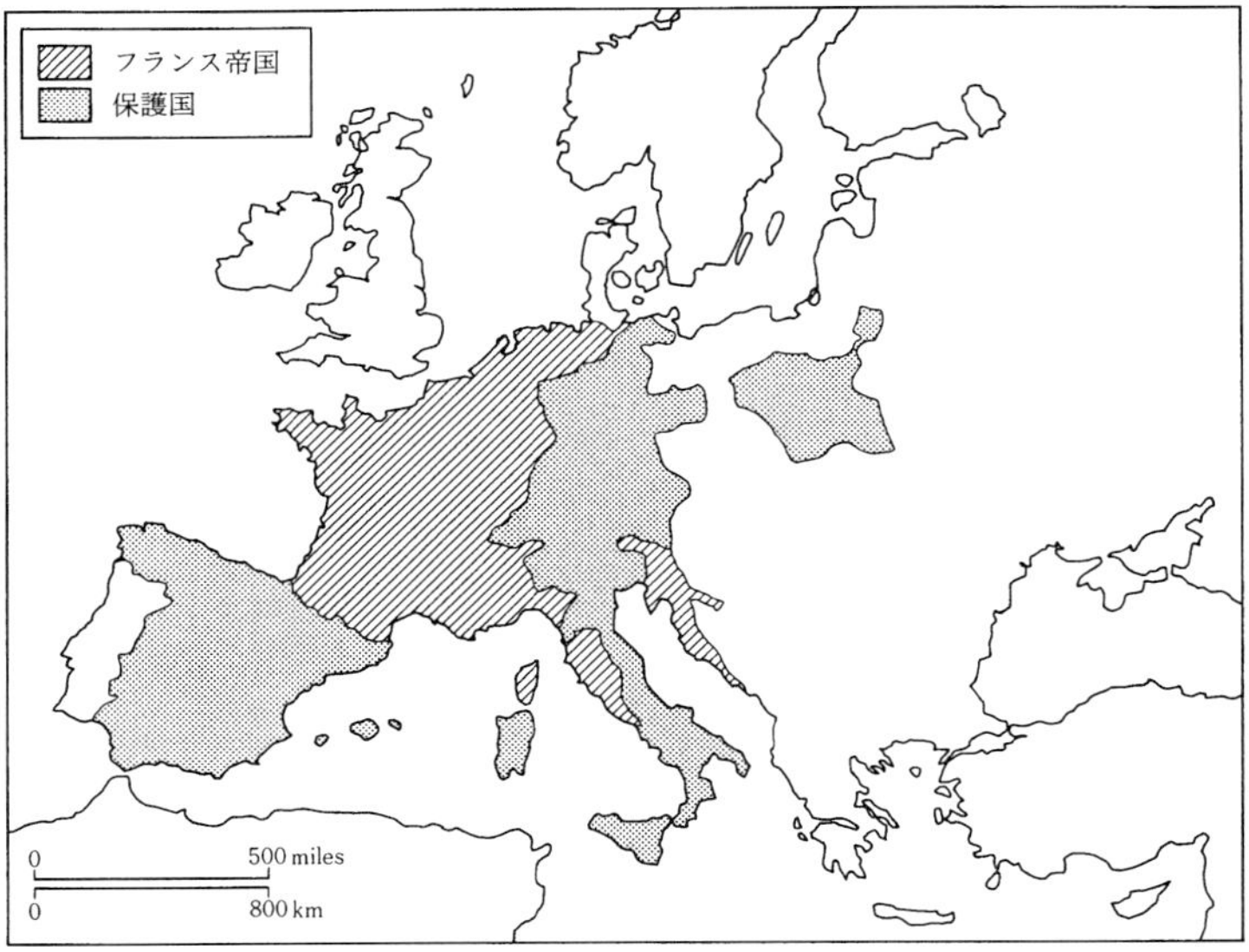

図 5　ナポレオン帝国

れない(121:214-15)。

これらの資料は、ナポレオンがそれでもなおヨーロッパの統合が近い将来実現しつつあることを、かれの息子の「ローマ王」によって実現することさえあり得ると確信していたことをうかがわせる。モンソロンの記述によれば、ナポレオンは「決して壊れない連邦的な絆によって、ヨーロッパを再統一」(121:213)するはずであった。

いうまでもなく、これらの証拠の信憑性については問題がある。この機会をとらえて、ナポレオンの生涯を最も好意的に紹介したとしても、かれが真実をありのままに残すようなタイプの人間でないことは明らかである。またかれの記録者たちも、ナポレオン自身の言葉を記録するに当たって、まったく忠実であったわけではない。例えばラ＝カーズの本は、一九世紀の英国の批評家によって、「これまで読まれたもののなかで、最も面白い、感傷的な老フランス人の駄弁の吐露である」(124:394)と評されている。結局、ナポレオンの意図についてのこれらの異説は、ある程度疑ってかからなければならない。だが、たとえそうであるにしても、これらの異説は彼の死後、有力な「ナポレオン伝説」の材料を提供することになった。それほどナポレオンへの思い入れは強かった。とくにこれらの回想録は、一八三九年にかれの甥のルイ・ナポレオン（後のナポレオン三世）が出版した *Napoleonic Ideas*（『ナポレオン的観念』）のもととなった。

（風説のなかにほとんど真実はなかった）ナポレオンがヨーロッパ統一への激しい情熱をもっていたとすることは、一九世紀初期の、理想主義に対する関心の復活にもかなっていた。サン＝ピエールに続く半世紀の間、文化における世界市民主義と外交における勢力均衡理論が、制度的統合の概念よりも脚光を浴びていた。しかしながら、一八世紀終わりのヨーロッパにおける革命の展開と、英国の特異な地位とが、ヨーロッパ連合の基本的目標について再考するという挑戦を刺激した。新たな環境は、なににもまして新鮮な思想を必要としたのである。

2　サン＝シモンの『ヨーロッパ社会の再組織について』

シュリーの「大計画」やサン＝ピエールの『永久平和論』を改めて根本的に見直すためには、産業革命とフランス革命という二つの革命がヨーロッパに与えた影響をはっきりと理解しておく必要がある。いかなるヨーロッパ統合の新たな構想にも、この二つの革命の影響が十分反映されなければならなかった。この作業には、サン＝シモンが行なったような産業社会の特徴とその意義の分析が、まさにぴったりとあてはまった。それと同時に、この変わり者のフランスの伯爵の波乱に富んだ私生活も、かれが生きていた根本的で急激な変化の時代によく合っていたといえよう。

クロード＝アンリ・ド・ルブロワ・サン＝シモン伯爵は、没落してはいたが由緒正しい家系の息子として、一七六〇年のパリに生まれた。その家系は、偉大な廷臣であり、回顧録作者であったサン＝シモン公爵の遠い親戚であった。その誇り高き貴族は、シャルルマーニュを先祖であるとさえ主張した。こうした古来の血統を頭から信じ込んでいたため、クロード＝アンリは、恐怖政治の時代に幽閉されていた間に、ある妄想にとりつかれた。カロリング朝の亡霊が、かくのごとくかれに呼びかけた。「世界が始まって以来、第一級の英雄と哲学者の両方を輩出する名誉をもつ家系はなかった。この名誉は、わが家系に約束されてきた。わが息子よ、哲学者としてのそなたの成功は、兵士および政治家としてのわが成功に匹敵するものとなろう」(85:40)。自分自身の知性を一度たりとも疑ったことのなかったサン＝シモンは、このお告げの信憑性を躊躇なく受け入れた。さらにヨーロッパを統一（あるいは再統一）する必要性との関連も、明らかであった。

しかし話が飛びすぎたようだ。若いころのサン＝シモンの私生活の詳細については、かれの自伝の描写に負っており、それは必ずしも信頼できるものではない。かれが正式に受けた教育は、おそらくいい加減なものであったと思われる。かれが後に、偉大な百科全書派のダランベールから個人的な指導を受けたと主張していることには、なんらの証拠もない。成人してからのサン＝シモンの生涯は、大きく四つの時代に分けることができる。すなわち兵士の時代（アメリカ独立戦争の期間）、金融相場師の時代、哲学者の時代、そして政治学者の時代である。

実業家としてのサン＝シモンの時代は、一七八八年のスペインに始まり、かれはそこでは半島を横切る巨大な運河を建設するという荒唐無稽な計画にかかわった。そこでかれはプロイセンの外交官に出会い、後に経済的な成功を共にしたが、その後激しい大喧嘩を始めることになった。サン＝シモンは、革命が始まったときにはフランスに戻っており、そこで革命の社会的目標にみずからかかわる羽目になった。かれは象徴的に自分の称号を放棄し、短期間ではあったが名前のなかのクリスチャン・ネームさえも放棄し、単にクロード＝アンリ・シモンと名乗っていた。かれが一七九三年に、シモンと呼ばれていた相場師の代わりに逮捕されたのは、おそらくかれの共和主義への熱狂が原因していたと思われる。しかしその後は、サン＝シモン自身も金銭的に無罪とはいいがたかった。かれは亡命者や元聖職者の没収された財産を買い上げることで財を築いたのである。さらにまた、前オートン司教のタレーランとの協力のもとにノートルダム寺院を買い取り、その鉛の屋根を溶かして売り払う事業の話さえ伝わっている。この計画は、買収のために集めた大量のアシーニャ紙幣の下落により失敗した。

囚人の身から釈放され、そしてミダス王のような拝金主義の生活からも抜け出し、サン＝シモンは人名録のなかの最も有名な堕落した洒落者として、贅沢三昧の生活を送った。かれはまた、知的な主張のためのサロンを主宰し、その間、自分自身は物理学の知識を得ることに励んだ。かれは一八〇一年から二年にかけて、束の間の結婚生活を送った。サン＝シモンはその実り多き文筆活動を一八〇二年に開始した。しかし、かれはその財産を急速に使い果たしていき、一八〇六年までには一文無しになっていた。かれは偶然、元の下男であったディアールに出会い、この男がサン＝シモンに寝食のみならず、その出版を補助する手段も与えたのであった。

それ以来さまざまな方法で、サン＝シモンはほどほどの収入を確保し、しばらくの間は、その想像力に富む知性から溢れ出たアイディアに、なんらかの秩序だった装いをほどこすために秘書を雇うこともできた。とかくするうちに、一八一二年にかれは神経衰弱にかかってしまった。おそらくかれのいささか突飛で風変わりな性格が、かつてのプロイセン人の提携者との金銭的いざこざの拡大からくる緊張と、自然科学に関するかれの生半可な思想がナポレオン時代の主流派の科学者から受けていた嘲りに、耐えられなかったのであろう。

王政復古の最初の一〇年間、それはかれの人生の最後の一〇年間でもあるのだが、サン＝シモンは銀行家、商人、産業界の人々から、自分のさまざまな文筆活動に対する購読の予約金を取ったり、友人たちからの借金によって、その場しのぎの生活をおくっていた。かれは「門弟たち」の組織をつくり上げ、門弟たちはかれの生前・没後の双方において、その思想を普及し発展させたのである。そのなかでも、ひときわ優秀で高い教育を受けていたひとりであるオーギュスト・コントは、一八一八年に書いた手紙のなかで、若き(その時コントは二〇歳であった)弟子を啓発するサン＝シモンの資質の一端を明らかにしている。かれは「……私の心は、われわれのこれまでの六カ月の関係を通じて、自分ひとりでは決してなし得なかった進歩を遂げた。かれは私が人生において知った最も尊敬すべき、最も温雅な人物である……」と述べている(*Lettres à M. Valat, 1815–44*, 85：206)。

まさにその晩年に至るまで、サン＝シモンは異常なほど精力的であり続けた。かれはその思想が広く知れわたり、認められることを望んでやまなかったが、その望みはかれの横を素通りしていた。かれの死後、献身的な弟子のひとりは、この明白な失敗を鮮明に描き出している。「サン＝シモンは、かれの同時代の人間に聞き入れてもらえなかったばかりでない。軽蔑、嘲り、忘却、そして窮乏がかれの仕事に対する見返りであった。かれは栄誉と人間性をこよなく愛した。人間性はかれに耳を貸さなかった。栄誉が遅れてようやく訪れたのは、かれの墓においてであった」(J. L. E. Lerminier, *Philosophie du droit*, 85：329)。一八二三年には、かれは失望のあまり自殺未遂を起こしている。

このエピソードからかれの死に至る数カ月の間に、サン＝シモンは『新キリスト教』を出版し、コントとの苦いいさかいを経験した。それにもかかわらず、かれは自分のまわりにより若い門弟を集めた。一八二五年にかれが没すると、サン＝シモン主義者たちが、多くの異なった方面で、かれの変幻自在な思想を活発に解釈し発展させるであろうことは明らかであった。

サン＝シモンの大きな野望は、人類のすべての知識を統合することであった。それゆえ、かれの努力は必然的に多くの分野に及ぶことになった。かれの業績の集大成は一一巻にも及んでいる。本章においてかれのヨーロッパ統合の計画に焦点を当てるまえに、まず、かれの政治思想について触れておきたい。

この分野におけるかれの業績は、その強い実証主義者的な価値観と歴史哲学から生み出されている。サン＝シモンは、政治の科学的で価値自由的な分析が可能かつ必要であると確信していた。かれは、従来の政治についてのあらゆる著作は主観的スタイルであるとみなして軽蔑し、社会科学のニュートンたることに憧れていた。その歴史の分析によってかれは、人類の進歩における産業の発展段階が、かれ自身の時代に最終的な成熟段階に達しつつあると確信していた。かれは、産業化の有益な潜在力を押え込むのを防止するために、社会的・政治的変容が不可欠であると主張した。この観点から、ジャコバン主義とナポレオン主義の悪夢は、不運な機会の喪失であった。重要な産業的・社会的エリートが本質的な支配勢力として出現できなかったのである。

サン＝シモンの政治理論の基本的特徴は、その階級分析にある。もっともその分析は、かれのさまざまな出版物のなかで、細かな点において違いが見られるが、概して近代産業社会は三つの階級で構成されているとかれは主張している。そのうちのひとつは、従来最も上位のものであったが、非生産的階級である貴族、軍人、法律家である。他の二つの生産階級は、科学者と「産業人」である。サン＝シモンはこの言葉を製造業に従事するすべての者――典型的には工場所有者であるが、ときとしてかれは労働者と銀行家もそのなかに含めた――を指すものとしてつくり出した。かれは、この生産的なテクノクラシーはその指導者を与えられさえすれば、能力による政治が、抑圧的な政府による政治と紛争にとって代わると信じていた。そうなると、政府の役割は行政に限定される。労働組合や経営者連盟のような法人団体は、このシステムにおいて非常に重要となる。また国境を越えた企業の活動も重要である。結論的にサン＝シモンは、伝統的な国家政府機関は衰退し、この過程で主権をもった国民国家は弱体化するであろうと予測した。イヨネスク教授は、その過程を簡潔に描写している。

国民国家は、内と外の両方向から分解するであろう。内からは、国家による国家の管理メカニズムを軽視し、自治を志向する、有能な国内集団に分解するだろう。そして、国民国家は、産業(技術)社会が疲弊によって停滞しないためにも、これらの国内集団を抑圧することはもはやできない。外に向かっては、国民国家はヨーロッパの国家連合的な連合へと融合するであろう。なぜなら、そのような社会の経済は、より大きな領土的単位においてのみ繁栄が可能であるからである。それはイングランド、フランス、ドイツといった規模の国内領域と資源では生き残っていくことはできない。新たな制度や新たな過程は、すべてヨーロッパ単位で起こるであろう。それ以外にはない(73:42-43)。

サン＝シモンはその経験と知的体系から、ヨーロッパ統一の提議と予言を行なうようになった。実際かれは一八〇二年に、『同時代人に宛てたジュネーヴ一住人の手紙』のなかで、早くもその考えを述べている。かれのフランス革命の解釈における二つの特徴が、ヨーロッパが統合の方向に向かっていることを指し示している。第一は、科学者・産業者階級が、その革命運動を生産に携わらない法律家たちに乗っ取られることを許し、革命の攻撃的かつナショナリストの側面が、改良主義者にとって代わったとするかれの信念である。第二に、かれは革命が本質的にフランスの現象というよりヨーロッパの現象であることを強調した。というのも、革命がヨーロッパ大陸のうちでローマ法、封建主義、トルコとの紛争、絶対君主政といった共通経験を特徴とする地域全体に影響を与えたからである。かくして革命は、産業社会を調和させる機会を生み出すことに失敗したため、新たな非革命的な努力がなされる必要があった。一方、革命は大陸の西と中央部分——かれが「フランス・ヨーロッパ」と称した地域——の多くの底流にある経験の共通性をあらわにすることに寄与した。

革命戦争とナポレオン戦争の殺戮を目の当たりにしたサン＝シモンは、一八一三年に「科学者の教皇」の選出という苦しまぎれの訴えに駆り立てられた。かれは、ヨーロッパの科学者たちに向かって次のように演説した。「一五世紀以来、ヨーロッパ諸国を統一してきた諸制度は、着実に弱体化してきた。それはいまや完全に破壊されており、過去二〇年の間、全体戦争が終わることなく続き、すでに数百万の人間を犠牲にしてきた。諸君だけが、ヨーロッパの平和をとり戻すことができる。諸君だけが、ヨーロッパ社会を再組織できるのだ」(『万有引力に関する研究』、85:111)。

サン＝シモンの哲学的実証主義もまた、同様な結論を導き出した。科学的な政治分析が、ヨーロッパ統合の必要性を示しているので、その構想は実際に確実に達成されるであろうというのである。一八〇八年にかれは書いている。「民族的組織は、社会秩序に関する一般体系の個別的応用であり、ヨーロッパ政治の一般体系の再組織は、それに引き続き、政治的統合によってより大きな社会を形成するさまざまな民族の国家的再組織をもたらすであろう」(『一九世紀の科学的研究序説』、85:136)。

ヨーロッパ連合の概念は、かれの奇抜な万有引力の概念にもまたぴったりと当てはまっていた。人間的・自然的・物理的経験と認識の全体性の統一的説明を提供する原則を捜し求めていたサン＝シモンは、引力に思い当たった。引力は、ニュートンの研究の普及を通じて、一八世紀の知識人たちの心を奪っていた。この問題についてのかれの著書を説明して、かれは以下のように述べている。「私は、ヨーロッパ社会の再編成に関する自分の計画のこの最初の草稿に、『万有引力に関する研究』というタイトルをつけた。なぜなら万有引力の概念は新たな哲学理論の基礎として有益であり、また新たなヨーロッパの政治システムは新たな哲学の帰結でなければならないからである」(85:120)。

サン＝シモンのさまざまな言及から、かれが想定した統一ヨーロッパの特徴の概要を、ある程度理解することができる。すでに見てきたように、かれはヨーロッパ大陸の西半分と東半分を区別していた。西側のみが、多くの歴史体験を共有し、その求心的影響力の利益を享受していた。第二に、共通のヨーロッパ・アイデンティティーの感情が、一八二〇年代にすでに狭小な愛国心を圧倒するほど十分力強くなっていたとかれは主張している。それゆえ、『産業者の教理問答』のなかでかれは、次のように書いている。「博愛主義の感情、「ヨーロッパ主義」の新たな家族的感情は、今日すべてのヨーロッパ人の間で、国家的感情に優っていることに、あなたがたは同意するだろう。われわれがいまいったことが、英国においてさえ真実であることを、あなたがたは知っている」(73:203)。第三に、サン＝シモンは、統一ヨーロッパの対外関係に関して、アジア・アフリカの非合理的な迷信的習慣をヨーロッパの科学の侵食作用によって取り除くための、新たな十字軍を考案していた。

サン＝シモンは、これらの基本的考えの有効性を強く確信していたので、一八一四年にヨーロッパ統合の小冊子を刊行した。さらに数年後に、より詳細な勧告をいくつか行なったが、それらは公刊されなかった。一八一四年にサン＝シモンは、自分の合作者としてオーギュスティン・ティエリという一九歳の歴史家を雇った。それはナポレオンの最初の敗北の年であった。ヨーロッパの君主たちと政治家たちは、激動の四分の一世紀を経た大陸を復興するために、一一月一日にウィーンに招集された。このウィーン会議に影響を与えようとの意図のもとにサン＝シモンとティエリは迅速に行動し、一〇月一日に、以下のようなタイトルの小冊子を出版した。完全な題名は、『ヨーロッパ社会の再組織について、またはそれぞれの国民的独立を保持させつつヨーロッパの諸国民を単一の政治体に結集させる必要と方法について』である。

この小冊子は(一万五〇〇〇語程度であるが)、政治思想の重視こそが、一九世紀におけるヨーロッパの知的努力の特徴となるだろうと断言することで始まっている。確かにこの指摘は、直前の革命時代にもたらされた政治的崩壊ゆえに、本質をついていた。「制度の欠如は、社会全体を崩壊に導く。悪しき制度は、それを生み出した時代の無知と偏見とを長引かせる」と、サン＝シモンは述べている。かれは著作家たちに本質的な改革を開始するよう訴えている。というのも「諸君が世論を支配し、世論は世界を支配するからである」(86:29)。(表題のページはふたりの著者の名前を挙げている。おそらくティエリが師匠の体系的でない考えを整理したのであろう。しかし、基本的考えがサン＝シモンのものであることは疑いなく、文中で一人称単数がときどき使われている。したがって、単純化のために、この業績をサン＝シモンのものとみなすことにする。)かれはみずから「先駆者」の役を買って出た。かれはふたりの聡明な君主がそのような努力を支援するに違いないとの希望を表明した。

これらの序文の言及に続いて、フランスとイングランドの議会について記した部分がくる。サン＝シモンは「一五世紀末に至るまで、ヨーロッパのすべての民族は単一の政治体を形成し、その制度と独立を脅かす外敵に武力で備えながら、この単一の政治体のうちで平和に暮らしていた」という主張を行なっている(86:30)。(中世ヨーロッパの相対的協調への言及は、当時のヨーロッパについての著述に共通する特徴であり、シラーからその風潮は始まった

(39:202)。) この結束は、ローマ・カトリックとその教会によってもたらされていた。ルターがこの調和を打ち砕いたのである。ウェストファリア条約は、それに代わる勢力均衡と戦争を制度化した。この国際的な無政府状態から恩恵を受けた国はイングランドであった。同国は巧妙に大陸のやり方からは距離をおいていた。イングランドは、「人民の自由と幸福」に基づく、特異な政治制度を発展させ、外に対しては、「世界支配」に専心していた。イングランドは、海軍力、商業、産業を発展させ、一方他国がこれらのパワーを拡大することは阻止してきた。専制的な政府がヨーロッパを圧迫したときには、イングランドはかれらを支援し、自国の自由とその恩恵を確保した。これらの歴史的発展から引き出せる教訓は、「長い間離れていた大陸にイングランドをふたたび結びつける政治的な絆がない限り、ヨーロッパに安眠や幸福は訪れないであろう」(86:31-32)ということである。

ヨーロッパ救済の鍵は、「共通の制度によってひとつに結ばれ、ちょうど各国の政府が諸個人を従属させていたように、諸国民を共通の政府に従属させていた、中世の連邦的な共同体を近代版に再構築することにある」(86:32)。それはまた、はかない信念や見解に左右されない、本質的な真理に基づいている必要がある。制度的な再構築の作業(あるいはかれが呼んだようにヨーロッパ社会の再編)は、必然的に漸進的な過程になるだろう。

前途は、はっきりしている。フランスもいまや、イングランドと同様に、政治的な自由主義の原則を掲げていた。したがって、この二国は、再構築の任務をはたすために、統一されねばならない。「この連合は可能である」とサン＝シモンは論理的に主張している。「なぜなら、フランスはいまやイングランドと同じように自由であるからだ。連合は必要である。なぜなら、それのみが両国の平和を確保し、それらを脅かす災禍から両国を守ることができるからである。連合はヨーロッパの現状を変えることができる。なぜなら、イングランドとフランスが一体となれば、その強さにおいて他のヨーロッパには並ぶものがないからである」(86:33)。

小冊子では次に、サン＝シモンが提言する、統一ヨーロッパのための組織改革の分析が続いている。本文は三つの「編」に分割されている。最初の編は、「最良の統治形態――議会制度が最良であるということの論証」と題されている。サン＝シモンは、その小論が現在のヨーロッパの状態に関連性をもつものであることを明らかにしている。「……すべてのヨーロッパ諸国の君主たちは平和の確立のために一堂に会している。しかし、かれらはその目標に到達しないであろう。[なぜならば]私は、ヨーロッパ全体の再組織なしには、ヨーロッパの救済はあり得ないことを認識したからである」(86：33-34)。「ウィーン会議」が必ず失敗するという根拠は、自国の特殊な利益が大陸全体の利益だとそれぞれの代表が主張しあうことが目に見えているからである。こうした会議といった伝統的手段を通じた平和の追求は、不可避的にふたたび戦争を引き起こすと、かれは考えていたのである。

サン＝シモンは、中世の相対的な統一と平和に対する称賛を繰り返している。恒常的な戦争がシステムの崩壊をもたらした。「わずかふたりの人物がこの誤りを認め、もう少しで救済を行なうところだった。そのふたりとは、アンリ四世とサン＝ピエール神父である。アンリ四世は、自分の計画を実現する前に世を去り、その意図はその後忘れられた。サン＝ピエールは、実現できる以上のことを約束したために、誇大妄想狂扱いされた」(86：36)。かれは続けて、サン＝ピエールの『永久平和論』を厳しく批評している。それは次節で、ふたたび取り上げる(一六五頁を参照)。

この批評のなかでかれは、サン＝ピエールが中世の教皇組織の有益な特徴を無視していることに不満を述べている。すなわち、

(1) 国家の独立は維持しつつも、諸国民を互いに結びつけるために創設された政治的組織はいずれも、体系的に同質でなければならない。すなわち、すべての組織は、単一の構想に基づいて創設されねばならない。
(2) 共通政府は、各国政府から確実に独立していなければならない。
(3) 共通政府の構成員たちは、……もっぱら共通利益のみを考慮すべきである。
(4) 共通政府は自分自身の力をもっているべきであり、外部の権威に頼るべきではない。その力とは世論である。

サン＝シモンは次に、統一され平和的なヨーロッパに必要な条件と考えるものを完璧にするために、さらに三つの基準を加えている。それらは、

(1)　可能な限り最良の政治制度が、共通政府と各国政府に適用されるべきである。
(2)　共通政府の構成員たちは、その組織の性格上、共通利益のために働くよう強制されるべきである。
(3)　かれらの権力の知的基盤は、時代と場所を越えて有効な不動の原則によるべきである(86:38-39)。

サン＝シモンは、何が最善の政治制度かを探求するための、「科学的」あるいは論理的議論を続ける。かれは「最初に要求されるのは、二つの異なった機関を創設することである。ひとつは国民の共通利益の観点から問題を考えるもので、いまひとつは個々の諸個人の特別な利益を考慮するものである」(86:40-41)と論じている。それぞれの組織——「共通利益機関」と「特別または地域的利益機関」——は、お互いの立法提案に対する拒否権をもつ。第三に、「調整あるいは調停機関」が、最初の二つの組織のバランスを確保する。このような憲政上のスタイルが政治的に完璧であるばかりでなく、奇跡中の奇跡であるのだが、それは実際に存在する。すなわちイングランドにである。

その後は、英国の政府制度に対する称賛的な要約が続く。かくしてかれは、理性と経験の両方から、議院内閣制による政府が確かに可能な最善の政治制度であると結論することができたのである。

第二編は、「ヨーロッパのすべての国民は、議会によって統治されるべきであり、ヨーロッパ共同体の共通利益を決定するための共通議会の設立に協力すべきである」と題されている。この題名は、ヨーロッパの病は、いくつかの国で議会制度を採用し、またパン・ヨーロッパ全体を橋渡しする同様の政治制度を採用することによってのみ、癒すことができるというかれの主張に由来している。そして、かれは望ましいヨーロッパ議会システムを概略している。

かれの出発点は、各国政府が愛国心の結合力に依存しているように、ヨーロッパ政府もヨーロッパ・レヴェルの愛国心に頼ることが可能であるに違いないということである。ヨーロッパ議会においては、この感情の発展は二方向の

過程をたどると考えられる。共通の組織と政策は、代議員の態度を形成していくだろう。しかし、同時に代議員は、組織と政策を形成していくのである。

それゆえ[とサン＝シモンは述べている]、ヨーロッパ議会の庶民院には、次のような人たちだけを入れる必要がある。すなわち、幅広い交際によって、純粋に地域の慣習から解放され、職業の性格が国家的というより世界的であり、集合的な意志を形成する幅広い観点と、ヨーロッパ議会の集合的利益でもある共通利益とにすばやく到達することができるような人々がそれである。

これらの人々とは、「商人、学者、司法官、行政官たち」(86:47)である。

これらの代表たちは自分たちの職能組織から選出されることになっていた。ヨーロッパの教養ある人たち一〇〇万人ごとに、それぞれの職業から一名が選出される。かれらは裕福な資産をもっていなければならない。というのも、そのような条件の人物のみが、安定性をもたらすことを保証できるからである。しかしながら、立法部の強みとなるような傑出した人物でありながら財産をもたない者の何人かは、必要な収入を与えられ、新議員に選出されることになっていた。より豊かな人々は、貴族院のメンバーとなる。それは君主によって任命され、定員はとくにない。ヨーロッパの王を選出する問題は、明らかにきわどく、微妙な問題である。サン＝シモンはこの問題については、第二の小冊子で取り上げることを約束し、うまく逃げたが、結局かれはそれを書かなかった。

かれは次いで、あらゆる国内議会に対抗する形で、ヨーロッパ議会の政策領域に入ると考える項目を挙げている。それらは、領土の分離、大陸横断運河、教育、倫理基準の規定、信教の自由の保障が含まれる。重要なことに、かれは、侵略というものが人間の本性に深く染み込んでいるために、「対外的な活動なくしては、内なる平穏は保てない」(86:49)と信じている。しかし、かれは、他の大陸の征服と植民地化は、ヨーロッパ人が「他のいかなる人種よりも優れている」(86:49)ということを理由に正当化されると説明することで、結果として議会が遂行することになる好戦

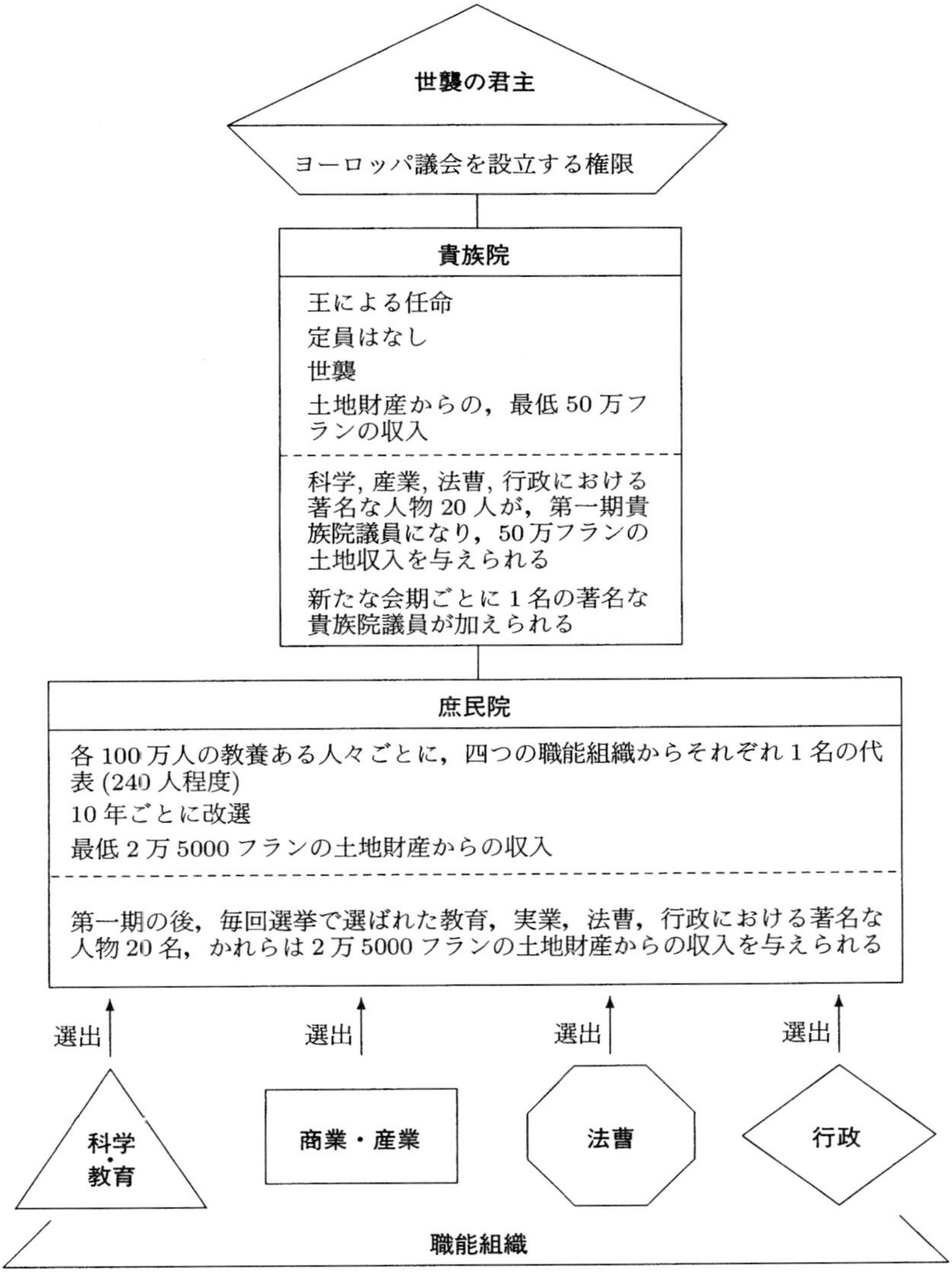

サン＝シモンのヨーロッパ議会

的な政策を合理的に説明している。

第三編は、「両国の利害を調整する権限を与えられた共通議会をもつフランスとイングランド。英仏共通議会が他のヨーロッパの諸国民に及ぼす影響」と題されている。ここでサン＝シモンは、その漸進主義を明らかにしている。フランスは実際に英国型の議会制度を採用していた。他のヨーロッパ諸国もそれに続いて採用するだろう。すべてのヨーロッパ諸国がそれを採用したとき、ヨーロッパ議会は容易に創設されるだろう。問題はこの長い過渡期間に、好戦的な傾向をくじくことにある。これは強力な議会国家、すなわちイングランドとフランスを直ちに結合することで達成することができる。そして「他の諸国民をこの連合に引きつけることによって、連合の基本的な目的を強化し、英仏政府が他の諸国における代議制度の支持者たちを援助することで達成できるのである」(86：50)。

英仏共通議会は、提案されたヨーロッパ議会と同じ原則のもとに設立されるべきである。しかしながら、英国の方がこれらの問題についてより経験豊富であり、自国の主権を放棄するうえでより大きな犠牲を払うと考えられるため、英国はフランスの二倍の代表を与えられるべきである。他方、両国は、未だにヨーロッパに出没する革命という病に脅かされているため、この大胆な手段をとることによって利益を得る。このあとに、両国の政治状態についての実体的な分析が続いている。

英仏国家連合を即時に創設することの相互利益は、容易に理解できるとかれは結論している。英国は、革命戦争とナポレオン戦争の財政的支出によって金を絞りとられ、膨大な国家債務に脅かされ、恥ずべきことだが、陰謀と圧制と犯罪といった行為でそれに対応していた。国家連合においてフランスは、英国のこの財政的負担を分担し、英国の残忍性を和らげ、その代わりに革命の混沌の再発を防止するために重要な議会政府の技術を同胞から伝授される、とかれは考えていた。

サン＝シモンは、次にドイツの考察に取りかかる。それはドイツが、その国民性、科学、哲学において非常に優れているという理由から、かれがこの国に高い関心を抱いていたからであり、「革命が差し迫っていることが明らかである」(86:64-65)がゆえに、かれが深く理解したいと思っていたからである。したがって、「英仏共通議会が最初に取り組むべき課題は、ドイツの革命を[英国やフランスよりも]短縮させ、緩和させることによって、その再組織を促進することであった」(86:66)。胎動期のヨーロッパ連合にドイツが接近することは、非常に有益である。なぜなら、その議会の代表たちは「道徳上の純粋性、感情の高潔さという、イングランドとフランスには欠けている価値観を与えることになるからである」(86:66)。

サン＝シモンは、根本的に異なったヨーロッパのシステムが広く熱望されているにもかかわらず、これまで行なわれてきたことは古いシステムの修繕以外のなにものでもない試みであるという事実に読者の注意を向け、小冊子の結びとしている。「私が進めてきた機構の計画は」とかれはいささか無遠慮に説明しているが、「新しくて包括的なものとしては、まさに最初のものである」。政治家たちは、ヨーロッパが何を必要としているかを把握することに失敗してきた。それゆえ、「多大なる努力と労力をもって、わたしはヨーロッパの人々の共通利益の出発点に到達した」(86:67)。

サン＝シモンはこの小冊子の出版の直後、おそらく翌年には『公益のためにつくそうとする熱意あるイギリス人とフランス人に』と題する出版されなかった論文のなかで、英仏連合のテーマに戻っている(85:184-88)。一八一四年の小冊子のなかで概略を述べた問題のいくつかの細部を練る際に、かれは英仏両国の「精神の」調和の必要性を強調することに、とくに関心を抱いた。それは、教育、科学、宗教問題における厳しい努力と有効な訓練に対する超国家的な奨励を意味している。この目的のために、精神問題を扱う独立した政府の機関が創設されることになっていた。国内議会の改革および、議会と精神問題担当諸機関との関係もまた、取り扱われている。

サン＝シモンは、国家間の相違のために政治制度の改革を達成する速度およびそれらが達成されたときのスタイルと構成が、完全に一致しないことは了解していた。かれはまた、変化をもたらすには断固たる圧力が必要であることも容認していた。かくしてかれは次のように書いた。「イングランドとフランスにおける産業界の企業経営者たちは、両国政府に対して、次のように宣言すべきである。すなわち、かれらが定めた時までに両国の国民のために科学と産業に関する制度の創設に同意することを拒否した場合、かれらとその労働者たちは税金の支払いを止めると」(85:187)。

さらにこのエッセイのなかでサン゠シモンは、英仏連合を議会主義的産業ヨーロッパ結集の出発としてだけではなく、全世界がこの近代的で有益な人間社会の形態に結実するまで、何世代にもわたって転がり大きくなり続ける連邦という「雪だるま」とみなしていたのである。

3 自由主義、ナショナリズム、連邦主義

これまでの自称ヨーロッパ連邦主義者たちは、伝統的な君主国家システムを改造することだけをもくろんでいた。したがって、サン゠シモンの目的は、それを根本的に変えることだった。サン゠シモンの貢献について批評家たちは、過去を顧みようと将来を考えようと、かれが「要《かなめ》」の位置を占めていることに異論はない。ヒンズリー教授は、『再組織』を、「これまでなされたヨーロッパの連邦組織の提案のなかで、最も遠大なものである」(67:102)と評している。イヨネスク教授は一九七六年に、「サン゠シモンのヨーロッパ連邦組織は、現在においてもなお、ECの諸制度よりもはるかに進歩的で、近代の産業・技術ヨーロッパにより適合したものである」(73:47)と言明している。一方、ドニ・ド・ルージュモンは、「サン゠シモンは、デュボワ、シュリー、サン゠ピエールと続く、君主間の同盟の伝統を打ち破った。……かれは、制度化を志向する潮流のまさに先駆となった人物であり、そのような潮流は二〇世紀になって共同市場およびOECD(経済協力開発機構)へと結実したのである」(39:220)と述べている。

サン＝シモンは、われわれがすでに見てきたように、自分がその政治研究によって新たな地平を切り開いたことを十分自覚していた。ヨーロッパ連合の問題については、かれは会話のなかでも著書のなかでも、サン＝ピエールの『永久平和論』の欠陥を何度も繰り返し指摘した。例えば、主要著作である『産業』のなかで英仏企業の合併を提案する際に、サン＝シモンは次のように辛辣に批評している。説得力のある主張にもかかわらず、「この計画が、大多数の人々や利害関係を有する当事者からさえも、実現不可能な夢だとみなされ、さらにサン＝ピエールの「実行不可能な」平和構想と同じような計画だとみなされるということを、われわれは同じ確信をもってあえて予測するものである」(『産業』第二巻，114:61-62)。

当然のことながら、かれがサン＝ピエールの研究を最も詳細に批評したのは、その『再組織』のなかであった。かれは「実行不可能な」という言葉をふたたび使い、次のように述べた。「会議のあらゆる弱点が、手つかずのまま残されている。……互いに協議しあう主権者たち、あるいは加盟国によって任免される全権大使たちは、果たして個人的な目的以外の目的を、自分たち自身の利害以外の利害をもちうるのであろうか」(86:37)。公正な評価のためにかれは、君主たちは自分たち自身の利益よりも共同体の利益を優先させるだろうと考えた「高貴な」アンリ四世の単純さもまた告発している。さらに、サン＝ピエールは、現状維持の凍結を提案し、その結果、旧式の封建主義のさらなる崩壊や専制に対する効果的な抵抗を阻んだ点において、有罪の責めを負うべきであった。サン＝シモンは「一言でいえば、このごまかしの機構は、君主たちの専制的な力を維持するための相互保障以外の何物でもなかったであろう」(86:38)と批判した。

サン＝シモンとその先達たちとの本質的な相違は、どこにあるのだろうか。かれの研究は実際、詳細な文書分析の対象となってきた。かれは、平和そのものよりも、社会の進歩の手段としての産業に、より深い興味をもっていたのだろうか。かれは、英国とフランスの間の類似性の本質がその産業化のレヴェルにあると、本当に確信していたのだろうか。それともそれはむしろ、両国の共有された文明的諸価値によるものなのだろうか(48:77-78)。これらの疑問に対する解答はさまざまだが、次のように要約することは可能である。第一に、かれは「社会的変化」を正確に理解していた。かれの先達たちが変化のメカニズムを外交的なものと考えていたのに対して、サン゠シモンはそれを社会的圧力と見ていた。第二に、この認識と密接に関連しているが、かれは一度限りの包括的な条約によるヨーロッパの統一ではなく、漸進的な発展と加速化による統一を提唱していた。第三に、かれは連邦の構成国家がお互いに矛盾しない社会的・政治的システムを備える必要性を認識していた。第四に、これらの政治システムはすべて議会制でなければならなかった。これは第五に、かれの最も急進的な観点に関連しているが、これについてかれは次のようにきわめてそっけなく述べている。すなわち、「[ヨーロッパ議会は]各国政府の利益に基づいてではなく、人々の利益に基づいて決定を行なう」(86:49)。実際、「それぞれの「国民的」独立は維持しつつも、……ヨーロッパの「諸国民」を統一すること」に関する小冊子の副題の文言そのものが、「支配者たち」の間の調和のために提出されたこれまでのあらゆる構想の内容と、まさに際立った対照を見せている。第六に、かれが英国に中心的役割を与えていたことである。イングランドのクウェーカー教徒たち自身でさえ、ヨーロッパ統一が英国のリーダーシップに決定的に依存しているとは考えてもいなかった。最後に、おそらく最も重要なことは、サン゠シモンはその先達たちよりも、ヨーロッパの政治的・社会的、とくに経済的利益のために、ヨーロッパの統一に関心をもっていたということである。初期の著者たちにとっては、連合は平和という究極の目的の手段として重要だったように思える。かれらはその連邦の計画から生まれる他の利益については、わずかな注意しか払っていなかったのである。

これらの根本的相違は、もちろん少なくとも部分的には、サン゠シモンの生きていた時代のヨーロッパにおける変化の異常な早さによって説明することができる。ヨーロッパの不幸な分断に対するサン゠シモンの解決策は、その先達たちの解決策とは著しく異なっていた。その理由は、デュボワ、シュリー、ウィリアム・ペン、サン゠ピエール、あるいはルソーの生きていた時代の大陸の社会的・経済的そして政治的諸条件が、サン゠シモンのそれとは著しく異なっていたからである。それゆえ、ある意味で、サン゠ピエールがその時代の前提条件のなかで研究を行なったことをサン゠シモンがあれほど声高に非難したのは、時代錯誤的なあやまちであった。

国際問題の分野における他の思想家たちが、このような変化に対応していたというなら、それは事実である。カントは、体制間の和解のために、各体制が同質であることの重要性を正しく評価していた。ベンサムは、世論の重要性を悟っていた。しかしながら当時、このフランスの元伯爵のように、これほどまでにすべての面において革新的で、先見の明のある、しかも本質的に一貫したヨーロッパ連合の計画を提示した思想家はいなかった。

当時、ヨーロッパ連合について関心を抱いていたのは、サン゠シモンだけではなかった。とくにナポレオンの敗北の後、新聞記者たちが、とくにドイツにおいて一連の提案を滔々《とうとう》と語っていた。数名の名を挙げるなら、アーノルド・マリンクロット、カール・フリードリッヒ・クラウス、ヴィルヘルム・フォン・ゲーグルなどである。サン゠シモンは、このような一般的な関心の恩恵を受けた。かれとティエリが大急ぎで出版した小冊子はすぐに売り切れ、第二版を重ねた。事実、サン゠シモンのすべての出版物のなかで、それは最も成功したもののひとつであった。ただし、その成功は一般大衆の読物としてであり、政治家たちの読物としてではなかった。ウィーンに集まったすべての指導者たちのなかで、この小冊子をいちばん受け入れそうに思われたのは、ロシア皇帝であった。というのも、かれは家庭教師であるラ・アープから、シュリーとサン゠ピエールの計画を教えられていたからである。サン゠シモンは、ロシア皇帝に小冊子を一部送った。しかし、ツァーでさえも、著者が反駁の余地がないと考えるその主張を無視したのである。

しかしながら、サン゠シモンのヨーロッパ統一提案に対する関心は、決して単なるナポレオン戦争後の線香花火的なものではなかった。ヒンズリーは、A・C・F・ビールスの研究を要約して次のように説明している。

次の世代のヨーロッパにおいて生み出された平和の構想の大半を鼓舞したのは、サン＝シモンであった。それらの構想とは、すなわちピエール・ルロワの *Organon des vollkommen Friedens*（『完全な平和のための機関』一八三七年）、グスタフ・ディシュタールの *De l'Unité Européemne*（『ヨーロッパの統一について』一八四〇年）、ヴィクトル・コンシデランの *De la Politique générale et du rôle de la France en Europe*（『一般的な政治状況とヨーロッパにおけるフランスの役割について』一八四〇年）、コンスタンタン・ペクールの *De la Paix*（『平和について』一八四一年）である。これらの提案はすべて、ヨーロッパ連邦（＝単一の政府）を盛り込んでいた(67:103)。

これらの著者たちはみな、サン＝シモン主義者、すなわち師の門弟たちであった。さらに、かれらは、ヨーロッパについての師の思想を発展させた著書を書いたばかりではなく、さまざまな機会をとらえてそれを宣伝した。かれらは雑誌、とくに *Globe*（『グローブ』）に論文を寄稿した。一八五〇年代には「ヨーロッパ代議員総会」のキャンペーンを行なった。また、一八六三年にナポレオン三世がオセールで、後に有名になった演説を行ない、そのなかで一八一五年の和解を非難し、例えば共通の度量衡をもったより統合された大陸を提案したとき、サン＝シモン主義者たちは、ヨーロッパの平和のための帝国の設立趣意書の真髄は、すでに半世紀前にかれらの師匠によって発刊されていたという見解をすばやく吹聴したのである。

それでも、前に引用した故ビールス教授の作成したヨーロッパ統一を主張した人々のリストには、サン＝シモンに影響を受けたと自認する著名な一九世紀半ばのヨーロッパ連合の支持者たちのうち、最も有名な人々が含まれていない。プルードン（一七三頁を参照）は、フランス皇帝の演説の少し前に、連邦主義に関するかれのアイディアを提案していた。一〇年後の一八七二年には、ルモニエが自分の著書の題名をきわめて単純かつ大胆に *Les Etats Unis d'Europe*（『ヨーロッパ合衆国』）としたが、それは当時流行の専門用語を反映したものだった。サン＝シモン主義者たちのなかで、おそらくかれが最もこの理想に生涯を捧げた人物だった。かれはまた同じ誌名の雑誌も創刊した。サン＝シモンのいちばん有名な弟子は、かの悩める魂のオーギュスト・コントであった。かれは、西ヨーロッパの人々が、人間性の面で時代の先端を行っており、近い将来その領土から戦争をなくすことができると信じていた。かれは、フランス、ドイツ、英国、イタリア、スペインを中心とし、低地諸国とスカンディナヴィア諸国、ギリシア、ポルトガルを仲間とした西方共和国を心に描いていた。かれは合同海軍、(「シャルルマーニュ金貨」を基軸とした)共通通貨、共通の旗について詳細に記した。この最後のものは、「ヨセフの外套」〔当時の女性の乗馬用コート〕をさえ目立たなくさせたであろう。というのもその旗は、すべての加盟国の国旗で作られることになっていたからである。

サン＝シモンのヨーロッパ統一提案に対する関心は、一八七〇年代にはいくぶん低下した。しかし、第一次世界大戦は、かれの説の妥当性を復活させた。サン＝シモンの伝記作家であるフランク・マニュエルは、一九二〇年代に公刊された半ダースほどの論文を指摘している(85:401n13,n15)。『再組織』の改訂版も、一九二五年に出版された。

他方、一八一四年当時に立ち返ってみるならば、サン＝シモンの叙述のなかには、読者にとってあまりに素朴であったり、実現不可能なものに思えるものが多くある。中世の教皇制に対するかれの観点と中世の国際関係が平和であったとするかれの見方は、バラ色の色めがねに歪められた見解として、中世研究者を悩ませなかったのであろうか。かれの同僚で中世研究者であるティエリは、こうした解釈をどう思っていたのであろうか。サン＝シモンのイングランドに対する見方も、同様にバラ色であった。一〇〇〇年の四分の三におよぶ敵対行為の後、さらに一七九三年以来新たに苦いイデオロギー紛争を交えているイングランドとフランスの連合の可能性は、すぐにはあり得そうになかった。さらに英国の憲政についてのかれの理想主義的な描写は、五年後のマンチェスターのセント＝ピーター広場で行なわれた大衆集会〔と弾圧〕を経験した者には、読んでも容易には信じがたかったであろう。

サン＝シモンは、法律家階級がフランス革命のリーダーシップを奪い、その結果、真に必要とされていたテクノクラシーの出現を阻んだとかれらを罵った。だが指導的な政治・行政的地位を占める科学・産業エリートというかれの理想像は、一九世紀初めのヨーロッパの現実にはほとんど合っていなかった。たとえ土地所有層の貴族政治の正当性に異議が申し立てられたところであっても、ほとんどの国においては、依然として、かれの軽蔑する哲学的・法学的「聖職」が、中産階級の権力を押えこんでいたからである。

また、国民国家の経済的衰退についてのかれの主張も、それほど明白というわけではなかった。事実、英国のすばらしい経済的成果の本家本元を絶えずこきおろすことは、かれ自身の主張と完全に矛盾すると考えられたに違いない。英国の商業的・産業的「離陸《テイクオフ》」の時代である一八世紀の英国諸島の人口は、フランス、ハプスブルクの領地、ロシアよりもかなり少なく、スペインの人口よりわずかに多いだけであった。大部分の観察者が導き出したであろう教訓は、大陸の連邦よりも、海外の帝国の方が得策であるということだった。

サン＝シモンに対するさらなる不満は、われわれが視野を拡げるにしたがって、ますます明白になってくる。これはかれの世論の権利と価値についての認識に関係している。一九世紀から二〇世紀になると、排他的なナショナリズムが勢力とその強さを増してきた。あたかも問題に対する解決のように、「それぞれの国家の独立を保ちながら、単一の政治体にヨーロッパの人々を統一すること」が、サン＝シモンによって提示されている。それは「解決」には程遠く、ナショナリズムの発展は、国家の独立性が、ヨーロッパの連邦主義者にとって最も手に負えない「問題」となったことを意味していた。フランス革命は、主権をもった君主を、主権をもった人民に置き換えた。サン＝シモンは、「世俗の権力の野望」を打ち破ることができると仮定した「大計画」の安直さゆえに、アンリ四世を軽蔑した。しかし、サン＝シモン自身も、自決と権力を求めるヨーロッパ諸国の世俗の野望を昇華することの難しさを過小評価していた。確かに、ナショナリズムは一八一四年にはまだ未熟な教義であった。にもかかわらず、ナショナリズムはナポレオンに抵抗したドイツとスペインの復興のなかにはっきりと現れていたのである。

それでもなお、今日の立場から判断すると、サン゠シモンの賢明さに対する疑念はずっと少なくなる。中世に対するかれの主張は、今日の多元的な忠誠心の原則の探求に相通じるものがある。故ヘドレー・ブル教授は、この原則の研究から「新たな中世精神」を著したのである(19:264-76)。第二に、一八一五年から一九四五年の間、その暗さの程度には差があったものの、ヨーロッパが断続的に暗い全体主義の開花に突進していた時代に、あらゆる失敗にもかかわらず、英国は大陸の多くのものにとって自由の安定したかがり火であった。第三に、技術が支配的な力となり、少なからぬ政治の適応を必要としていた。サン゠シモンは、現代のブリュッセルの技術官僚的なユーロクラットを喜んで承認したであろう。第四に、今日の国際経済問題に関する書物を読んでいて、典型的なヨーロッパの国民国家よりも大きい巨大な域内市場の必要性についての言及に出会わないことはほとんどない。最後に、一九八〇年代半ば以降の加速化も含め、「一九四五年以後」の時代におけるヨーロッパ連合への推進力は、終戦直後の平和への、さらにもう少し最近ではより緊密な社会的・経済的統合への、広汎な民衆の切なる思いとの一致がなければ、まったく考えられなかった。

ヨーロッパ統一への関心にもかかわらずサン゠シモンは、ナショナリズムと連邦主義の理論、あるいはその実際上の適用についてほとんど注意を払っていなかった。しかしながら、一九世紀半ばまでには、両者がいずれもヨーロッパの統一の問題に非常に密接に関係あることが明白となった。一八三〇年から一八八〇年代の著者たちは、それらに大きな注意を払っていた。

表面的には、ナショナリズムはヨーロッパ統一とまったく正反対の力のように見えることであろう。しかし、それとは反対に、一九世紀初期のナショナリストのなかには、よく知られているのはイタリア人だが、二つの理想は相矛盾しないばかりでなく、相互に支援しあうものであると考えるものがいた。ミラノの学者であったカッターネオ、わずかの間ピエモンテの首相であったジォベルティ、さらにマッツィーニはとりわけ、ヨーロッパ合衆国の、さらに究極的な普遍的調和の不可欠な予備段階として、イタリアの民族的統一を提唱した。一八四〇年代までに、「ヨーロッパ合衆国」という言葉は、共通の言語的な通貨となって流通した。一八六七年には、ルモニエがその言葉を表題にした雑誌を発刊した(しかもそれは一九一四年まで発行されていた)。

神秘主義者であり、かつまた政治活動家であったマッツィーニは、他の誰にもましてナショナリズムの外向的な性質を確信していた。かれは、満ち足りた共和主義の国民国家のネットワークという、ヨーロッパの理想像をもっていた。かれは次のように書いている。「人々の生来の自然の傾向が、悪しき政府によって是認された独断的な境界線に取って代わるだろう。ヨーロッパの地図はつくり直されるだろう。王たちと特権階級の国々が崩壊し、自由の声によって境界を定められた人民の国々が生まれるだろう。これらの国々の間には、調和と兄弟愛が満ちるであろう」(91:52)。かつての連合提唱者たちは、既存の支配者たちが平和を愛する良識へ改宗することを当てにしていた。サン＝シモンでさえ、ヨーロッパの王を置いた。それとは対照的にマッツィーニは、国民意識とヨーロッパ統一の達成を、人民の圧力の必然的な結果と予想していたのである。

当然の帰結として、人民の組織が必要になってくる。マッツィーニは、一八三四年にヨーロッパ青年党運動を創始することによって、これに応えようとした。かれはすでにイタリア青年党を創設していた。その後、ドイツ青年党、ポーランド青年党、スイス青年党、フランス青年党が創設された。ヨーロッパ青年党は、これらの共和主義運動とナショナリスト運動の友愛的連合の媒介となることになっていた。

マッツィーニは、一八四九年にパリで開催された第三回万国平和会議に出席した。ヴィクトル・ユーゴーもまた、この会議に参加していた。この有名なフランスの作家は、一九世紀半ばにおけるヨーロッパ合衆国思想の最も熱烈な支持者であった。一八七〇年にかれは自宅であるガーンジー島のオートビル・ハウスの庭に、一種の儀式として「ヨーロッパ合衆国の樫の木」を植えた。当時は平和会議全盛の時代であった。ユーゴーは、平和会議を最も活動的に支持し、会議の目的は統一ヨーロッパによって最も有効に促進されるであろうと信じていた。直前にあった普仏(プロイセン＝フランス)戦争の暗い影のなかで開催された一八七二年の平和会議には出席しなかったが、ユーゴーは「わがヨーロッパの同胞」に宛てた熱烈なメッセージを送った。

われわれは、偉大なヨーロッパ合衆国を創設すべきである[と、かれは言明している]。征服の精神は、探検の精神に変貌させられるだろう。国民の間の高潔な兄弟愛が皇帝たちの間の残忍な兄弟愛にとって代わるだろう。われわれは境界のない祖国を、寄生のない財政を、関税のない貿易を、障壁のない流通を……創るべきである(39:279–80)。

そしてユーゴーは、このような共同市場の予測だけでなく、それをさらに上回る数々の利益を並べ立てている(そのなかには、熱心さのあまり少々奇妙であるが、「虎のいない森」というのも含まれている)。

しかし、雄弁をふるうだけでは、いかなる憲法も起草されない。ヨーロッパの連邦的構造の可能性の研究は、より現実主義的な人物たちに残されたのである。われわれはすでに、いかにルソーがその思想に魅せられたかを見てきた(一二〇—一二八頁)。それにもかかわらず、プルードンが連邦原理の最初の体系的な研究、「わが政治のアルファとオメガ」(40:37)を生み出したのは、ようやく一八六〇年代初めになってからであった。参考にすべき、いくつかの具体例が存在した。最も知られていたのは、アメリカ合衆国、ドイツ連邦、スイスであり、それらは緊密な連邦からゆるやかな国家連合までのさまざまな段階にあった。スイス人のブルンティリは、理事会と評議院が調停的機能を果たすヨーロピアン「コモンウェルス」の計画において、大陸全体のモデルとして自分の国を提示した。

しかしながら、ブルンティリの出版の一年前に、「ヨーロッパ連邦の法的形態を真剣に定義した最初の試み」(P. Renouvin, 67:135)を生み出したのは、スコットランド人のジェームズ・ロリマーだった。「国際法における最終的問題」と題された論文のなかで詳しく述べられたかれの提案の鍵は、引き続き各国政府が責任をもつ国内問題と、連邦政府の権限の範囲内に入る国際的ヨーロッパ問題の明確な区別にある。中央機関は、内閣、官僚、立法、司法、軍事部門からなり、その構成は、大国に有利に配慮されることになっていた。権限を二院制の議会に集中し、議会は、個々の国家主権の犠牲のもとに、連邦としての行動の範囲を決める責任を負うことになるはずであった。

ロリマーは、ヨーロッパ列強の植民地の開拓を、連邦政府の管轄からとくに除外している。数年のうちに、フランス、ドイツ、英国、イタリアといったヨーロッパの主要諸国は、アフリカと東南アジアにおける帝国主義的拡大と搾取に全面的に従事するようになった。おそらくそれが、一九世紀の最後の二〇年間に、ヨーロッパ大陸再組織の可能性と必要性に対する関心がほとんど表明されなかった理由である。侵略の方向はヨーロッパの外に向けられた。ここにはサン＝シモンとの共鳴が見られる。というのは、一八一四年にかれは次のように書いていなかっただろうか。「国家連合内での平和を維持する最も確実な方法は、常にそれ自身の境界を越えた問題に連合を専念させておくことである。……人類の手で世界を植民地として開拓すること……、それはヨーロッパ議会が、ヨーロッパを常に活発で健全なものに保っておく一種の事業なのである」(86：49)。

ヨーロッパ統一の問題は、学会や学術論文では引き続き関心の対象であった。これらの関係者のなかで最も著名なひとりであるフランスの教授アナトール・ルロイ＝ボーリューは、「漠然と生まれることを期待され、生きるための試行錯誤を行なっている、胎生期のヨーロッパ」(40：52)の存在に言及した。このヨーロッパが生まれ落ちるためには、来るべき戦争の予感に対する警戒を伴った、新たな切迫した意識が必要であった。その戦争とは、今日に至るまでヨーロッパの同胞相争うあらゆる紛争のなかで最大のもの、すなわち第一次世界大戦である。

第6章

第一次世界大戦の影

1　一九二〇年代の状況

ヨーロッパは、かつてないほど激しい大量殺戮を経験した。第一次世界大戦は、四年間で半ダースほどの国〔スイス、スウェーデン、ノルウェー、デンマーク、オランダ、スペイン等〕を除く、すべてのヨーロッパ諸国を巻き込んだのである。ヨーロッパの非戦闘国の総人口がたった約四〇〇〇万人であったのに対して、戦闘国では死傷者だけでもその四分の三に達していた。ヨーロッパ人が受けた精神的打撃は、三十年戦争のそれに匹敵するものであった。

実際のところ、大戦の衝撃波はより広汎に拡がった。軍隊の大量動員によって、ほとんどの家庭が戦争による影響から無関係ではいられなくなっていたのである。このため、一九一八年以降の社会的風潮では、平和の維持が政治的にも国民全体の目からも優先事項であることは疑いなかった。このような不安に満ちた空気と、再度大戦が起こるのではないかという悲愴感は、多くの戦間期文学作品にも波及していた。とくに、空軍力と化学兵器戦の発達は「黙示録」の最終戦《アルマゲドン》を想起させ、ある戦争文学の権威は次のような指摘をしている。「一九二〇年代のヨーロッパの小説には人類最後の主題が一貫して流れていた。……英国、フランス、ドイツの作家たちがまったく同じ点を強調している。すなわち、科学によって作り出された新しい環境に適応していく術を見つけ出さなければ、人類は滅亡するだろうということである」(28:167)。最終的には「世界大戦」と呼ばれるようになったこの戦いも、その原因と残忍な戦闘は明らかにヨーロッパ大陸に集中していた。このように、雰囲気は、ヨーロッパ統一の構想の復活にとって望ましいものであった。戦争末期のロンドンでは、ウィリアム・ペンのエッセイや、サン＝ピエールやルソーの著作からの抜粋が出版されていた(67:380 n91)。

しかしながら、ヨーロッパ統一という問題は、もっと細かな議論へ取り込まれていった。それらは流血による大陸の分割という致命的な病の原因や、その延長線上に推奨されたさまざまな治療法と関連していた。ここでわれわれは、理論的に広く議論され、現実に国際関係の政策形成にかかわりをもった四つの主要な論点を識別することができる。第一に、国民国家の本質である。第二に、世界的規模をもつ国際連盟の有効性である。第三に、ドイツに特有の問題である。第四に、世界的不安定が経済的原因に由来するという認識が増大したことである。世界の平和と安全はこれらの問題の積極的な解決次第であり、それゆえヨーロッパ統合のための現実的で新しい提案は、これらの各関係領域にとって満足のいく内容にする必要があることは明らかであった。本章でわれわれが用いる資料、すなわちアリスティード・ブリアンのヨーロッパ連合に関する覚書を解釈するには、一九二〇年代のヨーロッパの国際関係を支配していたこれらの問題を理解することが重要である。そのため以下において、それぞれについて簡単な解説を行なうこととする。

国民国家の概念と実体は、中世後期から重要性を増し、フランス革命の時代からはナショナリズムのイデオロギーによって強化、活性化された。第一次世界大戦時までに、われわれは国民国家やナショナリズムに対する三つの態度を識別し、保守主義、自由主義、急進主義として分類している。

急進主義について簡単に触れておこう。これは有用あるいは望ましい政治的な構成概念としての国民国家を拒否するもの、すなわち幻滅感から生じた心情である。著書 *The Great Illusion*（『大いなる幻想』）ですでに知られ、後にノーベル平和賞を受賞した英国の作家ノーマン・エンジェルは、一九一四年にこう記述している。「法的な意味以外には……ヨーロッパ共同体を形成する国家は主権を有さず、独立しておらず、実体もない」(4:xx)。確かに、ある意味でかれは正しかった。

しかしながら、瀕死の国民国家を治療するのに安楽死が最も適切な処置であると思っていた人たちは、現実に持続しているその生命力を考慮に入れなければならなかった。「時代後れな」国民国家の国民が第一次世界大戦の勃発時に見せた国家主義者的な大騒ぎは、国家の早急な消滅が望まれていないことを示していた。国民国家は、国民の感情に訴え、その感情は戦時中に課されたひどい重税によってもすたれることはなかった。国民が国家へ寄せる情熱は、古典的な一九世紀の様式における国家主権、国益およびその栄光を断固として守ろうとする、保守的な精神の政治家の権限を強化した。かれらにとってヨーロッパ統合主義者の構想との妥協はあり得なかった。いうまでもなく、極右のファシズムは、自由主義的なヨーロッパ合衆国の理想と相いれなかった。それゆえ、ムッソリーニが *Anti-Pan-Europa*(『反・パン・ヨーロッパ』)という雑誌を支持したとしても、なんら驚くことはないのである。

しかし、これらの国民国家に関する急進主義と保守主義の見解の間には、民族自決がヨーロッパの平和の万能薬であるという自由主義的信念が存在していた。一九世紀中頃にナショナリズムと自由主義、自由、正義が同一化され、そこから形成された自決の原則は、ドイツおよびオーストリアとそれぞれ締結されたヴェルサイユ講和条約およびサン＝ジェルマン講和条約の理論的な礎石となった。その礎石は、中央ヨーロッパの民族的な複雑さをほとんど理解していないといわざるを得ない政治家、ウッドロー・ウィルソンによって置かれた。かれは一九一八年二月の演説でこう述べている。

> 民族の願望は、尊重されなければならない。各民族はいまや、かれら自身の同意によって支配され、統治されることになる。民族自決は単なる言葉ではない。政治家たちが今後無視するようなことがあれば己の身に危険が及ぶ、絶対的な行動原則である(83:189-90)。

翌年一月、米国大統領は汽船ジョージ・ワシントン号でパリへ向かった。船上では著名な地理学者イザイア・ボーマン博士から、かれが間もなく政治的国境を引き直そうとする大陸の人文地理について学び始めた。その教育はパリにおいても続き、ウィルソンの単純な意気込みを冷ますことになった。結局、国民国家から構成されるヨーロッパの新しい体系が旧来のように破滅的な緊張を生じさせないようにするために、それほど堅固ではない民族自決の基礎は、少数民族条約や国際連盟の仲裁などの支援によって補足されなければならなかったのである。

このように(オーストリア、ズデーテン、ダンチッヒ在住のドイツ人の要求の拒否はいうまでもなく)、民族自決の原則の厳密な実行は不可能なので、国家主義者たちの論争によって起こった国際的緊張を緩和するために、国際連盟はいままで以上に信頼されなければならなかった。確かに、ヒトラーが出現するまでは、多くの人々がナショナリズムと国際主義を両立させるマッツィーニ主義に口先だけの好意を示していた。例えば、一九二九年にケンブリッジ大学の歴史家メリアン・スターウェルがこう記述している。「この本の根底にあるのは、みずからを理解した健全なナショナリズムは国際主義を目指すものだという信念である」(121:7)。しかし、このような信念をもって国際連盟に信頼をおく人たちは、むしろ、梯子の下を歩くときに「私は迷信深くないが、注意深すぎることはないでしょう」といって指を交差させる〔お呪い《まじな》〕人のようであった。換言すれば、各民族は共存していくであろうが、定期的な再調整を行なうためには国際連盟が必要だったということである。

国際連盟の概念と構造は、民族自決の原則をまったく知らなかった時代に起草されたヨーロッパ協力のための構想に類似していた。政治的機関である理事会と総会は、民族ではなく、国家の代表から構成され、常任理事国(当初、英国、フランス、イタリア、日本)が影響力を有していた。しかし、国際連盟がこうした加盟国政府のクラブであるにもかかわらず、その最も熱心な支援者たちの多くは、連盟がこの時代にあって世論の十分な支持を必要としていることを痛切に感じていた。ロバート・セシル卿は、これらの提唱者のなかでも最も著名な人物であった。かれは、「国際連盟連合(LNU)」を通じて世論を支持に結集させ、国際連盟に対する理解を求めるために、英国において最も精力的に働いた。このLNUは、最盛時の一九三〇年ころには一〇〇万人にのぼる会員を誇った。セシル卿は「国際連盟協会世界同盟」を通じて、世界的規模でも同様の仕事を行なった。

国際連盟は、その原則や運営において不完全ではあったが、世界中の国家間、とくにヨーロッパの国家間で和解的な行動が取られるであろうという一九二〇年代の期待を担っていた。しかしながら、これはヨーロッパ協力の一形態でも、それを意図するものでさえもなかった。このような計画の初期の考案者たちは、実際ヨーロッパといったとき、キリスト教世界や全世界と言い換え可能なものとして書けたであろうが、これはもはやそうではなかったのである。国際連盟は、世界的規模の組織であることを自負し、またそのように行動するよう努めなければならなかった。現実には、その有効性について当初抱かれていた幻想は、ヨーロッパ域外の危機、いわゆる満州問題やアビシニア〔エチオピア〕問題の処理に屈辱的な失敗を喫したことで打ち砕かれてしまった。国際連盟は、ヨーロッパの紛争を解決する場としてでさえも、当初ドイツとソ連を欠くという重大な欠陥をもっていた。その後、ドイツは加盟したが、その期間はわずかに七年であった。

敗戦の後でさえ、そして幾分はそのために、ドイツはヨーロッパの平和にとって最大の脅威であり続けた。領土の損失とオーストリアとの「合併禁止」のために、また、いわゆる戦争責任条項であるヴェルサイユ条約第二三一条で「ドイツとその同盟国」に対し戦争責任を課したために、戦後処理は長く禍根を残した。ヒトラーは、これらの国家的屈辱の理由を踏まえて、ヴェルサイユ条約を早くから政治的な扇動に最大限利用していった。かれは、「不当な」条約にもかかわらず政府が無抵抗だったことを取り上げて、かれらに愛国心のない憶病者の烙印を押した。『わが闘争』のなかで、ヒトラーは次のように激しく非難している。

ヴェルサイユ条約からどれほどのことが成し得たというのか。それぞれの条文が国民の脳裏と感情に焼きつけられ、共有された恥辱と憎悪は、ついには六〇〇〇万人の男女の心のなかで燃えさかる炎の海となるであろう(68:249)。

ドイツ人の大多数が激高し、ヒトラーは火に油を注ぐ役割を演じた。

もしドイツがヴェルサイユ条約の修正政策を決意すれば(もちろんヒトラーの政権下で)、ドイツはふたたびヨーロッパの平和と安定への脅威となるであろう。この脅威は、フランスが最も強く感じとっていた。フランスは、一八七〇年から七一年にドイツから甚大な被害を受け、一九一四年から一八年には五五〇万人もの死傷者を出していたのである。フランスの政治家たちには三つの選択肢があった。第一に、ドイツの恒久的な無力化を確保すること。第二に、ドイツの復活に備えて国際的な相互援助の保障を交渉すること。第三に、一見獰猛なこの国を懐柔し飼い慣らすことである。

クレマンソーほど、こうした二度にわたる祖国へのドイツの侵略を深く胸に刻んでいたフランス人はいなかった。パリ講和会議の交渉では自国の代表団の長として、かれの異名である「虎」のような冷酷さでもって、ドイツに過酷な条件を課すために闘った。これは決して容易な作業ではなかった。事実、一九一九年の五月から六月にかけて大変な危機が起こっていた。ドイツのヴェルサイユ条約調印拒否およびドイツ国内の混乱に乗じたボルシェビキ勢力による政権掌握の可能性を懸念して、英国首相ロイド＝ジョージは条件の緩和を主張した。クレマンソーは万策尽きたが、それでも断固たる態度を示し、「われわれはあなた方よりもドイツ人をよく知っている。われわれの譲歩はわが国民の権利を奪う一方で、ドイツ人の抵抗を助長するだけだろう。われわれは勝利を施される必要はないのだ」(79:35)と表明した。一九二〇年代の間、このような厳しい政策がポワンカレによって追求された。かれは一九二〇年代において長い期間首相を務めたが、ロイド＝ジョージは不公平なほど辛辣に、「賢明で先見の明のあるクレマンソー」と比較して、ポワンカレを「狭量で執念深い人物」と評したのだった(59:223)。

クレマンソーは、実はフランス人の多くにとって許しがたい、かなりの譲歩を余儀なくされていた。最も知られているのは、ラインラントを永久にドイツから切り離すという要求を撤回したことである。ウィルソンとロイド＝ジョージは、ある保障と引き換えに、なんとかこの暗黙の了解をクレマンソーから引き出していた。その保障とは、将来ドイツがフランスを攻撃した場合に、米国と英国が即時に軍事的支援を行なうという約束であった。しかし、米国は条約を批准せず、自国の大統領によるコミットメントを破棄してしまう。その結果、英国は自国の義務から解放されたと感じた。結果として、相互保障の政策がフランス人に残したものは、国際連盟による「集団安全保障」という一般化された政策だけであった。これは、すべての加盟国が、侵略を受けたいかなる加盟国に対しても支援を行なうという利他的な概念である。

第三の選択肢は、和解あるいは宥和(ミュンヘン会談以前の意味で)であった。ドイツは二級国にさせられ、補償という形で戦争犯罪人のバッジをつけられ、国際社会から強制的に排除された。もしやこれは非現実的な政策で、かえって逆効果ではなかったのか。ドイツを永久に抑圧した状況に留めておくことは不可能で、これらの試みは復讐の決意をもたせるだけではないだろうか。一九二〇年代の大部分の間フランスの外相を務めたアリスティード・ブリアンは、これらの懸念を最も雄弁に表明し、ドイツを国際システムに再統合するというもうひとつの政策を試みるようになる(一九六―一九八頁を参照)。

このようにポワンカレとブリアンの優先事項は、対ドイツ政策の領域では両極に位置していた。その結果、フランスの対ドイツ政策は飴と鞭の間で揺れ動いたのである。

わずか二年強の期間内での二つの顕著な出来事は、これらの異なったアプローチを例証している。すなわち、一九二三年一月のフランスのルール占領と、一九二五年一〇月のロカルノ条約調印である。第一の出来事のきっかけは、ドイツが石炭現物賠償支払いに関する義務の履行を怠っているという補償委員会の発表であった。委員会はルール地方の占領を勧告し、フランスの右派もこうした行動をやかましく要求した。ポワンカレは、かれに似合わずいくぶん躊躇していたが、要求に押されて占領を実行に移した。この行動は、ルール渓谷だけでなくドイツ全域においてあまねく強い反感を買うことになった。

一九二五年、ポワンカレが一時的に閣外へ去り、フランス軍のルール撤退が始まった。ブリアンは外相になり、「変化」の政策が「秩序維持」の政策にとって代わった。ブリアンの友好的で忍耐強い外交は、スイスのロカルノという小さな町で条約が締結されたことによって報われた。しかし、この条約は実際には具体的な成果をほとんど含んでおらず、ブリアンはフランスの防衛力を低下させたとして非難を受けてしまう。むしろ、その重要性は「ロカルノの精神」、すなわち、ブリアンが同様の考えをもったドイツの外相シュトレーゼマン(かれらは一九二六年のノーベル平和賞を〔オースチン・チェンバレン英外相と一緒に〕受賞した)とともにつくり上げた和解の雰囲気にあったのである。緊張緩和を確実にするために、ドイツは翌年、国際連盟への加盟が認められた。ブリアンは、この新しい政策を要約して、「ライフル、マシンガン、大砲を捨てよ。和解、仲裁、平和のための道を開け」(3:220)と力説した。四年後の一九三〇年、ヤング案がついに懸案だった賠償問題を解決し、フランス軍は一九一九年から占領していたラインラントから撤退した。これについてアルフレッド・コバンは、「〔平和的な国際秩序の〕最大の障害となっていたもの、すなわち国際社会に重くのしかかるかのように拡がっていた賠償の霧が、ついに消散したように見えた」(29:vol. 3, 136)と記述している。現在の歴史学者たちは、国際関係を説明する際に経済的要因の重要性に十分気を配っている。しかし一九二〇年代以前の政治家は、それらの影響力についてまったく気づいていなかったのである。

連合国が被った戦争の被害の代償として、ドイツからの賠償を請求する決定をしたことは、国際的に多大な影響をもたらした。それは、米国がドイツに資金を貸し、ドイツはそれで西ヨーロッパ諸国へ賠償を支払い、西ヨーロッパはその資金で戦時中の米国からの借金を返却するという、馬鹿げた「金融のメリーゴーラウンド」を生んだ。それは、健全な国際経済システムの処方箋には程遠いものであった。第二に、講和条約が中央ヨーロッパの経済復興を促進するよりも、むしろ禁じるものであったために、ドイツは要求された金額を支払わないだろうと、多くの人々が考えるようになった。この見解は、ジョン・メイナード・ケインズが秀逸かつ議論を呼んだ著書のなかで示したので、かなり拡まった有力な見解であった。ある戦間期ヨーロッパの専門家は、「『コーラン』以降、ケインズの『平和の経済的帰結』ほど大きな影響を与えた本はない」(107:8)と、その重要性を評価している。
賠償金支払いがドイツと国際経済に及ぼした歪められた影響については依然として解釈上の論争があるが、そのような面とは別に、ドイツの取り扱いに関する罪の意識という心理的な問題が起こってきた。この意識は、ヴェルサイユ条約の処置がケインズのいうところの「カルタゴ的」講和なのだから、ドイツにもっと配慮すべきだという考えからきている。多くの人は、いわば「両雄並び立たず」という概念を、すなわち「ドイツは破壊されねばならない」という考えを、否定したのである。

賠償問題は、確かに一九二〇年代のフランス外交政策の中心を占めていた。賠償に関するすべての問題は、多くのフランス人にとって、ゲルマン人からの攻撃に対する自国の安全保障と大きく結びついていたのである。米国は孤立主義だった。英国は裏切らないにしても不確実であった。一九二〇年代半ばの中央ヨーロッパの小協商国との条約は、東部における安全を若干強化した。アンドレ・マジノ線が、西部におけるより具体的な防衛線となった。しかし、ドイツの富をフランスに移すことは、少なくとも右派の国家主義者にとって、当時の状況下で最も確実な保険と考えられていた。

ドイツの賠償問題だけでなく、国際経済関係も政治家たちを不安にさせ、頻繁に会議が開かれた。そこでは、関税障壁を低くする試みが常に議題とされた。一九二三年のドイツの大インフレーションと一九二九年の大恐慌(ニューヨークの株式大暴落に端を発した)は、危機的状況をもたらし、そのような通常の作業を幾度も中断させることになった。

経済問題が支配的であったことは、それまでに前例のなかった一九二七年の国際経済会議の開催によって示されるだろう。国際連盟は、この三週間の会議を招集し、五〇カ国から一〇〇〇人ものビジネスマンやエコノミストがジュネーヴへ参集した。

アーノルド・トインビーが「最悪の年」と呼んだ一九三一年は、ドイツではナチズムが台頭、不景気で世界的に失業が増加し、落ち込んだ暗い雰囲気に覆われた(87:114)。翌年、平和のためのパン・ヨーロッパ協力の必要性を他のどの政治家よりも信じていたブリアンが亡くなった。熱い希望の時代であった、あるいは無邪気な幻想の時代であった一九二〇年代は、こうして終わりを告げたのである。

2　パン・ヨーロッパ運動

第一次世界大戦は、ヨーロッパの歴史において明らかな転換点だったが、一九世紀の後半にはすでに紛争の徴候、最終戦《アルマゲドン》の前兆があった。これらに対する恐怖は、ヨーロッパのための連邦的枠組みへの要望を起こさせたのである。想像力豊かな著作者たちは、この雰囲気をとらえた。ニーチェは、世紀が転換するその年に亡くなったが、予言的な洞察力でヨーロッパ統合に至る動向について記述している。

問題となるのは、ひとつのヨーロッパである。私にはそれがゆっくりと躊躇しながら準備されつつあるのが見える。今世紀の偉大で深遠な頭脳のすべてが、新しい総合体を準備し、つくり上げ、期待する作業に従事してきた。未来のヨーロッパ人……ヨーロッパの小国家群──現存するあらゆる帝国や国家のことをいっているのだが──は、産業や通商がますます拡大して自然の国境を越え、地球規模になっていく絶対的な傾向という理由ゆえに、短期間のうちに経済的に適さないものになっていくだろう(39:329-30 n)。

若い世代では、フランスの詩人、劇作家かつ小説家であるジュール・ロマンが、第一次世界大戦の時代から共同市場の時代までヨーロッパ人を自認し続けた。「ヨーロッパ、私が唄いたかった祖国」、かれは一九一五年にこう記している(39:336)。

政治思想および圧力集団の観点からは、今世紀の初めには、英国においてヨーロッパのための連邦的構想の復活が見られた。一九一〇年までに、クウェーカー教徒たちはヨーロッパ合衆国の理念を支持し、かれらによって促された「英国国際平和連盟」が、翌年同様の立場を採択した。さらに一九一三年、サー・マックス・ウェヒターが「ヨーロッパ統一連盟」を創設した。しかしながら英国では、大陸でもそうであったが、戦争それ自体は、より緊密な連邦による大陸よりも、むしろより緩やかな世界機構という、もうひとつの考え方を強める結果となったのである。

一九二〇年代初期までに、ヨーロッパ統一の概念は、新しい政治的イデオロギーと国際安全保障の原則に直面し、すたれてしまったように見えた。偉大なヨーロッパ連邦主義者であるクーデンホーフ・カレルギー伯爵は、「ヨーロッパ諸国家から成る連邦という古い夢は消えてしまい、忘れられてしまったようであった。国際連盟を支持する平和主義者は、ファシストや共産主義者と同じように、この夢に無縁だったのである」(35:6)と記している。

しかし、一九二〇年代に入るにつれ、ヴェルサイユ条約およびサン＝ジェルマン講和条約は決してヨーロッパ問題の解決を容易にしなかったという証拠が積み重なっていった。国際連盟は、その支持者が望んだような強力な仲裁者でもなければ、平和の維持機構でもなかったのである。そのため、ヨーロッパの経済問題や政治問題は、ヨーロッパ統合に関する思想を復活させることになった。

構造的な経済問題は、米国、日本、アルゼンチンのような海外の競争者の興隆と、ドナウ川流域の経済圏の解体にとくに関連していた。これらの問題に直面して、より良い産業協力と通商協力が必要であると認識され、そこから多くの対応が生まれた(16:43-49)。

国際的な経済協力の拡大の必要性が認識されると、早くも一九二二年に、「経済関税行動委員会」がパリに設立された。四年後、技術的な経済問題を研究するために、「ヨーロッパ経済関税同盟」がパリに設立された。それは、他の多くのヨーロッパの都市で真似された。当時の標語は、「関税の縮小」であった。産業経営者の側も、製品の生産と価格設定を調整するためにカルテルを組織した。これらのうち最も注目に値するのは鉄鋼カルテルで、一九二七年までにオーストリア、ベルギー、チェコスロヴァキア、フランス、ドイツ、ハンガリー、ルクセンブルク、ザールの業界を取り込んだ。その本部はルクセンブルクにあり、エミール・マイリッシュによって運営された。カルテルの主な目的は利益の最大化であったが、職員のなかにはもっと理想主義的な意図をもった人々もいた。そのなかには、ヨーロッパ人であることを確信しているマイリッシュ自身が含まれていた。マイリッシュおよびかれと心を同じくする人たちが、大量生産、大市場、関税のない貿易を大陸規模で行なうこと――すなわちヨーロッパ経済共同体――の利益について考察し始めていたのである。

こうしている間に、パン・ヨーロッパ運動が創設されていた(一八八九―一九五頁を参照)。それは、政治的な運動であったが、パリおよびベルリンにおいては「経済評議会」が設立された。この活動の指導的人物は、サー・デニス・ブローガンによって「フランスにおける経済政治家のなかで最も傑出して最も裕福である」(14:593)と評されたルイ・ルシュールであった。かれは、一九二六年に *Problèmes de la Co-opération économique internationale*(『国際経済協力の諸問題』)という本を出版し、そのなかで、ある権威の言葉を借りるならば、「『生産者自身のためだけでなく、共通の利益の観点から政府によって組織された』ヨーロッパの石炭、鉄鋼、小麦のカルテルの提案、すなわち、後の「シューマン・プラン」や「グリーン・プラン」の先駆的提案」を示したのだった(133:172)。また一九三二年には、同じくフランスで、フランシス・デレジが *Les Contradictions du Monde Moderne*(『現代世界の矛盾』)と題した本を出版し、そのなかでかれは統計的根拠を用いて、経済ナショナリズムの無益さを示した。産業経営者や金融業者は、これらの議論を歓迎した。しかし、労働組合運動は、全般的にそうではなかった。例えば、「国際輸送労働者連盟」のオランダ人エド・フィンメンが一九三四年に *Labour's Alternative: The United States of Europe or Europe Limited*(『労働者の選択――ヨーロッパ合衆国か、制限されたヨーロッパか』)を著したとき、それは労働組合活動家たちにほとんど受け入れられなかった。

この時期、ヨーロッパ政治連合を提唱する出版物が、新聞記事や本などの形で続々と登場している。数例を挙げると、「ヨーロッパ経済関税同盟」で活躍をしていたガストン・リウの書いた *Europe, Ma Patrie*（『ヨーロッパ、私の祖国』一九二八年）、*S'unir ou mourir*（『統合か死か』一九二九年）、スフォルツァ伯爵の *les Etats-Unis d'Europe*（『ヨーロッパ合衆国』一九二九年）、バートラン・ド・ジュブネルの *Vers les Etats-Unis d'Europe*（『ヨーロッパ合衆国へ向けて』一九三〇年）、エドワール・エリオの『ヨーロッパ合衆国』（一九三〇年）などがある。

問題は、このようにわき上がった勢いを結集して、各国政府に影響力を行使することであった。こうした「統一ヨーロッパの支持[組織]」のなかで最も注目を集めた(16:49)のが、リヒャルト・クーデンホーフ・カレルギー伯爵のパン・ヨーロッパ運動であった。この途方もなく世界市民主義的な人は、ヨーロッパ連合の理想に情熱をもって半生を捧げたのである。父親は、オーストリア＝ハンガリー帝国の伯爵かつ外交官であり、ヨーロッパ全土にわたって姻戚関係を有する一族の出身だったが、かれの場合はその上を行って、日本人女性と結婚した。このパン・ヨーロッパ運動の創始者は、幼年時代を非常に国際的な社会環境にあったボヘミアの父親の城で過ごした。そこではアルメニア人の執事でさえ、主人にはトルコ語で、女主人には日本語で、子供たちには片言のドイツ語で話しかけていた。

第一次世界大戦直後にヨーロッパが直面していた問題と、国際連盟が明らかに弱体であったことが、若きクーデンホーフ・カレルギーにヨーロッパがひとつにまとまることの重要性を確信させた。一九二一年、この二六歳のチェコ市民は、自国の大統領トマス・マサリクと会見する機会を得た。大統領は興味をもって激励したが、その目的のために政治運動を先導することは拒否した。翌年、クーデンホーフ・カレルギーは、みずからのイニシアティヴに基づいて行動することを決意し、ウィーンとベルリンの新聞紙上に綱領（原文は、35:31-35にある）を発表した。かれは、強固な連邦的機構を推進したがっているとの印象を与えることを避けるために、「パン・ヨーロッパ連合」という用語を意図的に選んだ。

一九二三年には、『パン・ヨーロッパ』と題した本を著し、みずからの思想を拡めた。これは数多くの言語に翻訳され、かれの趣旨を伝えるための主要な手段となった。この著作の序文で、かれは自分の概念を、「ヨーロッパをそれに応じた政治的経済的連邦に結合することによる自助」と定義している(33:xv)。(かれは自己の運動の名称において避けてきた「連邦」という言葉をこのように付随的に使用した。)この著書における提案を形成するうえで影響を及ぼした主要な要因は、当時発展しつつあったパン・アメリカン・ユニオン(汎米連合)をかれが称賛していたことと、地理的および歴史的な傾向・類似性や分類に対してかれ自身が興味を引かれていたことであるように思われる。例えば、かれの分析の中心には、世界が五つの勢力地域、すなわち米国、英国、ロシア、東アジア、ヨーロッパに分けられているという主張があった(33:14–16)。「英国」という言葉は当然、その規模と経済的結束力の点から、当時絶頂期にあった大英帝国を意味していた。

しかしながら、かれは米州、ソ連、大英帝国において、より緊密な統合が着実に進展すると認識する一方で、それとは対照的に、もしパン・ヨーロッパ連合が達成されなければ、ヨーロッパにおいて同胞が互いに殺し合う戦争が起こり、大変動がもたらされると予見している。そのような連合の構成は、かれが早くから取り組んできたことであった。問題となるヨーロッパの二国は、ロシアと英国である。この二国は除外されている。ソ連を除外する理由は容易に示すことができる。ソ連は、人口構成の点であまりに大きく多様であり、イデオロギー的にも、パン・ヨーロッパが依拠しなければならない民主主義的な基礎に敵対的であった。しかし、もしソ連がその規模と異質性ゆえに、それ自体で「北方の」連邦帝国であったとするならば、大英帝国はそれ以上にヨーロッパと異なっていた。この「南方の」帝国の中心部はインド洋であり、その周りに南アフリカ、オーストラリア、文化的にヨーロッパに属さないインド亜大陸という帝国の領土が位置していた。とはいえ、クーデンホーフ・カレルギーは、英国を除外することについては不満であった。というのも、英国は明らかにヨーロッパと歴史的・文化的繋がりをもっており、確かに民主主

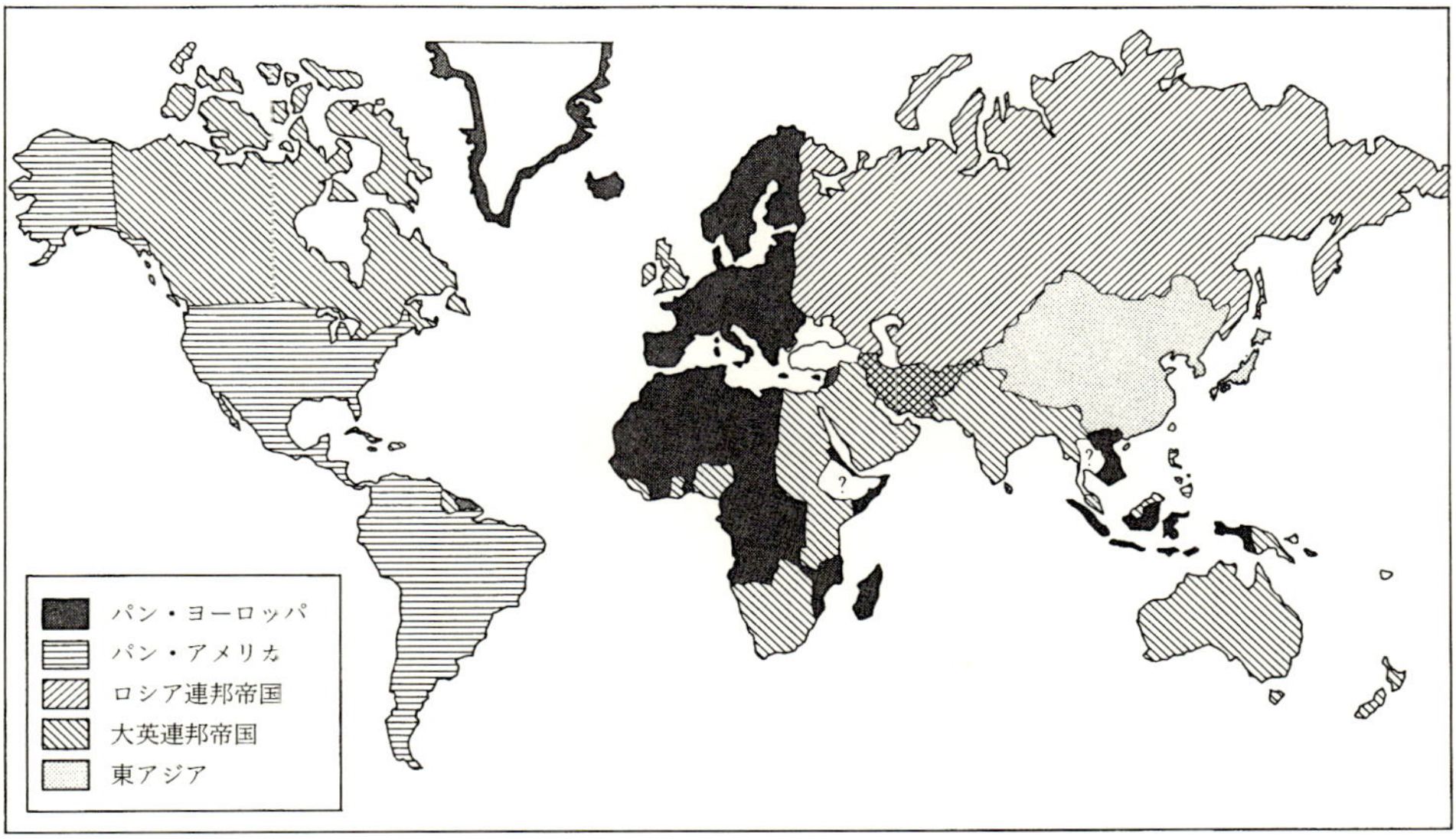

図6　クーデンホーフ・カレルギーの計画

義と平和というパン・ヨーロッパの理想を信奉してきたからである。そのため、かれは、一九六〇年代および七〇年代における出来事の観点からすると、興味深い提案をしている。「イングランドとアイルランドが、海外の自治領よりも強くヨーロッパに引きつけられるようになったとみずから感じたならば、直ちに、パン・ヨーロッパへの道がかれらの前に開かれなければならない……」(33:42)。その間「パン・ヨーロッパは、イングランドなしに、しかしイングランドに敵対することなしに、建設されなければならない」(33:41)。クーデンホーフ・カレルギーは、この二つの密接に関連したグループ間の協力関係を期待していた。確かに英国は、かれが差し迫った攻撃を危惧したソ連とは違って、パン・ヨーロッパに対する軍事的脅威を与えるものではなかったのである。

『パン・ヨーロッパ』は、なるほど戦間期の国際場裏に関する多くの解説を含んでいるが、われわれにとっていちばん興味深いことは、パン・ヨーロッパ連合達成のためのクーデンホーフ・カレルギーの計画である。かれはそこで四段階の過程を推奨している。ヨーロッパ二六カ国の代表から成るパン・ヨーロッパ会議の招集、仲裁によってヨーロッパ域内紛争を強制的に解決するための条約の締結、関税同盟の設立、そして最後に連邦的憲法の草案づくりである。最終段階は非常に重要であるにもかかわらず、それについて伯爵は非常に曖昧である。しかし、実際の状況が、整然とした模様の織り手をうんざりさせていたことは疑いない。例えばかれは、地図作製が容易になるように、またアフリカ大陸をいっそう効率的に開発するために、英国の西アフリカの植民地とインド洋沿岸のイタリアおよびポルトガルの植民地を交換する提案を行なうことに、より大きな関心をもっていたのである。

この本は、呼びかけで終わっている。かれのメッセージを受け入れる人はすべて、その実現のために適切な環境をつくることを支援しなければならないとされている。

> 理解、共通の利益や友情を結ぶ橋が、人々から人々へ、産業から産業へ、ギルドからギルドへ、文学から文学へと架橋されなければならない。パン・ヨーロッパ的連帯感、ヨーロッパ的愛国心が、国民感情に上位する冠やその補完物として確立されなければならない(33:190-91)。

クーデンホーフ・カレルギーは、運動を拡めようと熱心に活動したが、大衆を動員することはできなかった。それにもかかわらず、政治家やヨーロッパ経済の指導的人物といった影響力のある人々を取り込むことには非常に巧みに成功した。ウィンストン・チャーチルはかれに感銘を受け、後に次のように記している。

> ヨーロッパ合衆国の理念が、風に乗って、長い間ヨーロッパという庭に堆積していた混乱、荒廃、排他主義、偏見の膨大な蓄積に接したとき、一連の新しい出来事が起こり始めたことがまったく明らかとなった。
> パン・ヨーロッパの理念の復活は、主としてクーデンホーフ・カレルギー伯爵によるものである(34:197)。

芸術界の著名な人たちも支持を与えた。例えば、トーマス・マン、リヒャルト・シュトラウス、オルテガ・イ・ガセット、ポール・ヴァレリーなどである。一九二〇年代の政治家のなかでは、ドイツ人のシュトレーゼマンおよびシャハトが心を動かされた。シュトレーゼマンは、「人がどのように思おうとも、ともかく、かれは並はずれた知識と非凡な行動力をもった人間だ。私はかれが偉大な役割を果たすものと確信している」(34:94)と日記に記した。金融の専門家であるシャハトは、われわれが今日ヨーロッパ通貨同盟と称しているものの構想に熱心だった。ケルンの若き市長もまた、熱心な信奉者だった。かれこそが、長い年月の後の共同市場創設に興味深い結びつきを提供したコンラート・アデナウアー博士であった。英国では、植民相だったレオ・アメリーが、島国の疑念に満ちた冷淡な雰囲気のなかで熱心さを際立たせていた。フランスにおいては、カイヨーとエリオが当初からの支持者であった。一九二五年一月、短い期間であったが首相を務めたエドワール・エリオは、下院でこう言明している。

私の最大の願いは、いつの日かヨーロッパ合衆国が現実のものとなるのを見ることである。もし私が大いに勇気をもって国際連盟のために尽力してきたとすれば、私はそういう資格があると思うが、それは、私がこの偉大なる機構をヨーロッパ合衆国の概略草案とみなしてきたからである(34:100)。

イタリアでは、この運動はスフォルツァ伯爵の支持を得た。オーストリアの首相ザイペル博士も熱心で、運動の本部としてウィーンにある元宮廷であったホーフブルク宮殿を提供した。また、それにまさるとも劣らず重要なことは、この運動がロスチャイルド銀行の友人たち、とりわけハンブルクのマクス・ヴァールブルクから、財政的支援を受けていたことである。

第一回のパン・ヨーロッパ会議は一九二六年に開催され、それはクーデンホーフ・カレルギーがみずから受け継いできた伝統をどのように認識していたかを明らかにするものであった。会場の大広間には、コメニウス、サン＝ピエール、カント、ニーチェ、マッツィーニ、ナポレオン、ヴィクトール・ユーゴーの大きな肖像画が飾られていた。ただし、かれの先達たちについての知識は、少々不確かだったといわねばなるまい。自叙伝においてかれは、ウィリアム・ペンを「生涯のうち多くの年月をヨーロッパ合衆国の構想に費やした人」(34:71)として記述していた。一方、後のエッセイにおいては、サン＝ピエールが「ヨーロッパ統一の実現のために生涯」(35:4)働いたと述べている。本書の第三章、第四章を丹念に読んだ読者は、これらの描写がいかに読者を誤らせる誇張であるかに気づくだろう。

本章の主要な関心は、ヨーロッパ連合を完成するためにアリスティード・ブリアンが一九二九〜三〇年に取ったイニシアティヴにある。したがって、かれがパン・ヨーロッパ運動とどのような関係にあったのか問うことは適切だろう。クーデンホーフ・カレルギーがこのフランスの外相に初めて会ったのは、一九二六年の初め、すなわちブリアンが大衆の支持を受けてロカルノ条約を締結した数カ月後のことであった。クーデンホーフ・カレルギーは、かれ独特の感情をあらわにした言い方で、「フランス外務省のすばらしい執務室でかれに会ったとき、私はすぐに、自分が何年も求め続けてきた人がここにいると確信した」(34:116)と記述している。すなわち、パン・ヨーロッパの理想を実現させる政治家であったというのである。さらに、伯爵の帰り際、ブリアンが「どんどん事を進めなさい」(34:117)とかれを促したことを記している。

翌年、パン・ヨーロッパ連合の中央理事会がパリで開かれた。ブリアンは、好意的で、賛同的な態度を示し、中央理事会の名誉総裁となることを受諾した。伯爵は、これにより自分の運動にとってもたらされる効果に大きな期待を寄せていたようだが、このフランス人が具体的な提案の前進には時間稼ぎをしていると感じたことで失望した。ブリアンが自分の立場をためらいがちに整えていたので、クーデンホーフ・カレルギーは、ビジネス界および産業界の意見を大陸の統合を支持する方向に向かわせることによって、かれの運動が重要な支援を与えたと主張する。その結果、かれは次のように論じた。

ドイツやフランスにおいて、産業界グループによって所有または支配された国家主義者的な新聞の多くが、急にパン・ヨーロッパ連合の考えに好意的になった。このように新聞は、ブリアンの政治的イニシアティヴに道を開いた。新聞の支持なしにはそれも不可能であった(34:124)。

私たちはもちろん、クーデンホーフ・カレルギーの著作の目的は、かれの考えと運動を公表宣伝し、最良の光のなかで見せることだということを理解しておかなければならない。おそらく、よりバランスのとれた見解は、アメリカ人の学者アルブレヒト＝カリエの著作のなかから引き出すことができるだろう。パン・ヨーロッパの構想から英国とアイルランドが除外されたことに言及して、かれはこう記述している。

しかし、「ヨーロッパ協力」と自称するもうひとつの民間団体が、英国諸島を引き入れたのであろう。この第二の組織は、フランス外相ブリアンの支持を得ていた。

カリエは、クーデンホーフ・カレルギーの重要性を要約して、「かれが［パン・ヨーロッパの］理念を存続させ、教育的な宣伝を続行する役割に従事した」(3：222)と断言した。

しかし、もしヨーロッパ統合の構想を提示し、その受け入れを確実にする意思と機会をもっている人がいたとすれば、それはアリスティード・ブリアンであった。一九二九年、かれはかれのヨーロッパ連合の計画のための時が熟したと判断したのである。

3　ブリアン覚書

がっちりとした体を丸め、均整のとれた豊かな口ひげをたくわえ、その口元にはよれよれの紙巻き煙草をくわえている。これが一九二〇年代、名声の絶頂期にあったアリスティード・ブリアンのイメージであった。かれはヨーロッパ連合の構想の長きにわたる歴史のなかで、みずからの計画を関係諸国の代表によって公に検討されることを確実にする地位にあった最初の人であった。この人物は、いったいどのような人だったのであろうか。

アリスティード・ブリアンは、ヴァンデ地方の人で、ナントに生まれ、サン＝ナザルで育った。一七九〇年代の有名な農民ゲリラの指導者ジャン・シュアンの子孫だという家系である。学校では、かれは真面目に勉強する学生ではなかった。浅薄な知識という不安定な基礎のうえでなんとかやってきたという評判は、大人になってからもつきまとい、一言で言えば「かれは博学な無知だ」(97:23)という形容矛盾の表現で、ジャン・ジョレスによって手厳しく皮肉られた。政治諷刺はかれをライヴァルと比較して、ポワンカレはすべてを知っていたのに何も理解していなかったが、ブリアンは何も知らずにすべてを理解していた、といい表わした。しかし、ジャーナリズムと法曹界に短期間従事した後、かれは政治で多大な成功を収めることになる。(もし矛盾形容法を続けることが許されるのならば)第三共和政の安定した不安定性の典型のように、かれは二五回大臣になり、みずから首相として一一回組閣を行なった。また、一九二五年から三二年の安定期を含めて一二回外相となった。

ブリアンの性格の解釈は、かれの多くの政敵の辛辣な批評によって混乱している。このような嫌悪の情の表われをどれだけ信じてよいものなのか。すでにジョレスから引用した批評にもあったように、かれは多くの社会主義者たちから党の裏切り者として嫌われていた。第一次世界大戦の間とその後にドイツとの和解を推奨したことで、国家主義者からは軽蔑されていた。モーラスには浮浪者と呼ばれた。さらに一九一五年の組閣でクレマンソーに閣僚の席を申し出たとき、その誘いは「サラブレッドがカエルごときと一緒に仕事をすると思いますか」という軽蔑を込めた問いによって拒否された(59:231)。決定的な行動をたびたび取り損ねたことが責められるべき怠慢の結果なのか、それとも時節の到来を微妙に待った結果なのかどうかを知ることは、とりわけ難しい。当然、かれと対立する者たちは前者の説明を好んだ。

明らかなのは、ブリアンのヨーロッパ平和への希求が純粋なものであり、これを実現していこうとする任務に、柔軟な性格、説得力のある会話スタイルおよびすばらしい雄弁術を結集したということである。外交官のウラジミール・ドルメソンは、かれを「大衆的であり、かつエリート的である。かれは貴族的であり、ボヘミアン(放浪者)であるが、ブルジョワではない」(97:14)と評している。このようにかれは、社会的接触と交渉の双方においてかなりの柔軟性をもっていた。もっと詩的にいえば、クーデンホーフ・カレルギーは、「優美で、鋭敏、抜け目のない上品なペルシャ猫」(34:116)のようだと見ていた。また、ブリアンの雄弁家としての名声は、あまねく知れわたっていた。最近の伝記作家は、この才能を以下のように描写している。「かれの声は張りがあると同時に心地良く、チェロのような響きで聴衆を魅了するといわれていた」(97:17)。

ブリアンは、第一次世界大戦の大量殺戮に悩まされながらも、一九一五年から一七年まで首相の職の重責に耐えた。かれは、このような無意味な殺戮を避けようと、ヨーロッパにおける平和の維持のために尽力する決意をしだいに固めていく。ルイーズ・ヴェスは、はるか後にECのヨーロッパ議会議員になった人であるが、一九二二年に「私はアリスティード・ブリアンが平和の巡礼者としての役割を担っているのを目にした」(97:442)と語っている。さらにかれは、もしさらなるヨーロッパの戦争を避けようとするならば、なんらかの形態の連合が不可欠になるという考えを直ちに把握した。

一九二一年から三〇年の間、ブリアンは粘り強く柔軟にヨーロッパに平和を築こうと努力し、非常に多くの外交上の合意を画策したので、著名なフランスの法律家ルネ・カッサンは、かれを「条約狂」(44:15)と呼んだ。かれはあらゆる機会を利用して、英国と協力し、ドイツを国際社会に復帰させ、国際連盟を強化しようとした。別の見方をすれば、かれの政策はフランスの安全保障、ヨーロッパの平和、そして世界の調和を確保するという同心円の構造とみなすことができる。

ブリアンがヨーロッパ連合の夢を発展させる物語は便宜的に、一九二一年一一月、英国首相ロイド＝ジョージとカンヌでの来るべき会議における議題について話し合ったときから始めることができる。そこで両人はそれぞれ相手の優先事項を考慮することに同意した。ブリアンの伝記作家ジョルジュ・スアレスはこう記述している。

こうしてヨーロッパ規模の経済協定より成る巨大なシステムの構想が生まれた。それは平和の維持、ヨーロッパの再建、各国軍備の制限を主な目的とするものであった(66:13)。

しかしブリアンは、みずからの構想に議会の支持をほとんど得られず、辞職することを余儀なくされた。同時にかれは、みずからのヨーロッパ統合への関心が広い地政学的な懸念から生じていることを示す以下のような見解を残した。「われわれはまもなく米国とロシアという二つの恐るべき大国によって囲い込まれてしまうだろう。あなた方はヨーロッパ合衆国の建設が不可欠であるとわかるであろう」(66:31)。

一九二四年からブリアンは、国際連盟におけるフランスの代表となったジュネーヴで、かれの国際的和解の政策を追求し、一九二五年にはロカルノ条約という偉業を成し遂げた。かれは、同条約が示した新しい国際体制について楽観的に、かつ確信をもって語った。「われわれはヨーロッパ語を話した。それは十分に学ばれなければならない言語である」(97:439)。すべての人が単に自国の利益ではなく、ヨーロッパの利益を心にとめて交渉していると言明した。

ロカルノ条約の成果のひとつは、ドイツに国際連盟への加盟を認めたことである。ブリアンは、その機会に総会で演説し、国際社会が紛争の道から脱し、より平和な未来を目指そうとしていることを示して、こう予言した。

……もしヨーロッパがその経済的および道徳的な平静を回復したら、もし人々が安全であることを知ったら、人々は戦争の懸念が課す重荷をその肩から振り払うことができるだろう。人々は自分たちの状態の改善のために協力し、ついには、ひとつのヨーロッパ精神を創造することができるだろう(66:32-33)。

大勢の人々が、戦争、経済問題、そしてドイツ問題について憂慮していた。ブリアンが考案しようとしていたものは、燃え上がる国民感情と「自尊心」に代わるヨーロッパ統合の概念によって、これらのすべての懸念に対応できる一貫した形態であった。

とはいうものの、かれは条約に信頼をおくほど無邪気だったのだろうか。かれの業績のなかで、米国の国務長官と共同して作成した一九二八年のパリ条約(ケロッグ＝ブリアン協定)ほど、この点において批判されてきたものはない。実際、調印国は、戦争は悪であるという前提に立つことを約していた。しかしブリアンにとっては、もっと現実的な動機、すなわち平和維持システムに米国を取り込むことがあったのである。かれは、その調印二週間後には国際連盟で演説を行ない、国際連盟がロカルノ条約およびパリ条約の成立を可能にした雰囲気をつくり出すのに不可欠であったと言明した。かれは国際連盟の強い信奉者だったので、でき得る限りその機関を通じて活動しようとした。しかし、もちろん米国は加盟国ではなかった。

国際連盟に対する深い関与にもかかわらず、ブリアンは、国際連盟のことを熟考すればするほど、その弱点を認識するようになっていった。それと同時に独仏関係の改善は、賠償に関する合意とラインラントからの撤退とともに速やかに進んでいた。このため、一九二九年までにかれは、ヨーロッパにおける親和的な雰囲気がよりいっそうの協力を可能にする一方で、連盟を強化することが緊急に必要であるという結論に達していた。これら二つの考慮が、国際連盟の枠組みのなかにおけるヨーロッパ地域連合の提案に収斂した。スアレスは次のように記述している。

　ブリアンは、総会の普遍性そのものから麻痺が生じていることを理解していた。ヨーロッパ問題に特別の注意を向け、そこに必要とされる限定的な行動を集中することによって、国際連盟を復活させ、それとともに平和の願いを復活させるだろうことも理解していた(123:325)。

かれの構想にとって、国際連盟との関連は、疑似世界的な機構への信頼と一貫するだけでなく、国際連盟規約においても明確に規定されているということを注意する必要がある。連盟規約第二一条は、規約の文言が「平和維持のための地域的な了解の効力を損なうべきではない」と宣言していた。

ケロッグ＝ブリアン協定の締結後、ブリアンの心はヨーロッパ連合の構想に集中していた。かれはこれらの構想を考える際、友人のルイ・ルシュールおよびクーデンホーフ・カレルギーといった熱心な支持者たちからの影響を受けていたようである。しかし、英国の役割という重要な問題については、このフランスの大臣とチェコの伯爵がまったく反対の結論を引き出していることを覚えておかねばならない。しかしながら、ここで一九二八年秋の会話に関するクーデンホーフ・カレルギーの記述を記録しておくことは有益だろう。「ブリアンは私に、パン・ヨーロッパに関する提案を間もなく国際連盟に提出するつもりだと語った。かれの最も親しい友人であり協力者でもあるアレクシス・レジェ以外、かれの計画を知るものはいなかった」(34:127. レジェについては二〇一―二〇二頁を参照)。その年の冬、スイスを旅行中のブリアンは、同伴していたジャーナリストのユーレス・ザーバインにこう語っている。

ここには古いスイスのカントンがある。……これらはヘルヴェティア連邦の柱である。国家連合、これこそわれわれのかがり火として働いてくれなければならない言葉である。ヨーロッパ国家連合は平和を確保する真の手段となるだろう。国際連盟はあまりに広く弱い。ロカルノ条約はあまりに限定的であり、一九一九年の悪しき平和条約に直接結びついている。しかし、ヨーロッパは、二七のヨーロッパ諸国が経済、関税、および軍事的領域において統合すれば、そこには平和が訪れるだろう(16:53-54)。

翌年の六月、ブリアンは、マドリッドでの国際連盟理事会に出席した。そこでかれは、その問題を公表すべきかどうかについて、いく人かの同僚たちに、とくにシュトレーゼマンに打診した。翌月、ヨーロッパの新聞は、ブリアンが次の国際連盟の総会でその問題を提示する意向があるという報道について論評した。同じころ、ブリアンは首相になり、ヨーロッパ連合問題についてイニシアティヴを取ることを四年もの間考慮してきたと下院において発表し、その支持を求めたのである。

一九二九年九月五日木曜日、ブリアンは国際連盟総会で演説を行なった。ベルギー代表が行なった経済的軍縮に関する演説に応える形で、みずからの提案を具体的に述べたのである。ブリアンは、経済的専門事項が重要であるとはいえ、それだけでは経済的な平和を確保するのに不十分であると論じた。さらに続けて、連合には明らかに問題があるにもかかわらず、ヨーロッパ統一への希望が伝統的に存在してきたこと、みずからそのような理想に関与していることについて遠回しに語った。それから、国際連盟が地域的な連合を受け入れていることについて言及した後、以下のようにかれのメッセージの中心的な論点を表明した。

ヨーロッパの人々のように地理的集団を形成している人々の間には、ある種の連邦的連合が存在すべきであると思う。かれらは常に接触し、自分たちの利害について話し合い、共同決定に同意し、連帯の絆を築くことを可能にしなければならない。そうすれば重大な緊急事態が生じたときでも対処できるであろう。紳士諸君、これこそが繋がりであり、私がつくり上げたいと思っているものなのである(137:61. ただし、一九二七年と誤って日付がつけられている)。

ブリアンは、このような連合にとって最も急を要する課題は、経済的な領域にあると予測していた。しかしながら、かれは「政治的、あるいは社会的見地からみて、連邦的な絆はこのような連合に参加することができる国家のいずれの主権にも抵触することなく、有益なものとなり得る」(123:327)と主張した。さらにその問題の前進を図るために、ヨーロッパ各国の議会の代表を招集することになるだろうと説明した。

四日後、ブリアンは、他の二六のヨーロッパ諸国の代表をオテル・デ・ベルジュでの午餐会に招待した。このワーキング・ランチの終わりには、いくつかの決定がなされた。すなわち、ブリアンが詳細な提案を作成すること、国際連盟の各国代表たちは、これを検討するよう自国政府に付託すること、ブリアンは各国政府からの回答に照らして草案を修正し、翌年の連盟総会へ改定した文書を提出すること、である。ブリアンのイニシアティヴは、報道界や各種の任意団体の大いなる関心を呼び起こした。エリオとクーデンホーフ・カレルギーは、ブリアンのために最大限の支援を確保しようと懸命に活動した。

実際の演説の原文は、ブリアンの官房長レジェによって作成された。確かにレジェの著作集のなかで、この文書は

「アレクシス・レジェによってフランス政府のために構想され、立案された」(103:583, 英語原文は 137:61-73)と註釈が付されている。それは一九三〇年五月一日付になっており、五月一七日にヨーロッパ各国政府へ送付され、ブリアン覚書として知られるようになった。覚書の背後にある発想、イニシアティヴおよび政治的な原動力がブリアンのものであったことは疑いない。しかしながら、原文や構造上の細部のいくつかでさえレジェの手によるものだったので、われわれがここで首相のスピーチ・ライター以上の存在だったこの人物について目を向けることは重要であろう。

アレクシス・サン＝レジェは、一八八七年にグアダルーペで生まれたが、このカリブの島が地震で荒廃したときに、家族とともにフランスの大都市へ逃れてきた。若き日のアレクシスは、早くから詩人としての才能を見せていた。しかしきわめて月並みに法律を勉強し、外務省に入った。かれは、多くの重要な地位に就いて自国に仕えたにもかかわらず、一九四〇年に米国に亡命している間に使ったペンネーム、サン＝ジョン・ペルスという名の詩人として後の世に知られている。かれは生涯を通じて世界中を訪れ、非常に広汎にわたる関心を示している。

一九二一年、レジェは国際会議に出席するフランス派遣団の一員としてワシントンに遣わされた。この会議でレジェはブリアンと知り合い、その友情はブリアンの死まで続くことになる。一九二五年から三二年まで、かれはブリアンの官房長を務め、その間、ロカルノ条約と一九二八年のパリ条約の詳細な準備を行なった。したがって、ブリアンがヨーロッパ連合の計画を起草するのにもレジェを頼ったのは、当然のことであった。

覚書は、五〇〇〇語を少し越えるくらいの短い文書で、序章と四つの部から構成され、各部はそれぞれ注意深く細分化されている。まず覚書は、背景にある一九二九年九月の出来事を要約することによって始まり、次いで安全保障、国際経済、国際連盟および文化的同質性に関して、連合に賛成する議論を列挙している。以下のいくつかの引用は、その調子を伝えるのに役立つであろう。

いかなる普遍的平和機構の基礎も依拠することになる、あらゆる政治的および法的諸制度の発展と有効性にとって、ヨーロッパの物質的・精神的勢力の結合において結束力が欠如していることが最も深刻な障害となっていることを疑う人は、今日誰もいない。

さらに、このような分割の危険性は、新しい国境(二万キロ以上の関税障壁)の拡がりによって依然としていっそう増大している。これらの国境は、ヨーロッパにおける国家的な願望を満足させるために、平和条約によって取り決めざるを得なかったものである……。

ヨーロッパの利益を……国際連盟の精神の下で調和させ、そしてその精神に一致させていくこと[が提案される」。

かれらの人種的な類似性と文明の共通の理想ゆえに、[ヨーロッパの諸国家が]さらに特別に扱うことができる……いくつかの問題が実際に存在する。

覚書は、計画の無害性を苦心しながら強調しようとしている。すなわち、その計画は国際連盟の枠組み内で運営されるために、国際連盟を害するものではないこと、構成国のものよりも「強固な[関税]障壁を共同体の外に対して建てる意図」はないために、非加盟国の貿易を害するものとはならないこと、である。また、国家主権の保全を強調するために、以下のように副詞句が多用されている(傍点は著者)。

最後に、提案された計画を、非常に明確に一般的原則の下におくことが必要である。この原則とは、ヨーロッパ各国政府によって望まれている連邦的な連合の形成が、いかなる時にも、またいかなる程度においても、このような組織の参加国の主権に影響を与えることが決してないということである。

「各国は、みずからの特質を、集団作業においてそれぞれの協力を行なう際に、もっと意識的に主張することができる[だろう]」とさえ示唆している。

第一部は、「いかように要約されるにせよ、ヨーロッパの道徳的連合の原則を確認し、ヨーロッパ諸国家間に確立

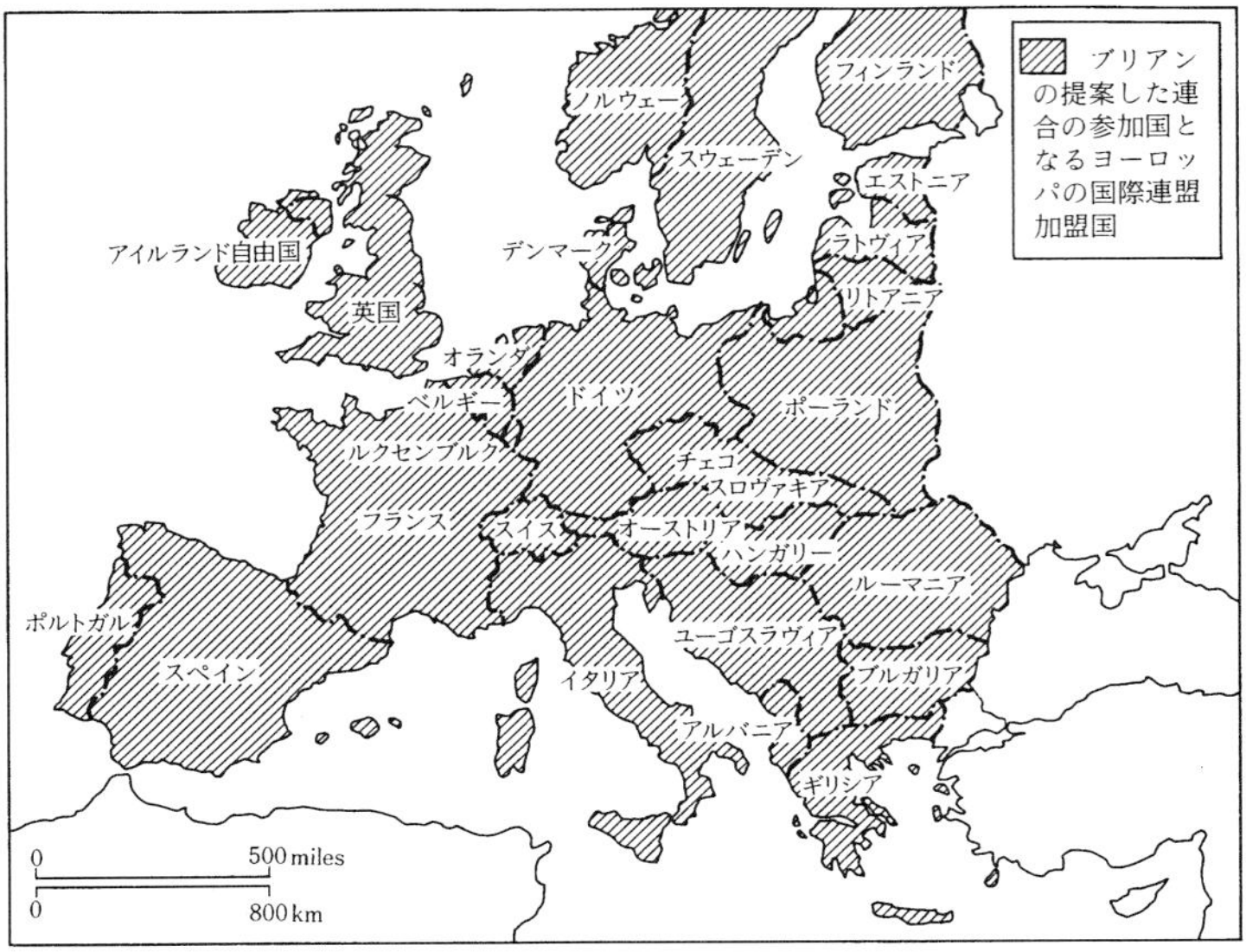

図 7 ブリアンの提案したヨーロッパ連合

される連帯の存在を公式の記録にとどめるための一般協定の必要性」と名付けられている。この構想は、定期的な会合から始まることになっている。さらに「ヨーロッパ諸国間の連帯の活気ある連係を成し、またかくして、ヨーロッパ連合の道徳上の責任を具体化するよう要請されるヨーロッパ会議あるいは常設機構に委託することによって、方法と手段が検討される」。一般的諸原則に関する協定が作成されるが、細かな権限と手続きは将来に先送りされる。国際連盟の文脈を考慮に入れて、国際連盟の構成国だけに参加の資格があるものとする。

第二部は、「ヨーロッパ連合が任務を達成するために不可欠な機関を確保する機構の必要性」という題がつけられ、代議機関、執行機関、事務局の必要性が説かれている。「主要な決定機関」は、構成国の政府代表から成る「ヨーロッパ会議」となる。議長職は一年ごとの輪番制にするという以外に詳しい条文はない。同会議の若干の構成国が、執行機関として「ヨーロッパ委員会」を構成する。委員会は、特定の問題についてかれらの作業を促進するために、非構成国を招聘する権限をもつ。覚書は、連合がその目的を達成するための最良の方法を同委員会が調査するよう勧告している。また、官僚制の費用を節約するために、議長国の国家公務員あるいは国際連盟の事務局を使用することが提案されている。

第三部は、「ヨーロッパ委員会の一般的構想を決定し、ヨーロッパ機構の計画を準備するための調査において同委員会の指針となるべき基本原則をあらかじめ設定する必要性」と題されている。ここでは、以下のような三つの原則が概説されている。第一の原則は、「経済連合に至る過程における進歩のあらゆる可能性が、安全保障の問題によって厳しく支配される」という前提に基づいている。政治連合は、結果的に、経済連合よりも優先しなければならない。ともかくも、より弱小の国々は、経済的に力のある国が政治的優越を得るために経済力を行使することのないように、政治連合による事前の保証を必要とされると論じられている。

第二の原則は、この政治協力の在り方を規定するものである。

統一ではなく、連合の理念に基づいた連邦、すなわちそのような連邦とは、ヨーロッパ各国の独立および国家主権を十分に尊重するほど柔軟であり、ヨーロピアン・コモンウェルスまたはその参加国の命運に影響を与えるような政治的問題の解決において、集団的連帯のあらゆる利益を保証するものである。

このような取り決めは、保証条約と仲裁裁判制度を含むことが想定されている。

第三の原則は、ヨーロッパの経済機構に関するものである。その理想は、「ヨーロピアン・コモンウェルスの全領域内において、人間の福祉の水準を最大限に引き上げるものとされる共同市場の設立」として描かれている。さらにこの覚書は、「生産およびヨーロッパの為替の合理的な組織化」や「物、資本、個人の移動の漸進的な自由化と体系的な簡素化」に言及している。

覚書の第四部は、「次のヨーロッパ会議または将来のヨーロッパ委員会に、実際の適用に関するあらゆる問題の研究を残しておくことの適否」と題されている。それに続いて、経済一般、経済的手段、通信・交通、財政、労働、保健衛生、知的協力、議会間関係と行政という副題のもとで、取り組まれるべき作業の一覧が示されている。さらに覚書は、その構成の根底にある一般的な哲学を強調している。

ヨーロッパの連邦的機構という巨大な枠組みのあらゆる論理的必要性に対し抽象的に対応する、理想的なシステムを構築することが問題なのではない。逆に、すべての抽象的な期待を避けて、現実的な方法で、初めから効果的な手段の適用を追求するということが問題なのである……。

覚書は、七月一五日までにヨーロッパ各国政府からの回答を得ることを要請する形で終わっており、読者に以下の結びを残している。「生き延び繁栄するために統合すること。それがヨーロッパの国々が今後直面する、差し迫った必要である」。

それでは、ブリアンの計画がどのように受け止められたのか見てみよう。ブリアンの一九二九年九月初めの演説の直後、ドイツのシュトレーゼマンは熱烈な支持でもって応えた。チェコスロヴァキアのベネシュは留保を付しながらも敬意を表した。イタリアのシアローヤ〔国際連盟代表〕は露骨なお世辞をいった。英国のアーサー・ヘンダーソン外相は沈黙したままであった。九月九日の昼食会においても、ヘンダーソンはなんの言質も与えなかった。新聞の論評は、敵意から疑惑、無関心に至るまでさまざまであったが、明らかに好意的だったヨーロッパの新聞はほとんどなかった。『ニューヨーク・タイムズ』は、完全に反対したわけではなかった。ウィンストン・チャーチルは、『サタデー・イヴニング・ポスト』紙上で気乗りのしない支持を与えていた。英国のビーヴァーブルックが所有している帝国主義的な『デイリー・エクスプレス』は、「われわれにはそれよりずっと高尚な未来がある」と尊大にも断言してみせた。この構想は、フランスでも複雑な受け止められ方をした。おそらく、以下のように書いたフランスの『フィガロ』の記者はうらやましがられることだろう。「ブリアン氏は、暖めることによって卵が孵化するように、夢見ることで夢が実現するに違いないという望みをもちながら、外務省でヨーロッパ合衆国を年中夢見ている」(40:88)。

九カ月後、覚書は全二六カ国の政府に送付され、各国政府は二カ月以内に公式な回答をすることになった。フランスの著名な外交史家であるピエール・ランの意見によれば、「外相たちはブリアンが約束どおりに実行するとは思っておらず、かれらが置かれた立場に当惑していた」(16:55-56)のである。

回答は逐次届き始めたが、すべてが締め切りに間に合うものではなかった(137:74-79)。フランス政府はそれらを調整した。各国の反応は、全体的な構想の有効性について丁重な異議を唱えるものもあったが、全体としては留保が多く付されていた。表明された懸念のなかには、いくつかの国にとって特有の国益にかかわるものもあったが、以下の四つの一般的な懸念が多くの回答のなかで繰り返されていた。第一に、ヨーロッパの経済的困難に取り組むための前提条件である政治協力を優先することに対して否定的であったこと。第二に、すべてのヨーロッパの国家を含むことを希望していること(例えば、トルコとソ連の加盟。それぞれ一九三二年、一九三四年まで国際連盟の加盟国となることはなかった)。第三に、提案されているヨーロッパ連合と世界の他の国々との関係について懸念が表明された。この懸念は、連合が脅威として受け取られるのではないかという不安と、海外の植民地または半植民地の利益を保全する必要性があるという二つの形を取っていた。第四に、国際連盟に関する覚書の慎重な言い回しにもかかわらず、多くの政府が、ブリアンの計画によって世界的な組織が強化されるより、むしろ弱体化される可能性があると思っていることを表明した。

これらの文書を読んで、ブリアンは失望を感じたに違いない。しかし、一九三〇年九月八日、二七のヨーロッパ諸国が集合したジュネーヴでの会議において、それらの文書に関するフランス政府の解釈が提出されたとき、フランス外務省が強気に振る舞うことを決めていたのは明らかだった。フランスの文書は、「ヨーロッパ各国政府の慎重さと列挙された批判の数は、かれらの考えに対するフランスの信頼を減じるどころか……各国政府すべてが問題へ寄せる関心を示している」(40:97)と称賛していた。回答において提示された諸問題に取り組む際、フランス政府はこう述べている。「もちろんです。あなた方は正しい。あれもこれも構想のなかに含まれるか、あるいは保護されなければならない」。このように、暗黙の反対は、推定上の支持へと転換されたのであった。

クーデンホーフ・カレルギーはこう論評した。「ブリアン覚書へのすべての公式回答のうち、英国のものが最もひどかった。それは、ブリアンのイニシアティヴを台無しにするような留保条件付きで、協力を申し出たものだった」(34:135)。確かにこのパン・ヨーロッパ主義者は、英国に好意的ではなかった。しかし、他方では、英国の態度が決定的なものとならざるを得なかった。英国とフランスは、なんといっても、一般的には国際連盟、個別的にはロカルノ条約双方のかけがえのない支持者であったからである。ブリアンもこの点を理解しており、一九二一年以来、このアングロ・サクソンの隣国との最も親密で可能な限りの協力にかれの外交上の最優先順位を置いていた。したがって、われわれは、この問題に関する英国政府の行動をさらに細かく見ることにしよう。

すでに見てきたように、英国外相のアーサー・ヘンダーソンは、一九二九年九月の時点で支持の言明を避けていた。覚書が送付される一二日前、かれはブリアンと会談し、提案された連合が米国に対抗するものでないことを確約するよう求め、その確約を得ていた(これについての情報とその後については、139:Nos. 185-194)。

覚書が公表された後、英国の大使たちは、各駐在国の政府の意見を収集し始めた。ウィーンから、オーストリアの首相は「ヨーロッパ経済連合の可能性さえ信じていない」という報告が到着した。ベルリンからは、サー・ホーレス・ランボールド大使が「現在の国境を凍結する構想の拒否」を伝えてきた。英国の政策およびここでのわれわれの関心にとってより的を射ているのは、サー・ホーレスがドイツの外相に、もし英国が提案されている連合に参加しないとしたら、ドイツ政府の立場はどうであるかと尋ねたことである。「その場合には、ブリアン氏の提案はドイツ政府にとってなんの利益もないであろう。……もしその構想が何かを生むためには、英国は参加しなければならない」というドイツ外相の答えを伝えてきた。ローマからの電報は、「外相は私に……イタリアはそれを受け入れないだろうと語り、また、かれはすでにムッソリーニ氏からそれを拒否する権限を付与されている」という内容だった。それと同時に、ある英国外務省高官は、英国の返答の基礎となる覚書を準備した。否定的な語調がただちに読みとれる。

ブリアン氏がここ数カ月ヨーロッパを待たせてきた覚書は、少なくとも一見して、驚くべき、かつ失望させられる内容である。……それは、曖昧で不可解な理想主義がちりばめられており、……重要であるのか、まったく無意味であるのか、わからない言い回しで表現されている。

この文書は、経済的協力よりも政治的連合を優先させる勧告を、「ブリアン氏の九月の演説によるものとはまったく矛盾する奇妙な提案」と呼んだ。その作成者は、さらに続けて、提案された連合が国際連盟に及ぼすほとんど避けがたい逆効果について懸念を表明した。それに続いて、ブリアンの真の動機についての興味深い憶測が述べられている。これは政治的なことよりむしろ経済的なこと、すなわちヨーロッパ域外からの挑戦、とくに米国からの挑戦に対して、フランス経済およびヨーロッパ経済全体を守ることになると考えられている。文書は、この動機が「主に「ヨーロッパ合衆国」や「パン・ヨーロッパ」によって常に意味されてきたものである」というそっけない結論を導いている。

要するに、この〔英国外務省〕内部の覚書は狡猾な政策を勧めている。ブリアンとの友好的な関係を維持するために、ブリアンの提案を、他国が先に拒否するのを認めたのである。七月三日外務省は、内閣に提出する説明資料をヘンダーソンに用意した。それは初期の文書とほとんど同じ方向性を踏襲し、ブリアンの計画のなかで英国が共感をもった経済的側面に目を向けている。しかし、「ブリアン氏の提案は国際連盟に深刻な危険をもたらすであろう。したがって、このままの形では、それらに反対することがわが国政府の義務と考える」と警告している。

実際、ヘンダーソンが英国の回答をフランス大使に手渡したとき、その文書はブリアンの目的に対する総論賛成を表明していた。しかし、大英帝国の自治領に意見を求める必要があるので、回答は「予備的な、暫定的な」ものであると言い訳し、英連邦《コモンウェルス》を隠れ蓑に使ったのである。

この舞台裏での意見の形成や交換に関する以上の記録は、ジュネーヴでの社交辞令的な行為を修正する重要なものである。ブリアンの構想はまったく望みがなかった。しかし英国のやり方には、フランスが伝統的に不満をもっている裏切り行為的なところがあった。イギリス人の学者は以下のように記述して、うまくエピソードをまとめている。

しかし、たとえ英国の反応が熱意に欠けたものであったとしても、フランスの陣営にある国々を除く他の多くのヨーロッパ諸国と英国の反応の間にたいした違いはなかった。唯一本当の違いといえば、英国がとくに巧みな外交上の偽善的行為を見せたことである(21:86)。

これらの落胆させられる反応に直面して、ブリアンは九月八日の会議でほとんど絶望的な状態だった。しかしその計画を「連邦的な絆」や「ヨーロッパ連合」ではなくて、「ヨーロッパ諸国政府間の密接な協力のための構想」として国際連盟総会へ付託することに同意することによって、九月一三日には提案が前進した。

ブリアンは、かれの雄弁の才を尽して、難破船から何がしかを救出しようとした。

[かれは言う]ヨーロッパ諸国家の連合というこの構想は……生きている間に流布するのが許される前に、博物館に預けられた構想としてすでに分類されてしまった。それを見せられたとき、人々は「それは詩人が喝采するものであり、哲学家が提唱するものである」といった。人々はおそらく、「すべての警戒心を失ってしまった政治家は、これらの高尚な精神の持ち主の仲間に入ってきた」というだろう。私は博物館より、良い場所を得たいと望んでいる(123:340-41)。

それは、かれの批判者たちに応える闘う演説であり、支持を請う請願の演説であった。それは、物悲しい演説であった。なぜなら、かれは自分の計画が事実上葬り去られてしまうことを知っていたに違いなかったからである。

九月一七日、国際連盟の総会は、ヨーロッパ連合研究委員会の設置を決定した。ブリアンは一九三二年三月に亡くなるまでその議長を勤めた。しかし、かれの死後まもなく、同委員会は事実上機能しなくなってしまった。その活動期間中は、農業のための有益な活動を行なったが、ブリアンの心にとって非常に重要だったヨーロッパ政治連合の理想を一歩も前進させることはなかった。

死の少し前、かれは姪から有名な芸術家のモデルになるように頼まれた。かれは断わったが、こうつけ加えている。「ああ、軍備縮小とヨーロッパ連合が実現すれば、ウィだがね」と(66:44)。

4　ブリアンをめぐる評価

それでは、われわれはヨーロッパ連合を実現させようとしたブリアンの試みをどのように評価したらよいのであろうか。以下の三つの疑問を提示することは有益であろう。第一に、構想があまりにひどいものであり、実行不可能なものであったため、失敗は事実上避けがたかったのか。第二は、このミラー・イメージである。すなわち、構想は基本的に健全であったが、予測できない状況の障害につまずいたのか。第三に、ブリアンのイニシアティヴは実行には至らなかったものの、その重要性はいかなるものであったのか。

ある人は、ブリアンの構想があまりにも脆弱な基礎のうえに築き上げられたと、やむにやまれぬ主張をするかもしれない。かれを批判する人のなかには、かれの政策が、疑いの余地のない雄弁さから生じる自己欺瞞の被害を受けていると常に感じていた人々もいる。演説は情感的、会話は魅力的だったので、ブリアンの話はすぐに説得力をもつ傾向があった。しかし、拍手喝采や賛同の言葉を聞き、おそらくかれは実情よりも深く自分の政策に対する支援を受けているのだと信じてしまったのであろう。ヨーロッパ連合の計画に関してもそうであった。決断を余儀なくされたとき、すなわち各国政府がかれの覚書への支持あるいは反対の立場を書面で明確にするように要求されたとき、かれの立場の弱さが明らかになったのである。

もちろんブリアンは、もっともらしい留保があり得ることを事前に見のがしていたわけではない。現に批判を先回りしようと、その文書に曖昧で矛盾した雰囲気を与えた。こうしてそれは、すべての人にすべてのものを与えるために妥協の産物として出来上がったが、結果的には、誰にとっても、なにももたらさないものになってしまった。これまで見てきたように、非常に多くのことが将来交渉し定義するものとして残された。それは基本的に経済協力のための計画だったのか、それとも政治協力のための計画だったのか。それは国家主権を維持するものなのか、それとも減じるものなのか。これらの重要な問題のそれぞれについて、ブリアンの口頭あるいは書面の言葉はかなり曖昧さを含んでいた。これらの問題について順次考えてみよう。第一に、かれは一貫して政治連合の優先について論じながらも、一般には経済問題が緊急課題として考えられていることを十分に認識していた。このため、政治連合のための覚書の本文第四部は、実際には経済協力と社会協力の問題に集中している。あるいはひょっとしたら、政治協力および経済協力の優先に関して曖昧であることは、より利己的な動機を隠す仮面であったのではないか。この疑念は、以下のように国際連盟を専門とするある歴史研究者によって言及されている。

……経済協力の前に安全保障を求めたのは、ヨーロッパのなかで経済的にも財政的にも最強の力をもつフランスであった。覚書は、すべての国家にとって平等に利点があるように考案されたブリアンの計画が、まるでフランスの政策の特別な目的に資するためにゆがめられたかのように読める。このようにつくり出された印象が、第一〇回総会でかれの行動が起こした建設的な推進力を、非常に弱めることになった(134:431-32)。

第二に、国際連盟の勇気ある擁護者であるブリアンが提案した構想は、たいていの鋭敏な批評家から見れば国際連盟を高くもち上げることによってかえって正反対の効果を招くものだったのである。ドイツの外相シューベルトは、それを一笑に付した。ランボールド大使は、外相が「ブリアン氏の提案しているような組織がジュネーヴの国際連盟と並存することは、馬鹿げたことだ」(139:No. 188)と考えていると報告した。シュシュニックは、四年後にオーストリアの首相になった人だが、そのことに関して異なった見解をもっていた。かれは後にこう記述している。「一九三〇年にブリアンがヨーロッパ同盟を提案したとき、国際連盟が必要な力を欠いていたことが明らかとなった」(117:119)。換言すれば、ヨーロッパ連合が国際連盟の中枢部を破壊するのではないかという懸念は、国際連盟がすでにかなり弱まっていたために、説得力のあるものとなっていたのである。

しかし、もちろんいかなる政治連合の構想にとっても中心的な問題は、国家主権である。これが曖昧さを有する第三の問題点である。ヨーロッパ連合が実効的であるならば、ある程度国家主権を弱体化させる。国家主権を弱体化させるならば、効果的なヨーロッパ連合への反発を引き起こしかねない。ブリアンは不可能なことを企てたわけではないが、この命題について直接解答を与えようとはしなかった。一九二九年九月の国際連盟での演説で、かれは「ある種の連邦的な連合」と「連帯の絆」について語っている。しかし、その後に行なわれた記者会見では、これらの重要な語句のうち最初のものは語られなかった。覚書は、一九二九年の演説と同様に、さまざまな形で「連邦連合」「ヨーロッパ連合」および「ヨーロッパ的結束」に触れていた。後にブリアンはさまざまな言い回しの繋がりについて聞かれたとき、意見を分裂させたり、特定の政府を心配させたりしないために、単純で柔軟性がない表現は避けたいと思っているのだと説明した。非常に多くの異なった用語を使い、各国の権利についてあまりに多くの保証を与えることによって、ブリアンは主権という卵の殻を破ることなく、連邦というオムレツを作ることを提案しているという印象を与えようとしていた。この結果、混乱と疑念は避けられなかった。

最後に、ブリアンの計画は失敗する運命にあったと議論することもできる。なぜなら、英国の参加が成功の必須条件でありながら、当の英国はこのような冒険に巻き込まれるつもりはなかったからである。ヨーロッパの五大国のうち、ソ連は国際連盟の枠外にあったので参加資格がなかった。ドイツは戦後の除け者の立場から脱したばかりで不安定だった。イタリアのいかなる結合へのコミットメントも、ムッソリーニの大げさな性格によって疑いをもたれていた。結局、英国だけがフランスとともに計画を支援し得る存在だったのである。しかし、確かにヘンダーソンと外務省の先に述べたような態度は予測できたであろう。世界一の大帝国としての変わらぬ自負と米国との確固たる「特別な関係」(コーラル・ベルが一八九五年ころからとしている。10:105)のため、英国が一九三〇年にヨーロッパへ固いコミットメントを行なうことは、一九五〇年のときにもそうであったが、それよりもさらに考えつかないことであった。

しかし、ブリアンは決して馬鹿ではなかった。かれは、自分が選択した時点で、計画を推進することからおそらくある程度の利益が生じるだろうと判断していたに違いないし、そう判断するのに十分な理由もあったに違いない。現に覚書は、「ヨーロッパにおける建設的な努力の開始にとって、時期はかつてないほど都合が良く、その必要性はかつてないほど緊急性を帯びている」と明確に述べている。

このような結論を引き出すには、いくつかの明白な理由がある。大戦の記憶はまだ消えていなかったので、戦争への嫌悪は依然として強力な感情であった。その一方で、問題は明らかに存続しており、論争を平和的に解決できる効果的な政治機構がきわめて魅力的に見えた。またブリアンは、パン・ヨーロッパ運動のなかに既製の宣伝網をもっていた。それと同時に、主要な戦後の経済問題が軽減され、それに伴って緊張が十分緩和されたため、この領域において残っている、あるいは将来に起こる論争を解決するための協力が当然支持されるであろうと期待された。さらに、米国の経済的な挑戦、日本との潜在的な経済競争、ソ連からのイデオロギー的な脅威の可能性が、なんらかの形のヨーロッパ統合の価値を示唆した。最後に、ブリアンの個人的な立場は、とくにロカルノ条約の成功以降、かれの提案に少なからぬ重要性を与えていた。

このような都合の良い状況にもかかわらず失敗したことを指摘されると、ブリアンの支持者たちは、ブリアンが予想できなかった一連の事件が不利に作用したことを強調する傾向にある。もしこれらのことが起こってさえいなかったならば、かれの構想に見込みはあっただろうと、こう議論が進むのである。これらの出来事のうち二つは、ドイツで起こった。ひとつは一九二九年一〇月にグスタフ・シュトレーゼマンが五一歳で亡くなったことである。かれほど能力があり、ブリアンとの個人的なつきあいも深く、自国の利益を平和的かつ融和的な方法で追求していこうとしたドイツ人の政治家はいなかった。しかも一九三〇年の選挙の結果、かれの時代とは非常に対照的な、過激で国家主義的な政治スタイルへの移行が告げられた。投票は、ブリアンの覚書とそれに対するヨーロッパ各国政府の反応を議論したジュネーヴでの会議の一週間後に行なわれた。国家主義者の政党とナチスが獲得した議席は、議会の全議席の四分の一にのぼった(五七七議席のうちの一四八議席)。

ナチスの選挙での成功は、ドイツにおける金融上の不安の高まりを背景に理解されなければならない。一九二九年一〇月の大恐慌の影響が伝わり、不景気となるにつれて、この不安はヨーロッパ中に拡がっていった。ブリアン主義的な経済協力の要望が喚起されるどころか、この危機は、保護主義が加速化するだろうという確信を強めることになった。平和、協力関係、連邦的連合の思考へと至る一九二六年から二九年の時期の風潮は、一変してしまった。幻想あるいは都合のよい現実からつくられたものであるにせよ、その風潮は幻滅と残酷な現実に取って代わられたのである。

しかし、それでは、ヨーロッパ連合構想の歴史において、ブリアンのイニシアティヴの重要性はどのように要約できるのであろうか。なによりもまず、覚書が新しい段階を築いたということが留意されなければならない。これ以外に、指導的な立場にある現職のヨーロッパの政治家が考案した構想はない(ポディエブラディ家のイジーのものが例外となりうる。一九一二二頁を参照)(シュリー公爵の著作がなんと記そうとも、かれがそれを草稿したのは引退してからのことであった)。他のどの構想もヨーロッパ諸国の複数の政府によって公式に検討されたものではなかった。とくにサン＝シモンのように、自分の計画が作成された当時の政治家たちによって積極的に検討されるという大志を抱いていた先達たちが数多くいたのも事実である。しかし、ブリアン以前には、このようなことができる立場にいた人はいなかった。したがって、ブリアンは構想を実現可能なところまで近づけたということで重要である。

クーデンホーフ・カレルギーは、第二次世界大戦の最中にかれ独特の誇張した表現でこう記述している。「もしブリアンが成功していたならば、ヒトラーは首相にならず、ヨーロッパも別の方向へ進んでいただろう。人類は、その最も大きな負債のひとつをこの大胆で寛大な男に負ってしまっている」(34:137-38)。われわれは次章で、ヨーロッパ統合の構想が、まもなくして戦時中に、どのように復活することになるのか見ていく。

さらに、ブリアンからヨーロッパ連合建設に関する戦後の作業への継続性は、以下の二つの重要な発言のなかで強調されている。ひとつは一九四六年、チューリッヒでのチャーチルの演説である。この時、かれは、「われわれは一種のヨーロッパ合衆国を建設しなければならない」と勧告するとともに、これが「フランスの有名な愛国者であり政治家であったアリスティード・ブリアンが尽力した」(77:34)構想であることを聴衆に思い起こさせた。もうひとつは、その四年後にロベール・シューマンがECSC〔ヨーロッパ石炭鉄鋼共同体〕の設立を発表した際、「二〇年以上もの間、統合されたヨーロッパの擁護者の役割を担ってきたなかで、フランスはいつも平和に仕えることを欠くべからざる目的としてきた。しかし、ヨーロッパは建設されなかったし、われわれは戦争を経験した」(77:37)と語ったことである。後にジャン・モネは、現実的な手法を用いて演説のこの部分を論評し、「これはアリスティード・ブリアンへの敬意を表するものであるが、美辞麗句への訣別でもあった」(92:300)と記述している。

多くの評論者が、ブリアンの計画と「共同市場」の類似性に気づいていた。「共同市場」「ヨーロッパ共同体」という言葉でさえ、一九三〇年の覚書に使われている。ジュール・エルマンはかれの著書 *L'évolution de la pensée européenne d'Aristide Briand*(『アリスティード・ブリアンのヨーロッパに関する思考の発展』)において、ブリアン覚書とシューマン宣言の多くの類似性を列挙している(二四一―二四三頁を参照)。すなわち、平和という動機、提案された連合が他の誰に対抗するためのものでもないと主張していること、諸国民の相互依存を理解していること、国民性が連合のなかで最も十分に活かされるという信念、固い連邦的な結びつきは漸進的に行なってはじめて達成されること、英国が特殊なケースであることを受け入れること、ドイツを含めることが決定的に重要であるという判断、世界的な機構(それぞれ国際連盟、国際連合を指すが)は平和の維持を確保するのにはあまりに弱体であるという認識、などである。

第二次世界大戦という大変動が介在し、これら二つの文書〔ブリアン覚書とシューマン宣言〕の間にかなりの時間的な隔たりがある印象を与えるかもしれないが、それらは実際わずか二〇年しか離れていない。さらに、第二次世界大戦で生じた出来事は、第一次世界大戦の経験の結果ブリアンにとって非常に重要性をもつようになった考えをいっそう強化した。同様の問題に直面して、ブリアンとシューマンが同様の解決案を作成したことは驚くに当たらない。そのうえ、どちらも単独で作業したわけではなかった。かれらの同僚および外務省の官吏たちは、広汎な諸原則を詳細な提案に移し変える手助けをした。いままで見てきたように(二〇一―二〇二頁を参照)、レジェはブリアン覚書を作成した。ジャン・モネが「アリスティード・ブリアンへの敬意」と呼んだ文章を草稿したのは、二〇年後官房長としてレジェの後継者となったベルナール・クラピエであった。

意識的にしろ、無意識的にしろ、現在のECの基礎を築いた人々が同じ関心の伝統のなかで働き、ブリアン覚書に結晶化され、拡められたような解決策を好んだことに疑いの余地はないだろう。とくに経済問題の解決のために協力する努力に重点がおかれるのは、まさに二〇世紀の思考の真髄である。ブリアンは、主としてヨーロッパ合衆国の連邦的概念によって影響を受けていたが、それにもかかわらず、「関税縮小化」のための運動の意義を評価していた。しかし、対照的なこともある。ブリアンが経済統合の手段として政治連合を使用することを望んだのに対し、ECの始祖たちはこの過程を逆にした。また、過去の他のすべての構想の特徴がそれらの作成者たちの経験を反映していたのと同じように、そのような重要な優先順位の変換は、一九五〇年代の人々の背景や関心に由来していたのである。

第７章

ＥＣ統合の実現に向けて

1　全体主義からの挑戦

歴史が急激な進展を遂げる時がある。それは、短期間に数多くの重要な事件がめまぐるしく起こる時期である。一九四〇年代はそのような時代であった。一九四〇年五月のダンケルク撤退から、ＥＣへの道を開いた一九五〇年五月のシューマン宣言まで、わずか一〇年の隔たりしかないのである。時間の幅をもう少し拡げるならば、ブリアンが失意のうちに死を遂げた一九三二年三月から、共同市場を設立するローマ条約が調印された一九五七年三月まで、二五年の歳月しか経過していない。時代の舞台がこのように込み入っているため、印象論的な素描として時代的背景を書き加えることしかできないだろう。また、基本的な構想がどのようにして交渉によって国際法上の文書へと結実したのかを、詳細に吟味することもできないだろう。しかし、たとえそうであるとしても、これまでの各章で、資料が本章ほど豊富でないなかで用いられてきた分析手法が依然として適切である。まず、ヨーロッパ史の文脈を踏まえて一連の事件を指摘し、なんらかの形の連合を形成する諸要因を明らかにする。次いで、二つの決定的に重要な文書とその中心的人物について検討する。その二つの文書とは、パリ条約とローマ条約であり、あわせてＥＣの「憲法」と称されることがある。パリ条約の中心的人物はジャン・モネであり、一方、ローマ条約の中心的人物はポール＝アンリ・スパークであったとみなすことができる。最後に、この二つの注目すべき文書が起草された一九五〇年代における努力がどのようなものであり、いかなる意義を有するかに関して簡単な評価を加えることとする。

ブリアンの死から一九五〇年代における三つの共同体の創設に至る時期に関して、ヨーロッパ統一の理想をヒトラーおよびスターリンの全体主義的な政治手法と関連づけて考えるならば、理解を深めるのに役立つだろう。全体主義とは国家主権の肥大化であり、一方、連邦主義とは国家主権の希薄化を意味する。この時期にヨーロッパ連合を提唱した人々の主流は、心底からの連邦主義者たちであり、教条主義的に発動される独裁者たちの政策に対して強い嫌悪感を覚えていた。かれらの力は多分に、そのような嫌悪感に由来していたのである。

一九三〇年代、平和と民主主義を目指すヨーロッパ統一の理想は、とくにドイツにおいてナチスが政権に就いて以来、実現不可能と思われていた。ヒトラーが暴力的手段による征服以外の方法によるヨーロッパ統一に対してことごとく反感を抱いていたことは、かれがクーデンホーフ・カレルギーの運動と著作物(一八九一一九五頁を参照)をいちはやく禁止したことからうかがえる。しかしながら、読者にはひょっとしたら意外に感じられるかもしれないが、とくに一九三八年から四〇年の時期に、平和的手段によるヨーロッパ統一に対する関心がふたたび生じたのは英国であった。「連邦連合」と称する組織が設立された。その関心は決してヨーロッパに限定されていたわけではないが、同組織の二つの委員会がヨーロッパ統一の計画を提出した。この二つの計画は、アイヴァー・ジェニングスとR・W・G・マッケイの両氏によるものであったが、双方とも一九四〇年に公刊された。二大政党の党首が賛意を表した。すなわち、一九三九年、労働党党首アトリーは、「ヨーロッパは連邦化されなければならない。さもなければ没落する」(84:36)と断言した。保守党党首チャーチルもこの構想にいくたびか言及したが、最も有名なのは一九四三年の世界中に流された放送である。その時、かれは「われわれは、ヨーロッパ審議会もしくはどのような名称が付されようとも、本当に実効的な連盟にするよう努力しなければならない」(138:23)と言明した。

しかし、英国のこの理想に対するコミットメントは、実際には表面的なものにすぎなかった。チャーチルはその数年前に、次のような区分をして人々の注意を喚起したことがあった。すなわち、「われわれイギリス人は、ヨーロッパとともにあるが、その一部ではない」(*Saturday Evening Review*, 34:200)。さらに、ワット教授が指摘しているように、「連邦主義的構想が知識人の提言から政府高官の政策文書へと実を結ぶことはなかったのである」(136:393)。

レジスタンス運動に参加していようと英国における亡命政権に加わっていようと、多くのヨーロッパ大陸出身者にとって事態はもっと深刻であった。戦後の出来事にとって注目に値するのは、レオン・ブルムとアンドレ・フィリップをはじめとするフランスの社会党の有力な政治家たちがヨーロッパ連合の運動に馳せ参じたことである。エルネスト・ロッシとその後EC委員を務めることになるアルティエロ・スピネッリをはじめとするイタリアのレジスタンスの政治犯たちは、「ヴェントテーネ宣言」をつくり上げた。この文書は第二次世界大戦を、「国家権力の征服」を求める全体主義者と「国境を越える強固な国家」を目的とする人々との間の闘争と規定した(72:6)。一九四四年、九カ国の代表が連邦主義的な「ヨーロッパ・レジスタンス運動宣言草案」を作成した。このようなヨーロッパ大陸における戦時中の活動は、興味深いことに、すべて英国の連邦主義者の著作から大きな影響を受けていた。これはスピネッリがはっきりと認めた事実である。

翌一九四五年の夏までには、第二次世界大戦は枢軸国側の敗戦で終わりを告げた。しかし、連邦主義者たちは依然として全体主義の脅威を忘れ去ることはできなかった。ヨーロッパ連合の計画立案は、東側におけるスターリンの意図、およびヨーロッパ大陸の中心部に位置するドイツにおける軍国主義復活の可能性に照らして行なわれなければならなかったのである。

とはいうものの、戦後のヨーロッパ統合への関心の高まりのなかで、野蛮なイデオロギーに対する恐怖のみが考慮の対象とされた、というわけではなかった。統合の過程がいかなる性質のものであるかを決定したのは、ヨーロッパ統合を追求する個々人の圧力を含むさまざまな要因の相互作用であり、その結果、統合の過程は、一九五〇年以降断続的に進展してきた。とりわけ、これらのうちの一定の諸要因が複合的に作用して、従来のすべての構想の成功の芽を摘んできた障害を覆すに足る歴史的な圧力を生み出したといえる。

以上のような諸要因を簡潔に分析する手始めに、EEC(ヨーロッパ経済共同体)を設立した一九五七年のローマ条約までの主要な事件の概略を、以下、年代順に示すこととする。

一九四六年、当時下野していたウィンストン・チャーチルは、チューリッヒにおける演説のなかで、「一種のヨーロッパ合衆国」を創設するよう求めた。一九四七年には、ベネルクス三カ国による経済同盟が設立された。また、同年、米国国務長官ジョージ・マーシャルがヨーロッパ復興計画の提案を行ない、翌一九四八年、マーシャル・プランを管理運営する機構としてOEEC(ヨーロッパ経済協力機構)が設立された。同年、ハーグ会議が数多くの民間圧力集団の協力の下に開催された。これにより「ヨーロッパ運動」が結成され、翌一九四九年にはヨーロッパ審議会が創設されたが、それはその後、主として文化および人権問題に取り組むことになった。ロベール・シューマンは一九五〇年、自分の名前を付けて呼ばれることになる計画を公表し、次いで、翌一九五一年、ECSC(ヨーロッパ石炭鉄鋼共同体)を設立する条約が調印された。一九五二年から一九五四年には、各国軍隊の混成部隊で構成されるEDC(ヨーロッパ防衛共同体)を創設しようとする努力がなされたが、それは結局、流産に終わった。しかしながら、経済面における統合の方はさらに一歩前進をみせ、一九五七年、EECとEURATOM(ヨーロッパ原子力共同体)を設立する二つのローマ条約が調印された。ECSCおよびEECの創設をもって、「六カ国」(西ドイツ、フランス、イタリア、ベネルクス三国)から成る「小ヨーロッパ」が成立した。

次に、統合の過程を形作ったさまざまな要因に目を向けることとする。およそ一〇の要因を指摘することができる。

第一の要因は、ヨーロッパの非常に多くの地域がはなはだしく荒廃していたということである。すなわち、国土は荒廃し、経済は麻痺状態にあり、人心は無気力と化していた。産業を再建し、また、家屋を失い飢餓に瀕している人々を救済する、という測り知れないほど重い任務を個々の国家が引き受けるのか、あるいは努力と資源を共同で動員することが必要とされているのか、という問いかけがなされた。米国からの援助がマーシャル・プランという形でやってくることになっていたが、同プランに伴って米国は、援助の配分を効率的なものとするために受益国間で協力することを求めて強く圧力をかけた。ヨーロッパの荒廃を目の当たりにしていた国務次官ウィル・クレイトンは、この点をとくに一貫して求め続けた。その結果、ＯＥＥＣが設立されたのである。この計画を担当した米国経済協力担当官ポール・ホフマンは、ヨーロッパ人に対して、さらにもう一押し圧力をかけようとした。一九四九年一〇月、パリにおいて、かれは有名な演説を行ない、そのなかで「この熟慮されたうえでの要請」すなわち「ヨーロッパを経済統合に向けて軌道に乗せる計画を一九五〇年の早い時期に準備すること」(129:48)を求めたのである。

以上、第一の要因として米国の影響力を検討したが、次に、第二の要因として、米国のヨーロッパ連合に対する態度がどのようなものであったか、ということに話を進めることとする。当初、トルーマン政権は、ヨーロッパが経済的に統合される場合に予想される競争に不安を感じていたが、しだいにそのプラスの側面を評価するようになった。米国からの支持や援助は、言葉のうえだけの場合でさえ、当時ヨーロッパ連合を進展させる重要な要因となった。フランスがＥＤＣに反対したときの米国の反応は特筆に値する。フランスの態度に業を煮やした国務長官フォスター・ダレスは、米国政府の対ヨーロッパ政策の「徹底的な見直し」を表明してフランスを牽制し、「米国の政策は一九四六年以来、西ヨーロッパがいつの日か、ひとつになるという期待に基づいてきた」(120:177)と断言したのである。

米国からの支持の有力な理由のひとつは冷戦の開始にあったが、これが第三の要因を成している。ヨーロッパ復興計画を発表したマーシャル演説に先立つこと三カ月、一九四七年三月に米国大統領は「トルーマン・ドクトリン」を発表した。一九四〇年代後半を通じて緊張が高まるにつれ、アメリカ人は、西ヨーロッパは共産主義に対する強固な要塞にならなければならないとの思いをますます強くした。一〇年前に人々の心をヨーロッパ連邦へと向かわせていたヒトラーの全体主義の脅威は、いまやスターリンの全体主義の脅威に置き換わっていた。ベルギー人の政治家ポール＝アンリ・スパークは、回想録において率直に次のように述べている。「この二〇年間に、西側の多くの政治家が「ヨーロッパ統一の父」と呼ばれてきた。……しかし、かれらのうち誰一人としてこの呼び名に値しない。それはスターリンのものだからである」(120:141)。

この冷戦という問題のなかで、第四の要因であるドイツ問題の性質に変化が生じた。いかにしてドイツを国際システムに復帰させるべきか、という問題の解決には、次の三つの点が考慮されなければならなかった。第一点は、ドイツの軍事力の脅威が復活するのを防ぐことであった。第二点は、ドイツ経済の復興が近隣諸国の利益を損なうことがないようにすることであった。第三点は、これらの予防措置の制限の範囲内でドイツを強化して、共産主義ブロックに対する防波堤とすることであった。ドイツに対する疑いの目から西側陣営内への取り込みへと強調点が変わっていったことは、以下の急速な一連の事件の流れに象徴的に現れている。一九四七年、ドイツの侵略に備えて協力するため、英仏間にダンケルク条約が調印された。しかし、その八年後に、ドイツ連邦共和国は西側軍事同盟であるNATO(北大西洋条約機構)の一員となった。その間に、西ドイツはまた、ECSCの一員にもなっていた。ドイツにはナチス時代に対する深い罪悪感があったので、それらの統合を目指す努力に身を低くして協力した。ドイツ問題の解決はヨーロッパ連合の必須条件であったが、以上のようにして、一九五〇年代に、ソ連はともかくとして、少なくとも西ヨーロッパの見地からは、ドイツ問題に対して建設的な対応がなされていたのである。

当然のことながら、西ヨーロッパでドイツの復活に最も神経をとがらせていたのはフランスであった。そのため、西ヨーロッパの統合に対するフランスの態度が考慮すべき第五の要因であり、第六の要因である英国の態度と比較してみるのがよいと思われる(以下の解釈に関しては、140 諸所参照)。東ヨーロッパは鉄のカーテンによって考慮の対象から締め出され、また、ドイツとイタリアも敗北した枢軸国という疎遠な地位に依然としてあったので、一九四五年当時、ヨーロッパ連合を目指す運動の成否は、明らかに英国とフランスしだいであった。英国は戦時中、敗北と占領を免れ、また米国および英連邦と密接なつながりを有していたので、フランスほどヨーロッパ大陸にかかわり合いをもつことに関心を示すには至らなかった。しかし、フランスにとって、敗北、占領および一部国民による対ナチス協力は、まさに癒しがたい傷を残した経験であった。他方、戦争終結直後の三年間は、どちらかといえば英国の方がフランスよりも統合に熱心であるように思われた。一九四六年、チャーチルがチューリッヒ演説を行ない、翌年には「統一ヨーロッパ運動」がロンドンのアルバート・ホールの大集会を経て発足した。外務大臣アーネスト・ベヴィンは、この運動を原則的に支持していた。しかしながら、一九四八年から英国とフランスは袂《たもと》を分かち始めた。フランスはヨーロッパ連合に対して強い熱意を示したが、それは、ベヴィンのプラグマティックな「ゆっくり急げ」式の思考からは、危険なまでに性急で実行不可能なものであると思われた。実際、英国の二大政党はともに、このようなためらいを抱いていた。一九五〇年、ヨーロッパ審議会における演説のなかでハロルド・マクミランは、この問題に対するヨーロッパ大陸諸国と英国のアプローチの相違を指摘し、次のように断言した。「大陸の伝統では、演繹的に推論しようとし、頂上からふもとまで説きおろしていく。すなわち、一般原則から始めて、次いでそれを実際問題に適用する。他方、イギリス人は帰納的に問題を検討することを好み、現実の経験から頂上に向かって説き及んでいく」(120:212)。

ヨーロッパ統合の過程に対するコミットメントが軽々しくなされるべきではないのは当然であった。何が起こるか誰にも完全にはわからなかったからである。実際、シューマン自身が自分の計画について「それは未知の世界に飛び込むようなものである」(16:133 n)と語っている。後に本章で見ていくように、ECの性格と目的については、その事業に最も深くかかわった人々および外部の大学研究者の双方が議論を重ねてきた。しかし、その事業が開始されても、加盟する国民国家が中央機関へある程度主権を委譲するのでなければ、まったく無駄に終わったことであろう。このため、第七の要因は、各国政府がどの程度、自国の政策に対する排他的なコントロールの手段の一部を手放すことに応じるか、ということであった。それは、各国間で比較することもできるし、また、各国内においてさまざまな時点で比較することもできる。例えばベルギーと比べて、英国は、この事業への完全な参加をはるかに嫌っていた。また、ミッテラン政権下のフランスは、ドゴール政権下のフランスよりこの事業に熱心である。なぜならば、ドゴールは「諸祖国から成るヨーロッパ」の段階で統合の過程を止めようとしたからである。

しかしながら、各国政府は、民主主義国家において最も明らかなように、自国の国内世論からまったく離れて行動することはできない。そこで、第八の要因として挙げられるのが、とくに第二次世界大戦直後の数年間において、圧力集団がつぎつぎに発足したことである。そのような圧力集団の登場には目を見張るものがあった。それは、ヨーロッパ統一による平和が広汎かつ熱烈に希求されていたことを物語る証拠であった。「統一ヨーロッパ運動」が英国のイニシアティヴで発足したことはすでに指摘したとおりであるが、この後、時を移さずして、「フランス統一ヨーロッパ評議会」が結成された。他に例を挙げるならば、「ヨーロッパ経済協力連盟」、「ヨーロッパ合衆国社会主義運動」、「連邦主義者ヨーロッパ同盟」、「ヨーロッパ議員同盟」がある。これらの組織のなかには、戦前の運動と個人的なつながりをもつものもあった。例えば、「フランス統一ヨーロッパ評議会」の名誉会長はエリオであったし(一九三頁を参照)、「ヨーロッパ議員同盟」はクーデンホーフ・カレルギーの影響を受けていた(一八九―一九五頁を参照)。また、ECSCおよびEECの創設において指導的な役割を果たすことになる人々の名前が、創立者名簿に見られる組織もある。例えば、「ヨーロッパ経済協力連盟」の結成に加わったファン・ゼーラントはパリ条約の署名者のひとりであったし、「連邦主義者ヨーロッパ同盟」の結成に参加したスピネッリはEC委員会に名を連ねた人物である。

フランスとイタリアで勢力をもった共産党の超国家的な関心は、モスクワ主導のコミンフォルムと結びついていたが、他のほとんどの政党はヨーロッパの理想に熱心な党員を擁していた。とくにキリスト教民主党はその理想に賛同していた。この点が、西ヨーロッパの統合の進展に影響を及ぼした第九の要因である。一九四五年以降、キリスト教民主党勢力は、オランダ、ベルギー、ルクセンブルク、スイス、オーストリア、西ドイツ、イタリアおよびフランスにおいて、著しい成長を遂げた。その動向に関するある歴史家の言葉によれば、「キリスト教民主党という名称を有し、プロテスタントとカトリックの双方の勢力を擁する政党が一九五五年当時、それら諸国の下院議席の五分の二近くを占めていた」(50:173)。さまざまな国の出身の党員たちが「キリスト教民主主義国際同盟年次大会(ＮＥＩ)」を通じて顔見知りとなった。かれらは、国家の過度な干渉から個人と家族を擁護するという基本哲学を共有していた。同様にかれらは、国家の好ましい役割を制限するように考える傾向にあったので、個々の国家をより大きな統一体に統合していくという考え方をとくに受け入れやすい立場にあった。それも、そのような統合がキリスト教の原則に基づいている場合にはなおさらそうであった。実際、ローマ法王ピウス〔ピオ〕一二世(在位一九三九～五八年)は、ヨーロッパ統一の運動を公に支持していた。

キリスト教民主党所属の政治家がヨーロッパ統一の構想を少なくとも部分的に実現することに指導的な役割を果たしたことは、なんら偶然ではなかった。この点が最後の、第一〇番目の要因と関連してくる。一九五〇年代、信念を抱いた個々人の影響力は、これまでに増して強力であり、かつ広汎にわたっていた。そのような大勢の人々が、さまざまな国で同時に政権の座にあったり、権限を有する地位にあったことには大きな意味があった。本章では、本書で概観した他の著者とその文書の関係と同じように、モネとパリ条約の起草の関係およびスパークとローマ条約の起草の関係に目を向けることとする。しかし、言葉の適否はともかくとして、このふたりの「著者」には三名の政治家の支持があり、かれらは立案された計画を現実に受け入れるのにとくにふさわしい地位にあった。その三名とは、一九四七年から四八年までフランス首相、一九四八年から五二年まで同外相を務めたロベール・シューマン、一九四五年から五三年までイタリア首相を務めたアルチーデ・デ・ガスペリ、一九四九年から六三年までドイツ連邦共和国初代首相として在職したコンラート・アデナウアーであった。

この三名の大きな共通点は、しばしば指摘されてきたことであるが、狭量な国家的見地ではなくヨーロッパ的見地に立って物事を考える性向を有していたことである。政党でいえば、かれらはみなキリスト教民主党に属していた。また、かれらには宗教的なつながりがあると考えられていたので、ときには「黒衣をまとった共同戦線」と呼ばれることがあった。地理的背景からいえば、かれらはみな「国境地帯の出身」であり、そのうちふたりは戦争がもたらした運命のために国籍の変更を経験しさえした。かれらは共通の目標を追求するうちに親交を結び、かれらの間の共通語であるドイツ語で気軽に会話を交わした。

アデナウアーはケルンで生まれ、そこで幼少期の大部分を過ごした。ラインラント人は一般にフランスびいきで、反プロイセン感情が強いという点は重要である。そのような態度を反映して、一九二三年一二月、その頃すでにケルン市長を務めていたアデナウアーは、パリのある新聞と意味深長な会見を行ない、ラインラント(ワイマール共和国の連邦構造においてプロイセンの一部であった)をプロイセンから分離することが平和のために必要かもしれないと示唆した。後になって、かれはワイマール共和国の時代に分離主義的な西ドイツ国家を指導するという野心を抱いていることを示唆したのだ、というところまでうわさが及んだ。実際にはそのような主張はゲシュタポの取り調べからも証明されることは決してなかった。その真意はともかく、アデナウアーは断じて頑迷なドイツ国家主義者ではなかった。

一九二〇年代におけるアデナウアーの考え方のもうひとつの特徴は、本章の関心と密接な関係がある。かれはその地域の石炭産業と鉄鋼産業を結合させることが利益になる点を力説し、フランス首相に以下のようなくだりの書簡を送ることとさえした。

ライン・ヴェストファーレン＝ロレーヌ地方およびルクセンブルクは、ひとつの結合した経済的有機体として産業が興り、成長してきた。もし私たちが連邦国家[すなわち、かれの提案による、プロイセンから分離して創設される国家]の国民とフランス国民との間に共通の経済的利益を形成することができれば、……この連邦国家は、フランスとの平和的協力という意味で、さらにずっと強い影響力をドイツで行使するであろう(95:18)。

かれはこの構想を一九四五年に復活させたのである。

デ・ガスペリは、三〇歳代の後半でイタリア市民となった。かれはオーストリア＝ハンガリー帝国のトレンティーノ州に生まれ、数年間オーストリア議会の議員を務めた。第一次世界大戦後にこの「イタリアの未回収地」が割譲されたことによって、かれはイタリアの政界に入ったのである。デ・ガスペリは、政治家としての全生涯を通じて、平和と国際主義の運動を支持した。ムッソリーニが支配していた間、それらの理想を推進しようとすることは、非常に危険であったわけではないにしても、困難を伴うものであった。それにもかかわらず、デ・ガスペリはなんとかパン・ヨーロッパ運動に対する支持を表明し、一九四三年には、ヴァチカンの雑誌に、ヨーロッパ統一を唱える匿名の論説を寄稿した。

三人組の最後のひとり、ロベール・シューマンは、さらにいっそう国際的な体験の持ち主であった。しかし、かれはパリ条約自体の発案に中心的な役割を演じているので、かれについての考察は便宜上、本章の次節に譲ることとする(二三八―二三九頁を参照)。

かれら三名は生涯ずっと、ヨーロッパの理想に関心をもち、そのための活動を続けた。デ・ガスペリは一九五四年に生涯を終えた。シューマンは一九六三年に他界したが、その一〇年前に政界から身を退いていた。しかしそれでも、一九五八年から一九六〇年までヨーロッパ議会の議長を務めるなど、積極的な活動を続け、際立った役割を担った。アデナウアーは非常に長命であったが、一九五七年、八一歳のとき、ＥＥＣおよびＥＵＲＡＴＯＭを設立する二つのローマ条約に署名を行ない、その六年後に引退した。

以上の導入的な説明に加えて、これから扱う二つの文書の個々の背景に関して付言しておきたいことが二点ある。第一点は、ＥＣＳＣの設立に絡むことである。当然、疑問として生じるのは、なぜ石炭と鉄鋼という特定の産業がヨーロッパ統合の最初の具体的な試みとして選ばれたのか、ということである。第一の理由は、もちろん、それらの産業が約二世紀にわたって近代重工業の中核であった、ということである。第二の理由は、ルール＝ロレーヌ地域が政治的境界線に仕切られてきたものの、経済的にはひとつのまとまった地域を成してきた、ということである。一九五〇年以前においても長年にわたって、その国境を挟んだ地域にある二つの産業を結合させるという構想が描かれていた。第三の理由は、ドイツの勢力の復活を抑制するという問題が存在したことである。潜在的に戦争能力の要《かなめ》となってきたルール地方を隣接する石炭および鉄鋼の生産と結びつけることにより、ドイツの産業復興を不安なく検討することができた。実際、この地域は戦後数年間、暫定的に連合国の国際管理下に置かれており、恒久的解決を図る必要に迫られていた。なんらかの形の石炭鉄鋼共同体を内容とするさまざまな構想が提出された。そのうち、とくに、フランスの政治家アンドレ・フィリップによるものとノルトライン・ヴェストファーレン州首相のカール・アーノルドによるものは、それぞれの政府に影響を与えたことは間違いないと思われる。第四の理由は、詳細において識者の見解が分かれる点であるが(41:17 n2 を参照)、西ヨーロッパおよびとくにフランスの鉄鋼産業が一九五〇年には危機的段階に達しつつあったことである。ECSCの創設は、以上のすべての懸念を晴らすものであったのである(二三七―二四一頁を参照)。

次に、付言しておきたいことの第二点に移ろう。ECSCが成功したことにより、例えば運輸および農業のような、「部門」統合の拡張が提案されるようになった。しかし、一九五〇年当時、より急を要すると思われたのは六カ国の防衛力の統合であった。米国および他の西側諸国の軍事的努力を極東、とくに朝鮮戦争に振り向けることになったため、この問題を検討することが緊急の課題となり、その結果、ドイツの再軍備を求める声が上がった。アンドレ・フィリップは統合された部隊と司令部に関する構想をまとめた。それは当時フランスの経済企画官を務めていたモネの目にとまり、モネはフランス首相ルネ・プレヴァンを説得した。その計画の目的とするところは「われわれの共同防衛のために、統一ヨーロッパの政治機構に結びつけられたヨーロッパ軍を創設すること」(129:56)であった。しかし、ほぼ四年にわたる交渉の後、このEDCのための条約草案は結局、フランス国民議会によって否決されてしまった。

この事件によりヨーロッパ連合の推進を唱えていた人々は、(常に不屈の闘志をもっていたモネを除いて)意気消沈してしまった。というのも、ＥＤＣ構想が失敗に終わっただけでなく、それと併行して進められていたＥＰＣ(ヨーロッパ政治共同体)計画もその時、実現不可能であることが露呈したからである。このＥＰＣ計画の大部分は、連邦主義者の楽観主義が流布していた時期にベルギー人の政治家スパークが起草したものであった。そのような状況にもかかわらず、「ヨーロッパの再出発」、すなわちヨーロッパ統一事業の再出発を期して、非公式の検討が再開されたのである。創意豊かな心は、多くのさまざまな選択肢を生み出した。フランスの世論は、エジプトのナセルに対抗することを狙った一九五六年のスエズ事件で受けた屈辱に衝撃を覚え、統合を推進する構想を以前よりも受け入れる傾向にあった。結局、ＥＵＲＡＴＯＭとＥＥＣが計画として取り上げられ、条約として起草された結果、一九五七年三月二五日ローマで調印がなされたのである。

2　モネとパリ条約

一九四一年、ナチス占領下のヨーロッパから亡命してきたふたりの避難民がワシントンで会合した。昼食をとり、食後の散歩をしながら、かれらは故郷のヨーロッパの状況に対して抱いている共通の関心について語り始めた。かれらはもちろん当時知る由もなかったが、両人とも、現代におけるヨーロッパ統合の礎石となってきた条約、すなわち、ＥＣＳＣおよびＥＥＣを設立する文書を生み出すうえで、それぞれ最も重要な役割を果たすことになっていたのである。このふたりの人物とは、フランス人ジャン・モネとかれが招待した客、ベルギー人ポール＝アンリ・スパークであった。その時の会話を回想しながら、スパークは後に次のように書いている。「モネは……後にシューマン・プランとして知られるようになったものの概略をかいつまんで説明してくれた」(120:213)。

モネは、フランス外相シューマンの名前で通っている計画の本当の立案者であった。シューマンは、その計画を政治的に実現した人物である。また、スパークがこの点を回想して明らかにしているように、初期の構想はパリ条約として実現される一〇年前にすでにモネの意識のなかにあった。モネの回想録からは、少なくとも一九二〇年代以来、一般的な考えが広く流布していたこと(一八六—一八九頁を参照)にあまり高い評価を与えていない、と感じられるかもしれない。それにもかかわらず、この問題に関してフランスを代表する学者の判断と異なる立場をとることは難しい。かれは次のように述べている。「石炭・鉄鋼の共同管理は、モネ氏の心理と意思による以外に、その由来であれ、また、その特徴であれ、正確に説明することはできない」(P. Gerbert, 41:20)。

モネの影響力は、この特定の業績を越えて及んでいる。すなわち、かれは現代におけるヨーロッパ統一の「影の立役者」であった。それゆえ、この傑出した人物について多少知っておく必要がある。かれは一八八八年、コニャックに生まれ、十代で家業のコニャック〔ブランデー〕会社に入った。その国際的な取引関係が、かれの心に自然と国際的視野に立った思考様式を芽生えさせた。この点をかれは回想録のなかで以下のように説明している。

それで、子供時代の当時から、フランス社会がその狭い視野のなかで沈滞する一方で、私の心のなかに、異なる言語を話し、異なる習慣をもった人々に会いたい、という気持ちが起こるのは自然なことであった。それゆえ、フランスの政治に浸透し始めていた高慢あるいは保身的な民族主義的態度を私たちは避けた。後年になって、他人との関係で私は、自分が一度も身につけなかった行動様式と闘う必要などまったくなかったのである(92:44)。

人生のかなり早い時期にモネは、国際的な和解、とくにヨーロッパ域内における和解のために尽くしたいという志を抱いた。かれは、多様な状況のさまざまな機会に、この目標をねばり強く追求し続けた。スパークは、前述のワシントンにおける会談に言及して次のように書いている。「ジャン・モネに最も特有の性質であると私が感じるのは、この思考の一貫性、自分の考えを追求する際のこのねばり強さである」(120:213)。

しかし、モネは自分の頭のなかで計画を生み出し、それを他人に繰り返し伝えたことで有名であるばかりでなく、それを具体化する作業に参加することにも責任を感じていた。一九五〇年代においてモネの最も親密な協力者のひとりであったシューマンは、モネの人格のこの側面を以下のように描写している。

> かれを特徴づけるもの、かれが他の非常に多くの創意に富む知性の持ち主と異なっているものは、構想を抱いてそれをほのめかすだけにとどめて、後は運命に委ねるままにする、という態度ではなかった。かれはそれらの構想が現実に動き出すように心を砕き、自分が作成した計画が実行されることにみずから責任の一部を担うことに身を挺したのである(16:129)。

どのような仕事においてもモネは、物事の本質をつかむ見事な才能と細部にわたる知識を求める飽くなき欲求心を兼ね備えていた。かれは、複雑な事柄にとまどった人々に、基本的な目的や方法を繰り返し根気よく説明した。また、かれは、最終文書に不明瞭なところがなく、かつ、それが当初の目的をできる限り達成できるようにするために、自分と同じく長時間くたくたになるまで働くことを部下たちに平気で要求した。さらに、かれは仕事を適切にこなすのに最適の人物を見抜く能力が自分にあることを誇ることができた。モネの手法と狙いは、政府の長であろうと地位の低い役人であろうと、なすべき行動にふさわしい人間を探し出すことにあった。回想録の終わりに自己評価を下している箇所でモネは以下のように述べている。

> 米国で私が知り合った非常に賢明な人物、ドゥワイト・モローはかつてこう語ったものであった。「人間には二種類ある。たいした人物になることを欲する人々とたいしたことをしたいと欲する人々である」。

モネは、第一の範疇に属する多くの人々の評判はうわべだけのものであると考えていたが、次のように誇らしげに述べている。「友人ドゥワイト・モローは私をこの第二の範疇の人々のなかに入れてくれた」(92:519-20)。かれの個性は舞台裏で働くこと、また、そのような控え目な態度で説得力を発揮することに向いていたが、そのような特質にもかかわらず、米国国務長官ディーン・アチソンは、モネを「フランスの最も偉大な人物のひとり」(1:76)であると評するのを禁じ得なかった。あるイギリス人の協力者は、この偉大さを「油断のなさ、粘り強さ、勤勉さ、および魅力を兼ね備えた、機会活用能力」(R. Mayne, 72:33)である、と寸評している。

以上、モネの人物像についての短い描写を終えるに当たって、本節の話が始まる年代である一九五〇年に至るまでのモネの経歴のなかから、主だった出来事をいくつか述べておく必要がある。第一次世界大戦中、かれは際立った才能を発揮し、連合国の商船輸送能力を最も効果的に利用できるように貢献した。戦後、国際連盟に事務次長として四年間勤務した。その後、民間人として国際的な銀行業務に就いた。その資格でかれはルーマニア通貨を暴落の瀬戸際から救う手助けをしたことがある。一九三九年の第二次世界大戦の勃発とともに、英仏経済調整委員会議長として、フランスにとって国家的重要性を帯びた活動に復帰した。そのような地位にあったおかげで、かれは英仏共通市民権という案を着想する機会に恵まれた。英国の戦時内閣はこの構想を受け入れたが、フランスの敗北によって実行には至らなかった。次いで、かれは英国政府の命を受けて、ワシントンで軍需物資の供給を交渉する任に当たった。その交渉で対立が生じたとき、米国の工業生産が果たす重要な役割を説得するために「民主主義の兵器廠」という用語をつくり出したのは、ほかならぬモネであった。一九四三年、アルジェに赴き、自由フランス運動に加わって手腕を発揮するとともに、戦後の諸問題に思いをめぐらした。第二次世界大戦が終わってみると、フランスの国土は荒廃し、経済は麻痺状態にあった。一九四六年、フランス政府は近代化設備企画院を設置したが、同企画院の任務はフランスの復興と再建にとって死命を制するほど重要であったと一般に理解されている。モネがその長となり、推進役を果たした。以上の活動の多くにおいてモネの働きは、歴史の教科書にはほとんど記載されていないが、通例、名声を得ている人々より重要な役割を果たしたことがしばしばあった。

一九五〇年、モネは、ドイツのヨーロッパにおける地位に関連する諸問題に思いを馳せるようになっていた。とりわけ、同国のフランスとの関係、すなわち、ドイツの政治的・経済的復活に対するフランス国内の不安、また、長年敵対してきた両国の経済および政治的な力関係における石炭および鉄鋼産業の死活的重要性がモネの頭のなかをめぐった。これらの相互に関連する問題は、新しいものであったというわけではない。実際、とくに石炭および鉄鋼産業を対象とするさまざまな初期の計画はいうまでもなく、さまざまな経済部門の統合のための機関を創設するという構想は、すでに「ヨーロッパ運動」によって発案されていた。

モネは、アルプスで休暇をとっている間に、以上の諸問題について思いめぐらしていた。パリに帰ると四月に、かれは自分の考えるところを紙にしたためた。複雑なヨーロッパの状況から、指針となる四つの検討事項が、かれの思考の具体化作業を経て明らかになったように思われる。第一点は、ヨーロッパ統合に関してたゆまず行なわれてきた話し合いと理論づけの作業を、限られた範囲であっても、行動に移す必要性であった。第二点は、フランスに根強く存在するドイツに対する不安を助長しないように、ドイツをヨーロッパ共同体に統合する必要性であった。

第三の検討事項は、第二点と密接に関連があった。忘れてならないのは、モネがヨーロッパ全体のことを考えていたとしても、依然としてフランス経済を再活性化させる計画の責任者であった、ということである。ほぼ三年前にかれは次の点に気づいていた。すなわち、「ドイツの鉄鋼産業はまもなくルール地方で生産されるすべてのコークスを消費する見込みであり、その結果、フランスおよび他のヨーロッパ諸国の鉄鋼生産は制限を受けざるを得なくなるだろう。……[しかし]フランスの鉄鋼生産の達成目標は、フランスの計画全体の要《かなめ》である」(92:274)。一九五〇年四月、かれは次のように記した。「早急に、ドイツの工業生産とその競争力の問題に対して手を打たなければ、フランスの復興の足取りが止まってしまうだろう」(92:292)。鉄鋼の生産過剰の調整がなされなければ、一九五二年に西ヨーロッパは深刻な危機に見舞われると予想されていたが、フランスの国民経済に対するこのような懸念は実際、その一部を成すものであった。

第四の検討事項は、急を要するものであった。五月一〇日水曜日と一一日木曜日、フランス外相ロベール・シューマンは、米国国務長官アチソンおよび英国外相ベヴィンとロンドンで会談する予定になっていた。シューマンは、基本的なディレンマを解決するための提案を携えていくことになっていた。アングロ・サクソンの両国は、共産主義勢力の侵略の恐れを和らげる手段として、西ドイツを強化したいと考えていた。フランス人は、明白な歴史的理由から、そのような政策には二の足を踏んでいた。モネは、(たぶん他の諸国も参加することになる)ヨーロッパの両大国の石炭鉄鋼産業を統合する計画は多くの問題を解決しうると判断していた。

四月一六日日曜日、モネはそのような計画の概要を綴った文書の最初の草案を他のふたりの手を借りて作成した。草案の作成を手伝ったのは、エクス＝ラ＝シャペル大学法学部教授のポール・ルテールとエティエンヌ・イルシュであった。後者は有能な努力家であり、もともとモネとはアルジェで知り合い、この時期には前述の企画院で働いていた。実は、モネとイルシュは、すでに一九四三年に、初めて会った後まもなく、石炭鉄鋼の共同管理の基本構想について話し合っていたのである。さて、翌一七日、かれら三名に経済学者のピエール・ユリが加わった。かれについては後述することとする(二四九―二五〇頁を参照)。何度もやり直しを重ねた後、原案が出来上がった。モネは、その写しをまず首相ジョルジュ・ビドーに、次いで四月二八日、外相ロベール・シューマンに送付した。

シューマンは、この話の流れにおいていまや決定的な役割を担うことになった。そこで、かれのひととなりと物事の考え方について書いておく必要がある。シューマン家の人々は、ロレーヌ地方の出であったが、普仏戦争の後、ドイツの支配下で暮らすことを嫌いルクセンブルクへ避難した。ロベールは、ルクセンブルク人として生まれたが、気持ちのなかではロレーヌ人であった。かれはドイツの大学で教育を受け、メッツに定住した。第一次世界大戦後、アルザス＝ロレーヌがフランスに復帰したとき、シューマンはフランス市民となり、やがてフランス政界へと入っていった。しかし、一九四七年、過去にドイツに縁があったことが、かれにつきまとった。その年、共産主義者に煽られた深刻な危機に際して、首相を務めていたシューマンは、議会の共産党所属議員に「ドイツ野郎」とののしられてもじっと耐えなければならなかった。かれは実際、政界に入ったころから、フランスとドイツの和解政策の支持者であった。かれはブリアンの計画に賛成であった。シューマンは生まれつき、とても謙虚で内気なところがあり、個人的なカリスマも人を熱狂させる雄弁さも持ち合わせていなかった。しかしそれにもかかわらず、かれは深い宗教的信念に由来する、強い勇気と使命感の持ち主であった。かれは若いころ、聖職につこうと考えたこともあったが、そうする代わりに、世俗の生活で他人に奉仕することに打ち込もうと決心したのであった。

シューマンは、モネの石炭鉄鋼共同体計画を成し遂げるのにうってつけの人物であった。その計画の核心にあったのは、フランスとドイツの重工業を一体化させて両国の和解を達成するという発想であった。この一年半前、すでにかれはアンドレ・フィリップが提出した同様の計画(二三二頁を参照)に支持を与えていた。

モネとシューマンの間をとりもった人物は、ベルナール・クラピエであった。かれは両者に共通の個人的友人であり、シューマンの官房長を務めていた。クラピエは、シューマン外相に、モネがかれの協力者と作成した文書を検討するよう求めた。シューマンは、メッツ近郊の自宅で週末を使ってそれに目を通した。クラピエは、シューマンがどう考えているのか知りたくてたまらなくなり、かれが戻ってくる途中のパリ東駅で出迎えた。シューマンは、外務省への車のなかで、天候がどうのこうのとおしゃべりしていた。クラピエは、どうにも我慢できなくなり、ついに例の文書についてどう思っているのか尋ねると、シューマンは「ああ、あれね。返事は、「ウィ」だよ」といった。クラピエは、冷静で感情をおもてに出さない人であったが、この時ばかりはシューマンを抱きしめて喜んだ。まもなくしてモネが、計画の詳細を詰めるためにやってきた。

事の性質上、きわめて微妙な問題であることを承知していたので、かれらは厳重に秘密を保ちながら慎重を期して、鍵を握る人物に打診を行なった。五月九日火曜日に招集される閣議で「シューマン・プラン」に関する決定が下されることになった。その前々日の日曜日、米国国務長官ディーン・アチソンがパリに到着した。シューマンがみずから出向いて行き、アチソンが後に書き残しているところによれば、「ブルース駐仏米国大使と私に西ヨーロッパの石炭と鉄鋼に関する計画を打ち明けてくれたが、それはかれとモネが秘密裏に進めていたもので、フランス内閣でさえまだその議にあずかっていなかった」(1:382)。翌日の夜、シューマンは友人を派遣してアデナウアーに書簡を送り、かれの支持を求めた。ドイツの首相はその出来事を以下のように説明している。

あの朝、今日という日がヨーロッパの発展に決定的な変化をもたらす日になろうとは、まだ思ってもいなかった……。

ブランケンホルン(官房長)が閣議中に私に書簡を持って入ってきた……。私への私信のなかでシューマンは、その提案の目的は経済的なものではなく、高度に政治的なものであると書いてきた……。石炭と鉄鋼の生産の増大によって、軍縮が始まらざるを得ないであろう。もしシューマンが思い描くような機構が設立されるならば、両国はそのような軍縮の最初の徴候をみてとる[ことができる]だろう……。

私はすぐさまロベール・シューマンに、心から喜んで提案に応じる旨知らせた(92:302-3)。

一方、パリでも同じ火曜日の朝にフランス政府の閣議が開かれていた。シューマンは、アデナウアーからの返事がクラピエに届くまで、自分の計画についてあえて話を切り出そうとはしなかった。クラピエは、ドイツ首相の書簡をシューマンのところへ持って行った。次いで、シューマンが計画の概略を簡単に説明し、閣議の承認を得た。閣僚のほとんどは、翌朝の新聞で計画の詳細を知った。なぜならば、シューマンは、同日火曜日の午後六時に記者会見を行なった後、ロンドン〔三国外相〕会議に出発したからである。

それから二年間、骨の折れる作業が続いた。これは三つの段階に分けられる。第一段階は参加国の説得、第二段階は条約の起草、第三段階は参加予定国の議会における批准の確保であった。英国は参加を拒否した。それゆえ、参加の意向をもった六カ国（フランス、西ドイツ、イタリア、ベネルクス三国）の代表たちがパリに参集し、モネを議長として条約作成にとりかかった。作業文書の起草は、実際にはエティエンヌ・イルシュとピエール・ユリが行なった。いくつか問題が生じた。ベネルクス三国政府は懐疑的になる傾向があった。アデナウアーはもどかしがった。しかし結局、一九五一年四月一八日パリで条約が調印された。その結果、ヨーロッパ石炭鉄鋼共同体が、中心機関である最高機関の委員長モネの下、一九五二年八月一〇日に活動を開始した。ヨーロッパは、モネの言葉を借りれば、「主権の融合」(92:333)に向けて、その第一歩を踏み出したのである。ヨーロッパの統合を積極的に支持する人々は、それ以前のもっと意欲的な計画のいずれもが手の届かなかった統一されたヨーロッパを実現するのに、モネの慎重でファビウス的〔漸進的な〕方法が前途有望である、と信じたのである。

この革命的な変化をもたらしたのは、シューマン宣言および同宣言の諸原則に法的効果を付与したパリ条約であった。シューマン宣言は、約一〇〇〇語ほどの短い文書であった(以下、100:47, 49, 51, 53)。その第二段落は、利他主義的な調子で綴られている。

組織化され、行動力をもったヨーロッパが文明に貢献しうることが平和的関係の維持に不可欠である。ヨーロッパが団結していなかったために、戦争を経験してきた。

次いで、戦略計画が明確に打ち出されている。

統一ヨーロッパは、一挙にして成るものではなく、また単一の枠組みにおいて達成されるものでもない。それは現実の連帯を生み出すことから始まる具体的な措置の積み重ねにより建設される。……最初にとるべき行動は、フランスとドイツに関わるものでなければならず、……〔そして〕ひとつの限定的であるが決定的な部分に力を注ぐものでなければならない。

この宣言は続けて、「フランスとドイツの石炭および鉄鋼の全生産が、他のヨーロッパ諸国の参加も認められる機構のなかで、共同の最高機関の下に置かれること」を提案している。明らかな利点のひとつは「フランスとドイツの間でいかなる戦争も考えられなくなるばかりでなく、事実上不可能となる」ことである。もうひとつの利点は、〔ヨーロッパが、増大した能力をもって〕生活水準、とくにアフリカの生活水準を全体的に向上させることである。このイニシアティヴは、「経済共同体の設立に不可欠であり」、また、「ヨーロッパ連邦を実現するための最初の具体的な基盤をつくり出す……」第一段階として提示されている。

次いで、参加国の石炭および鉄鋼の生産を管理する際に予定されている変更点の概要が示されているが、「改善」と「平準化」という言葉が数多く使用されている。しかし、その詳細は後になってから詰められることになっていた。一方、シューマン宣言では、提案の制度面の核心を成すのが共同の最高機関であることが明確にされていた。この点は当初から、モネが最も際立った貢献をなした部分であった。この機関は「各国政府により選定され、独立性を有する個人」で構成されることになっていた。また、「委員長は各国政府の合意により選出され、かれの決定はフランス、ドイツおよび他の構成国において実施できる」ものとされていた。

モネが書いているところによると、ECSCを創設したパリ条約は「シューマン宣言を詳細化し、運営可能なものとした」(92:322)とされている。シューマン宣言とパリ条約は、それくらい密接な関係にあった。パリ条約の前文はその由来を明らかにし、次の点に言及している(以下、129:60-73)。「組織化され、活力に満ちたヨーロッパが平和的関係の維持に貢献しうること」、「ヨーロッパは、現実の成果の積み重ねによって」、また、「経済的共同体の設立により、長い間血なまぐさい対立によって分裂していた諸国民の間にいっそう広く深い共同体を実現するための基礎」をつくり出すことによって、「初めて建設しうる」という認識である。

パリ条約は、一〇〇の条文から成っていた。第一条から第五条までは、前文と対照的に、経済的見地のみから目的と手段が列挙された。第二条に定義されているところによると、ヨーロッパ石炭鉄鋼共同体の任務は、「加盟国における経済の発展、雇用の拡大および生活水準の向上に……寄与する」ことであった。しかし一方、第六条はECSCの政治的斬新さを示すものであった。同条は以下のように規定された。

共同体は法人格を有する。

国際関係において、共同体はその任務を遂行し、また、その目的を達成するために必要とされる法律上の能力を享有する。

これに次いで、制度的な構造が規定された。シューマン宣言では「最高機関」に言及がなされていたが、この段階では組織法上の仕組みに関してそれ以上の考慮はほとんどなされていなかったことを思い起こす必要がある。結局、作業部会が四つの主要機関の構造をもつ枠組みを考案した。すなわち、最高機関、共同総会(ヨーロッパ議会)、閣僚特別理事会(単に理事会ともいう)、司法裁判所(単に裁判所ともいう)である。

政策決定および執行機関である最高機関は、石炭鉄鋼共同体において超国家的可能性を現実に帯びた機関であった。この可能性がどこまで実現できるかは、ある程度、同機関の構成員の行動如何にかかっていた。それゆえ、第九条は次のように規定された。「[最高機関]委員は、その任務の遂行に当たり、いかなる政府または機関の指示も求めず、また、受諾しない。委員は、その任務の超国家的性格と両立しないすべての行為を行なわない」。さらに、それに対応して次の規定も置かれた。「各構成国はこの超国家的性格を尊重することを約束する……」(第九条は、機関融合条約により第一〇条に変更された。同条約により、ECSCの最高機関、EECの委員会およびEURATOMの委員会が一本化されるとともに、三共同体の閣僚理事会も統一された。興味深いことに、「超国家的」という語が条約修正後除かれた(46:30)。発効時の条約原文に修正がなされているので、本書の分析では過去時制が使用されている)。

最高機関は、「六年を任期とし、一般的能力を基準として選定される」小さな集団であり、「……同一の国籍を有する委員の数は二名を越えてはならない」とされた(第九条)。たとえある委員が自分の出身国の利益のために行動する誘惑にかられたとしても、最高機関の下す決定が多数決によるものであったため、そのような行動は可能性として非常に制約を受けた(第一三条)。最高機関の決定は「決定」、「勧告」および「意見」の形式のいずれかでなされ、「決定」のみが拘束力を有した(第一四条)。一方、最高機関は諮問委員会の補佐を受けることになった(第一八条)。

しかし、石炭および鉄鋼産業の管理者たる最高機関を油断なく見張ることになっていたのは、誰であったのだろうか。この点に関しては、「各構成国の議会が年一回、その議員のうちから指名するか、あるいは直接普通選挙により選出される……代表により構成される」総会に関する規定が置かれた(第二一条)。代表の数は、加盟国の規模に比例して、ドイツ、フランス、イタリアが一八、ベルギー、オランダが一〇、ルクセンブルクが四と定められた。総会には、いわば「大量破壊抑止兵器」である非難動議の権限のみが付与された。第二四条によれば、「非難動議が投票数の三分の二の多数によりかつ総会の構成員の過半数をもって採択されるときは、最高機関の構成員は、総辞職しなければならない」とされた。

石炭鉄鋼共同体は、独立の法的一体性を有するものであったとはいえ、もちろん、それを構成する国民国家を超えるものではなかった。それゆえ、加盟国との制度的なつながりを規定する必要があった。それが理事会であった。その任務は、第二六条が定めるところによれば、「最高機関の活動と構成国政府の活動を調整すること」であった。理事会の構成員は次のように取り決められた。「各構成国の政府は、一名の閣僚を理事会に派遣する」(第二七条)。理事会の各構成員は、ローテーションで議長を務めることとされた。理事会と最高機関の権限関係は、きわめて複雑な性格のものであった。理事会が全会一致の同意を与えることが求められる事項もあれば、石炭および鉄鋼の主要な生産者の特定の権利を留保しつつも、過半数の同意で済む事項もあった。

設立条約の解釈と履行に関するいかなる紛争も、七名の裁判官から成る裁判所によって処理されることとされた（第三一〜四五条）。その後には、財政、投資、生産、価格、賃金、輸送、協定、介入に関する経済的・社会的諸条件に関して、第四六条から七五条まで長い規定が置かれた。これらの規定のほとんどは、石炭鉄鋼共同体の業務に関連する技術的性格のものであった。ここでは第四九条がとくに関心を引く。同条は、石炭および鉄鋼の生産に対する課税に関する規定であり、ＥＣＳＣの業務のための独立の収入の確保を目的としている。ＥＣＳＣはまた、その要求に従わない者に罰金と追徴金を課する権限を付与された。第九二条はこの権限と手続きを定めた。

金銭上の債務を課する最高機関の決定は、執行力を有する。

構成国の領域内における執行は、各構成国における現行の訴訟手続きによって行なわれる。

設立条約は六カ国の代表（政府首班または外務大臣）によって調印された。調印を行なった者の多くがヨーロッパ連合の著名な支持者であったことは注目に値する。フランスを代表してシューマンみずからが署名を行ない、また、ドイツを代表してアデナウアー、ベルギーを代表してファン・ゼーラント、ルクセンブルクを代表してベッシュが署名を行なった。また、イタリアを代表した外務大臣は、戦間期にヨーロッパ合衆国を唱える書物を著したスフォルツァ伯爵であった（二八九頁を参照）。

モネとパリ条約の概観を終えるに当たって、その後のことに関して少しつけ加えておきたいことがある。モネ自身は、石炭鉄鋼共同体の創設後もさらに長い間活躍した。かれは一九五二年から一九五五年まで最高機関の初代委員長を務め、その後、「ヨーロッパ合衆国行動委員会」を組織したが、これは非常に強い影響力をもった圧力集団となった。モネの死の三年前に、当時、一二名の国家元首（フランス）および政府首班で構成されるようになっていたヨーロッパ理事会は、ルクセンブルクで会合し、以下の文言が盛り込まれた決議を行なった。

ジャン・モネは、諸国家の間に、事実上の連帯をもたらし、それを制度化するものとなる新たな種類の関係を樹立する目的の下に、ヨーロッパの政治的・経済的構造に沈滞をもたらす勢力を断固として批判してきた。……ヨーロッパが同氏に対し、感謝と称賛の念を込めた特別の賛辞を送ることはきわめて理に適っている。右の理由に基づき、EC構成国の国家元首および政府首班は同氏に対し、ヨーロッパ名誉市民の称号を授与することに決定した(92:525)。

3 スパークとローマ条約

モネといえば、ECSCの創設をとくに連想するが、EECの創設で真っ先に思い起こされる人物の名前はポール＝アンリ・スパーク、「[モネの表現を借りれば]かの傑出したベルギー人政治家、ヨーロッパのために非常に尽力した人物」(92:404)である。では、スパークはどのような人だったのであろうか。かれは非常に肥満体であり、実際上、ひとつの言語しか使えなかった。かれは、このような特徴をいかにもかれらしいユーモアで表現して、「私は、体型はウィンストン・チャーチルのようであり、話し方はシャルル・ボワイエのようであるとよくいわれるが、その逆であってほしいと思う」(70:75)と語ったことがある。あるイギリス人の新聞記者は、かれのことを「図体がでかくていばりちらす奴」(11:77)と呼んだ。もっと穏やかな表現を使えば、「ずばりものをいう人」であったということだろう。確かにかれには、感情的でかっとなりやすいところがあった。スパーク自身は、ヨーロッパ統合運動において現実に実際的な成果をあげるうえで、自分の巧みな弁舌と、とりわけ調停能力に長けた行動が、いろいろと役立ったことを満足に思っていた。

スパークは、議長を任せると実に見事にこなし、その腕前は、非常に重宝がられ、戦後世界において「六カ国」から成る「小ヨーロッパ」ばかりでなく、国連、OEEC、ヨーロッパ審議会およびNATOでもいかんなく発揮された。この技量は実は、第一に良識、第二に勤勉な努力の賜物である技術的な細部の詰めをしっかりとこなす力、第三になすべき仕事が急を要すると個人的に確信した場合、意見の分かれる問題でも言葉巧みに話をまとめる力、といった資質が混ざり合った結果であった。多くの政治家が、かれの真価を認める記録を残している。例として英国の首相を務めた人物をふたり挙げてみよう。アトリーはかれのことを「紛れもない本物の知性の持ち主」(70:46)といった。一方、イーデンはかれについて「かれの意見は見識があり、果敢であるとたびたび感じさせられた」(43:583)と書き残している。しかも、これらの称賛の言葉は、ヨーロッパ統合運動に心の底からコミットすることを拒否し、それに業を煮やしたスパークが絶えず痛烈な苦言を呈した国から寄せられたものなのである。

スパークのそのような態度は、この運動がかれみずから熱烈に信奉するに至った運動であったことに由来する。早くも一九四一年、英国に亡命中、かれは保守党議員のアイリーン・ウォードに予言めいた調子の手紙を書き送っている。

> ヨーロッパで過去二〇カ月に起こったことから考えて、ヨーロッパ諸国が一つにならなければならないことは明白となりました。……このたびの戦争で英国が勝利を得た暁には、ヨーロッパはその主導のもとに喜んで一致協力することでありましょう。……
>
> もし英国がヨーロッパに対する義務を認識することを怠るならば、……現在の努力の成果を速やかに失うものと覚悟しなければなりません(120:76-77)。

その後、ヨーロッパ統合は、かれがみずから認めているように「文字どおり心酔の対象」(70:239)となった。このような傾倒ぶりは、他の人々も認めるところとなったので、一九四八年、かれがＯＥＥＣの議長を引き受けたとき、まもなくして「ミスター・ヨーロッパ」というニックネームを付けられた。

ここで、スパークがＥＥＣの誕生に不可欠な役割を果たすようになった時点までの経歴を略述するときがやってきた。かれは一八九九年一月二五日、ブリュッセルで、俳優を父に、政治家を母に生まれた。第一次大戦中の一時期捕虜となり、戦後は弁護士の資格を得た。かれは左翼社会党員として政界入りしたが、それはかれの魂が貧困者からの大きな叫び声を聞いたからであり、宗教の側、つまりもうひとつの政党であるキリスト教社会党の側からはなんら感化を受けなかったからである。かれは急速に頭角を表わし、四〇歳になる前にベルギー初の社会党出身の首相となった。さほど目まぐるしい入れ替わりのないベルギー政界において、かれは一九六六年に引退するまで歴代内閣においてたびたび首相や外相を務めた。

スパークは、誕生して間もない国際連合においてめざましい働きをしたが、まもなく国連の無力さに嫌気がさすようになった。その結果、かれはヨーロッパ統合運動にかなりの精力を注ぐようになった。この分野におけるかれの最初の功績は一九四八年、英国、フランスおよびベネルクス三国の間の防衛同盟を内容とするブリュッセル条約の締結であった。トルーマン大統領は、とくにかれの尽力に感謝の念を抱いた。かれは同条約を「ヨーロッパ統一に向けての重要な一歩」(120:149)と判断し、後に、「スパークこそ〔ブリュッセル〕条約に向けてヨーロッパ人たちをまとめあげた功労者である、と私は思う」(125:280)と説明した。スパークは、ECSCを心から歓迎した。一方、EDC(ヨーロッパ防衛共同体)構想(二二四頁を参照)が最終的に挫折したことを聞いたときにはきわめて悲観的な気分になった。それは一九五四年八月のことであった。

ところで、その間に、EDCほど野心的ではないが別個の計画が、「ヨーロッパの再出発」の手段として考案されつつあった。ひとつのアプローチとして、「部門統合」、例えば運輸およびエネルギーなどの部門統合をさらに推進する試みに関与した人々もいた。これはモネがとくに好んだ戦術であった。もうひとつのアプローチは、広汎な経済領域の共同市場を考案することであった。この進路を支持した主要な人物は、オランダ外相J・W・ベイエンであった。一九五五年六月、六カ国の代表がメッシーナに集まり、ベネルクスの三人組(スパーク、ベイエンおよびベッシュ)によって支持された二つの文書が提出された。そのうち、誰もが驚いたことには、共同市場を支持する文書が受け入れられ、わずかな修正がなされたうえで決議として採択されたのである。

各国政府は、……共通の諸機関の発展、国民経済の漸進的融合、共同市場の創設および社会政策の漸進的調和によって統一ヨーロッパを樹立することに向けて努力する必要があると考える。

もしヨーロッパが世界における地位を維持し、影響力を回復し、また、民衆の生活水準の持続的な向上を達成しようとするのであれば、各国政府にとって以上のような政策が不可欠と思われる(89:236)。

実際には、二つの計画、すなわち共同市場に加えて原子力共同体の計画が追求される運びとなった。このような二重の政策が必要とされたのは、フランスとドイツの合意を確保するためであった。その当時、フランスは原子力の開発に対する支持を熱心に求めていたが、他方、ドイツは共同市場の方に関心があったのである。

このような目標を実現させるためには、明らかに、膨大な量の細部にわたる作業が成し遂げられねばならなかった。それまでにない手続き方式が採用された。参加国の専門家から成る作業委員会を統括するために政治家がひとり指名されることになった。専門家は、経済的・行政的な分野における難しい技術的問題に取り組むのが仕事であった。一方、政治家の方は、政治的に受け入れられる仕方で全体的なまとまりを維持しながら作業が前進するよう確保するのが役目であった。スパークは、自分が議長を引き受けることになろうとは思っていなかった。しかし、他の人々が断わったために、ECSCからEECおよびEURATOMへと六カ国を導く案内役がかれに決まってしまった。

二年の歳月をかけて細部にわたる研究と交渉が行なわれた。その結果、ついに『スパーク報告』という名称で知られ、ローマ条約のたたき台となった提案が完成した。スパークはこの作業について「興味をそそるものである一方、根気を要し、また、いろいろなことが付随して起こった」(120:230)と述べている。かれにはすぐれた補佐役の一団がいた。そのなかで最も著名な人物は、ピエール・ユリであった。パリに生まれたユリは、哲学を専攻し、戦前は大学で哲学教授を務めていたが、その後、経済学に転向した。一九四七年、モネはかれを企画院の財政顧問に任命した。一九五二年から一九五九年までECSCの経済局長を務め、その後はさまざまなコンサルタント業に従事し、一九六九年、大学の職に復帰した。公式文書をわかりやすく起草するうえで、かれが示した頭の切れと技量を、モネは高く評価していた。ただ、他人から少々怒りっぽいと思われることもあった。シューマン宣言とパリ条約に対してかれが貢献したことについては、すでに言及ずみである(二三八・二四一頁を参照)。共同市場への道を整える作業においてユリが果たした役割をスパークは以下のように記している。

『スパーク報告』は、重要な文書であるが、大部分がユリの努力の賜物である。ユリは、ローマ条約の主要な完成者のひとりであった。やや皮肉っぽくいうならば、私の手柄はかれから最高のものを引き出したことである、と信じている。かれは、私よりさまざまな発想に富んでいたが、それらを受け入れてもらえるようにする点では私の方が優れていたのかもしれない(120:231)。

モネも同様の見解を表明している。

〔ローマ〕条約のたたき台となった専門家の報告は、実質的にユリが作成したものであった。この点はスパーク自身が常に認めていたところである。しかし、それにもかかわらず、このきわめて重要な文書の政治的な功労者は、〔スパーク〕である(92:404)。

『スパーク報告』によって、メッシーナ会議の漠然とした合意は、共同市場を創設するという明確なコミットメントへと変わった。しかし、それは次に、貿易および雇用面における六カ国の利害の細部までも考慮に入れながら、詳細で拘束力を有する法律用語で表現される必要があった。『スパーク報告』は一九五六年五月、ヴェネツィアで開催された六カ国外相会議において承認された。その会議からローマ条約の調印までわずか一〇カ月しか経過していなかったが、それもまた、スパークの倦むことのない努力を裏付けるものであった。オランダ外相ベイエンは、ヨーロッパ統合を目指す努力の多くの面でスパークの良き友であったが、このベルギー人政治家が果たした決定的な役割を認めて、以下のように書いている。

かれの力強い人柄が場の雰囲気を支配した。かれが引き受け、成し遂げたことに匹敵するものはない。かれのたゆまぬ強い指導力がなかったならば、ヨーロッパ条約はあれほど短期間で署名にこぎつけることは決してなかったろう。いや、おそらく、まったく署名に至ることはなかったろう(70:242)。

この時期のスパークの業績を詳細に研究した分析によれば、かれ自身が多くのさまざまな仕方でＥＥＣの創設に貢献したことが示されている(78:諸所)。まず第一に、かれの圧力がなかったならば、経済統合の形態をさらに研究するという問題がメッシーナ会議であれほどまじめに考慮されることは多分なかったであろう。いったん交渉と計画立案が軌道に乗ると、かれはかなりの柔軟性を示した。モネが真に超国家的な諸機関を達成する手段を綿密に検討する一方、スパーク自身も緊密な連合を強く支持していたにもかかわらず、スパークはドイツ、とくにフランスの反対に直面して、そのようなことは実行不可能であると悟るに至った。かれは完全な失敗に終わるのを避けるため、意識的にずっと控え目な計画にとどめたのである。この妥協策には、とくに植民地に対する特別待遇に関してフランスに譲歩することが含まれていた。それは、細部にわたる論争点のうちでフランスが強い関心を寄せていたもののひとつであった。そのようにすることは、フランスがこの事業全体を台無しにすることのないようにするために必要である、とかれは考えた(その結果、ローマ条約はある権威によれば、「フランス的」であると評されている(M. Camps, 78:381 n11))。スパークは、きわめて精力的に働き、委員会の計画立案作業のすべての書類に目を通した。かれこそまさに作業の運営全体を取り仕切った人物であった。ローラントは次のように書いている。「スパークは英知を結集し、作業の運営のルールとペースを確立しただけでなく、作業の方式全体を指図することもした。それはいわば、交渉の行き詰まりや成果がほとんど外に漏れることのない密室外交であった」(78:395)。

最後に、かれは、各国の国内の反応が過敏になることを警戒して、過渡的な計画にすることで手を打った。もし論争を呼ぶ問題に直ちに解答を与えようとするならば、これまでの共同歩調と忍耐が取り返しのつかないほど失われる結果となるだろう。条約起草の段階ではぐらかしておこう。そうすれば、この事業全体の勢いが後になってから解決策を余儀なく生み出すことだろう。そのようにかれは考えたのである。その結果は、信じられないくらいのつぎはぎ作業ではあったが、少なくとも、なんとか洋服の形にはおさまったといえる。このような神頼みの待ちの政策がどの程度のものであったか、ローラントは以下のように示している。

農業、運輸、通貨および景気政策の各事項における問題先送りの決定、植民地への関与の程度、関税引き下げの予定表、域外関税、自由化に伴う問題をいかにして緩和するのが最善か、という問題も含めて、すべては、軋轢を避け、外交官と専門家による積極的な成果に基づく合意を得るためのスパークの戦略の一部であった(78:392)。

ヨーロッパ原子力共同体設立条約は、主として技術的な面で興味を引くものである。しかし、ローマで調印されたもうひとつの条約であるヨーロッパ経済共同体設立条約は、もちろん、ヨーロッパ統合を前進させるうえで非常に重要な効果があった。この文書こそ、いまここで、分析の対象とされねばならないものである。それは、パリ条約よりも長い文書であり、二四八の条文から成っていた(45:その後修正された条文もあるので過去時制を使用)。

前文では、当然のこととして、経済面における協力と拡大に言及がなされている。とくに参加国は「これら諸国の経済の一体性を強化し、かつ、地域間の差……を縮小することにより調和した発展を確保することを念願」するとの所信を表明した。さらに、ここでもっと関心を引くのは、政治的な含みのある表現がなされたことである。例えば、前文は、参加国が「ヨーロッパ諸国民間の絶えずいっそう緊密化する連合の基礎を確立することを決意」するとの声明が冒頭に置かれ、また、「資源の結集により平和および自由の保全を強化し、理想をともにする他のヨーロッパ諸国民に対してこの努力に加わることを呼びかける」決意の表明で締めくくられていた。

第二条では経済共同体の経済的基本目標が明らかにされた。

共同体の使命は、共同市場の設立および構成国の経済政策の漸進的接近により共同体全体の経済活動の調和した発展、持続的かつ均衡ある拡大、安定強化、生活水準のいっそうすみやかな向上および構成国間の関係の緊密化を促進することである。

第三条では、対象となる具体的な分野、例えば、関税の撤廃、人・サービス・資本の自由移動が列挙された。第七条では「国籍に基づくすべての差別」が明示的に禁止されて、前述の自由移動の規定が強化された。

ＥＥＣ条約の大部分では、当然のことながら、自由化、調和および統合の手順に関する経済的な専門事項に言及がなされた。しかしながら、ヨーロッパ統合の歴史のなかにこの条約を位置づけるために、ここでは次の三つの特徴に注目することとする。第一に、制度的構造の概略を述べる必要がある(第一三七～一九八条)。第二に、共同体が加盟国の政策に関与するためにいかなる態様の権限を付与されたかに関する証拠をいくらか抽出する。第三に、共同体がどのようにして自己の独立の主体性を付与されたかを示す条文をいくつか引用する。

ローマ条約は、四つの主要機関、つまり、総会、理事会、委員会および司法裁判所に関する規定を設けた。当初、総会は「各構成国の議会が、……その議員のうちから指名する代表」により構成されることとされていた。しかし同時に、「すべての構成国において一律の手続きにより直接普通選挙が行なわれるように、草案を作成する」ことが求められた。議席の割り当ては加盟国の人口に応じてなされた。すなわち、ドイツ、フランス、イタリアが各三六議席、ベルギー、オランダが各一四議席、ルクセンブルクが六議席であった(第一三八条)。総会には、非難動議を採択した場合、執行機関(この場合、委員会)は総辞職しなければならない、という権限を付与されたが、これはＥＣＳＣの制度(二四四頁を参照)と同じく、なまくら刀であった。

ＥＥＣと加盟国を結びつけるのは理事会とされた。第一四六条には、「各構成国は一名の閣僚を理事会に派遣する」と規定された。理事会を構成する各国閣僚はローテーションで六カ月間議長を務めることとされた。各加盟国は理事会に一名の代表を送るものの、表決に際しては、加重特定多数決制度が採用され、各国票数の配分は、ドイツ、フランス、イタリアが各四票、ベルギー、オランダが各二票、ルクセンブルクが一票とされた(第一四八条)。理事会の役割は、

構成国の一般的経済政策の調整を確保し、
決定権を行使する(第一四五条)とされた。

この決定権限は、委員会が策定し、取り決めた措置に基づいて、行使されるものとされた。ＥＣＳＣにおける最高機関と同様、委員会がＥＥＣの中核を成した。第一五七条は委員会が「全般的能力を基準として選定され、かつ独立性の十分な保証のある九名の委員」から構成されるものとした。国籍による委員数の配分、および、政府を含む外部からの影響力行使の禁止は、パリ条約(二四三―二四四頁を参照)と同様、ローマ条約においても規定された。委員会は委員長および二名の副委員長を委員のなかから選出するものとされた(第一六一条)。委員会の活動分野は広汎にわたり、第一五五条に以下のとおり列挙された。

この条約の規定およびこの条約に基づき共同体の諸機関が採択する規定の適用を監督し、この条約に明文の規定がある場合または委員会が必要と認める場合は、この条約の対象となる事項に関し、勧告または意見を表明し、この条約に定める条件に従い、独自の決定権を行使し、かつ理事会および総会の議決の準備に参与し、理事会が決定する規定を実施するため、理事会から与えられた権限を行使する。

第一六六条から一八八条には、七名の裁判官で構成される司法裁判所の権能が定められた。

では次に、条約が共同体にどのような介入権限を付与したかについて、いくつかの例をとり挙げることとする。あ

る意味では、条約全体において、一定の経済部門に関する国家の自律性が損なわれたものといえる。しかしながら、第一〇一条、第一〇三条および第一一七条に定められた明示的規定は、この点で興味深い。

委員会は、構成国の法令または行政規則の間に存在する差異が共同市場における競争の条件をゆがめ、それによって、是正を必要とする不均衡をもたらすと認めるときは、関係構成国と協議を行なう。

この協議の結果、……協定に達しないときは、理事会は、……このために必要な命令を発する(第一〇一条)。

構成国は景気政策を共通の利益の問題とみなす(第一〇三条)。

構成国は、労働者の生活および労働条件を向上させつつ均等化することができるように、これらの条件の改善を促進する必要について合意する(第一一七条)。

各加盟国の内外において行動をとる場合、共同体は「法人格」を有するものと定められた(第二一八条)。さらに、共同体は「構成国の領域において、その職務に必要な特権および免除を享有する」ことが明示された。この点で、第二二四条はとくに興味深い条項であった。同条は以下のように規定された。

構成国は、……重大な国内の動乱に際し、戦争……に際し、または平和および国際的安全を維持するために負った義務を履行するため、いずれかの構成国が促されて執ることがある措置によって共同市場の運営が影響を受けることを避けるため必要な措置を共同で執ることにつき、相互に協議する。

このように、国家主権が行使される最も微妙な領域、つまり安全保障の分野全般においてさえ、経済共同体は否応なしに影響を受けざるをえないため、その際必要とされることが考慮されるべきものとされたのである。

最後に、ＥＥＣが対外関係において独立の行為主体性を有することが第二三八条で明らかにされている。

共同体は、第三国、国家連合または国際機構と、相互的な権利および義務、共同の行動ならびに特別の手続きを特色とする連合を創設する協定を締結することができる。

ローマ条約は、野心的な連邦主義者が求めていたほど、パリ条約を大きく前進させるものではなかった。共同市場が「スパーク的」と呼ばれることがあるが、それはヨーロッパ合衆国ではなかった。とはいえ、ヨーロッパ防衛共同体(二二四頁を参照)の挫折後の文脈で考えれば、ローマ条約は見事な成果であった。EECの創設により必要とされる経済統合の範囲とローマ条約によりもたらされたいっそうの前進の可能性を考慮するならば、確かに、「ミスター・ヨーロッパ」の異名をとるポール=アンリ・スパークの面目躍如たるものがあったといえる。

4 一九五〇年代の評価

モネ、スパークおよびかれらの共同作業者たちが起草した条約によって創設された、この「ヨーロッパ共同体」なるものは、いかなる種類の連合であったのか。また、それはいかなる重要性を有したのであろうか。

これまで展開してきたヨーロッパ統合の計画とその作成者に関する話は、ローマ条約が調印された一九五七年をもって終わりとさせていただく。それには二つの理由がある。それは第一に、この作業が歴史的研究を目的とするものであるゆえに、現在未だ解明されていない問題に関与することは適切でないと考えるからである。第二に、ヨーロッパ議会による一九八四年のヨーロッパ連合条約草案および一九八六年の単一ヨーロッパ議定書などの、最近の統合の緊密化に向けての動きは、いずれにせよ、本質的に、本章で概観した一九五〇年代の文書の解釈およびその敷衍といえるからである。また、それよりももっと基本に立ち返り、モネの考え方に共鳴することもできよう。かれは一九七〇年代半ばから回顧して、シューマン宣言は「ヨーロッパ共同体の真の創立文書」(92:295)であると書いている。

いま投げかけられねばならない質問は、一九五〇年代の基本文書は、何世紀もの歳月を経てきたヨーロッパの政治的統一の運動を、いかなる意味において前進させたといえるのか、ということである。疑いなくモネは、最高機関を統合事業の中核とみなしていた。ハース教授は次のように述べて、この考え方を見事に表明している。「ある意味において、モネは最高機関をヨーロッパの一般意思が存在する場所とみなし、邪悪な諸政府は利己的な個別意思の単なる代弁者にすぎないと考えていた。最高機関により運用される［パリ］条約こそ、進歩、平和および連邦を希求するヨーロッパの基本的総意なのである」(58:456)。シューマン宣言は、最高機関以外の制度的枠組みをまったく予定していなかった。後に条約を起草する際になって初めて、例えば、閣僚理事会が、最高機関がもつ統合の推進力を国家の力で相殺する目的で追加されたのである。

加盟国の自律性を抑制しようとしたシューマン宣言の意図は、ローマ条約でさらに弱められた。各国の産業界や政界のなかには一抹の不安があったため、スパークとかれのチームの作業にはたがかはめられた。その結果、ＥＣＳＣの最高機関がすべての事項に関して拘束力を有する「決定」を出すことができたのに対し、ＥＥＣの委員会は、比較的論争を招かない分野に限って、同様の拘束力を有する「規則」を出すことが認められた。これに反比例する形で、二つのローマ条約における閣僚理事会の権限は高められた。パリ条約は「この条約が理事会の同意を義務づけている場合には常に……」(第二八条)として理事会の部分的な権限を定めているが、ローマ条約では直截に「理事会は……決定権を行使する」(第一四五条)と規定されている。

しかし、アメリカ人のＥＣＳＣ専門家であるウィリアム・ディーボルドが書いているように、「超国家的な権限がいかなる性格のものであるかは条約の文言を見ただけでは理解できない」(41:605)。それゆえ、さらに三つの問いがなされなければならない。「創設の始祖たち」はいかなる目標を抱いていたのか。かれらが創設したＥＣはどのような種類の政治システムであったのか。また、一九五〇年代のそれら文書には、ヨーロッパの政治的統一への道をさらに進む可能性がどれくらいあったのか。

指導的人物の語った言葉や基本的な文献を検討するならば、混乱した諸目標の寄せ集めに見えるものの実体が明らかになる。経済的理念と政治的理念、利己的動機と利他的動機が交互に、また同時に現れる。いずれが真の根本的目標であったのかを評価しようとしても無駄である。実際、目的が非常に多岐にわたるものであったがために、数多くの関係者の利益を同時に満たすことができたのであり、そのようにして単純明快さが欠如していることが、この事業がどうして成功したのかを説明するうえで非常に有力な説明となるに違いないと思われる。

鉄鋼生産における協力および「関税の縮小」が経済的に必要とされるという動機は、一九二〇年代に表明された懸念を反映するものであり(一八七—一八八頁を参照)、また、ECSC条約とEEC条約における目的の定義においても、もちろん明らかにされている。この点でパリ条約の第二条には曖昧なところがまったくない。

> ヨーロッパ石炭鉄鋼共同体は、構成国における経済の拡大、雇用の増大および生活水準の向上に……寄与することを任務とする。
>
> 共同体は、最高水準の生産性でもっとも合理的な生産の分配を自動的に確保する諸条件を漸進的に達成する(129:61-62)。

ローマ条約も、みずからの分野において同様の目標を追求した。しかしながら、同条約の出発点となった『スパーク報告』は、強力な米国経済と効果的な競争を行なうための不可欠な基礎として域内大市場を創設する必要性をいっそう率直に主張したのである。

そのような政策は、欧米間の経済戦争を招くようなことがあれば、国際的緊張を高めるだろう。しかし、創設の始祖たちは、経済的目標が遠大な平和追求の目的の中核を成すものであると信じているように見受けられた。例えば、モネは、シューマン宣言を完成させた数日後、ビドーとシューマン宛に趣意説明報告書を起草した。このなかでかれは、きわめて強い調子で、ロシアとドイツが好戦的行動に出る可能性があるとの懸念を次のように表明した。「冷戦は、……本物の戦争の最初の局面である。ドイツの状況は、急速に癌のようになりつつあり、近い将来に平和を危うくするものとなろう」(129:52)。西ドイツをＥＣＳＣに編入することによって、この忌わしいシナリオを回避できるとかれは考えた。欧米間の緊張に関しては、ＥＣの協調的で平和的なスタイルが、やがて新旧両世界の間の調和のとれた包括的な提携関係へと拡大するだろうという希望が表明されていた。

「平和」という言葉もまた、ＥＣＳＣ条約とＥＥＣ条約の双方の前文のなかに現れている。パリ条約のまさに冒頭の条項に、「世界平和は、それを脅かす危険に相応する創造的努力によってはじめて、守ることができることを考慮して……」(129:60)と述べられている。ローマ条約には、「資源の結集により平和および自由の保全を強化し……」(129:74)という一節が含まれている。

フランスとドイツの敵対関係は、五〇〇年前のヴァロワ家とハプスブルク家との対立(第二章を参照)以来、ヨーロッパ史においてほとんど切れ目なくたどることができるものであるが、ヨーロッパ共同体の創設は、それに終止符を打つことに成功した。この稀にみる成果を過小評価する気持ちはないが、それでも、国家の自己利益が共同体誕生のきわめて強力な動機であったことも認識しておかなければならない。ベネルクス諸国にとっての利益は、現在は共同成員であるが、経済力で上回る隣国に対して自国を守ることにあった。ドイツにとっての利益は、一八七〇年から一九四五年までの間、同国の行動が生み出してきた恐れと敵意を引き起こすことなく、ヨーロッパの諸問題において重要な役割をふたたび担うことができる、という無比の機会を手にすることにあった。

しかし、最も注意を要するのは、フランスの行動である。すでに見てきたように、フランス人、とくにシューマンとモネが、この事業全体にとって決定的な役割を果たした。かれらの利他主義が必ずしも国家の利己主義を覆い隠すものでなかったとしても、ＥＣＳＣおよびＥＥＣという超国家的な構想がフランスの国家的必要を満たすよう特別に配慮された(あるいは、配慮させられた)ものであったことは、少なくとも認めなければならない。モネは、かれ特有の簡潔な表現でフランスの立場を表明した。一九四三年に書かれたメモのなかで、かれは次のように述べて

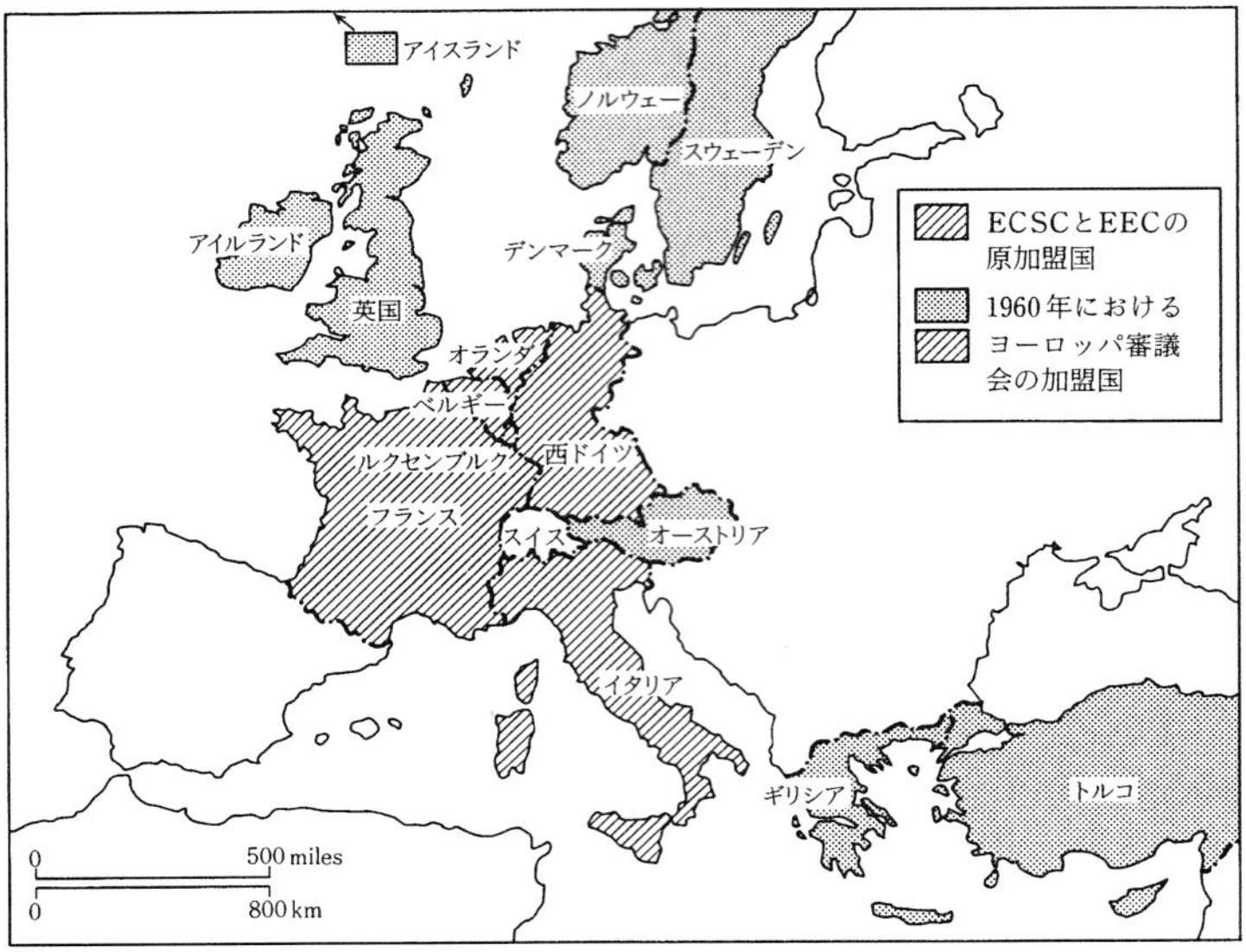

図 8　「西」ヨーロッパ機構の構成国 (1960 年ころ)

いる。「フランスはヨーロッパに依存している。逃げることはできない。ヨーロッパ問題の解決がフランスの命運を決する」(92:222)。また、さきほど引用した、ビドーとシューマン宛の覚書のなかで、かれは、西ヨーロッパの分裂状態が続いた場合の冷戦の行方について暗い見通しを描き、次のように結論している。「フランスはふたたびマルサス主義の罠《わな》に陥るだろう。そうなれば、間違いなくフランスは消え去るだろう」(129:55)。なんらかの形の連合の一員となることによってはじめて、フランスはみずからを救うことができたのである。さらに、モネの国家近代化計画の中核に位置づけられていたフランス鉄鋼産業の救済のために、シューマン・プランがいかに重要であったかについては、すでに述べたとおりである(二三七—二三八頁)。また、共同市場の立案の際に、スパークがフランスの執拗な要求を満たすために、国家間の平等な関係という原則とどのように妥協を図ったか、についてもすでに言及したとおりである(二五〇—二五一頁)。

　共同体は全体として、自己利益の集団的行使のための方策であるとの議論も成り立つかもしれない。「第三の勢力」

としての「ヨーロッパを建設する」ことがたびたび目標として掲げられたのは、ヨーロッパの西側に位置する米国と東側に位置するソ連の力に対抗するためであったり、あるいは悲観的な論者の目に冷戦が最高潮に達していると映っているときには、米国の強力な盟友として行動するためであったりした。例えば、もう一度モネの言葉を引用するならば、一九五一年にアデナウアーとの間で、「ヨーロッパは米ソの権力闘争のなかで人質になりつつあるように思われる」(92:356)という点で意見の一致をみたありさまをモネは伝えている。

しかしながら、フォーサイス教授が強調しているように、影響力を増大させるために西ヨーロッパを統合したいという、この欲求には二つの側面があった。「消極的な意識は、ヨーロッパが劣っている、不安定であり、外部からの脅威にさらされている、というものである。積極的な意識は、ヨーロッパの原則にしたがって世界に影響力を及ぼし、状況を改善したいという欲求である」(51:485)。パリ条約前文にある次の一節を参照すれば、後者の積極的な意識の例証となるかもしれない。「組織化され、活力に満ちたヨーロッパが文明に対してなしうる貢献が平和的関係の維持に不可欠であることを確信し、……」(129:60)。

以上の要因がすべて、パリ条約およびローマ条約を形づくるうえで役割を果たした面があることは明らかである一方、いずれを重要視するかについては差異が生じることを指摘できる。個人レヴェルでは、旗振り役をした人物の生い立ちと性格によって重要視する要因の優先順位が異なっていた。シューマンの場合、かれの深い宗教的確信が、かれの心の中心に平和の理念を形づくったのであろう。モネの場合、明らかに大きな影響を受けたのは、二つの世界大戦で経験したように、工業生産と供給の面で協力しないことがまったく非効率的であることに悔しい思いをしたことであった。スパークは、社会党に属し、生活水準向上のために協力することを望んでいた。

ECSCとEECのそれぞれにおいて宣言された目標にも、強調の置き方にわずかに変化が見られることに気づくに違いない。シューマン宣言ではっきりと感じとれる政治的な連邦主義の響きは、しだいに強まる経済的な機能主義の覆いを掛けられることにより、パリ条約で和らげられ、ローマ条約で沈黙させられた。シューマン宣言では、その経済的協力の提案が「ヨーロッパ連邦の第一段階」(100:47, 以下同様)であると明言された。パリ条約では、もっと漠然と、その過程が「流血の対立によって長い間引き裂かれてきた諸国民の間にいっそう広く深い共同体を建設するための基盤」であるとされ、また、ECSCが「今後共有される運命を方向づける諸機関の基礎を置くものである」ことが述べられた。ローマ条約では、これら二つの理念が簡潔にひとつに要約された形で、「ヨーロッパ諸国民間の絶えずいっそう緊密化する連合の基礎を確立することを決意」すると述べられている。すでに一九五五年のメッシーナ会議において、超国家的な原動力を取り戻そうとしたベネルクス諸国代表の意図は、命運尽きたことが明白となっていた。フランスとドイツの圧力を受けて、かれらは「準備会談の外交的な表現のなかから、国民国家を超えた強力な中央機構に関する言及をすべて削除することに同意した」(78:378-79)と、ローラントは説明している。

直前の段落で、「連邦主義」、「機能主義」および「超国家的」という用語を使用したことから、著書および論文全体に原資料を提供してきた意味論の森に入りかかっている。しかし、ここでその森に深く入り込むことは本書の目的ではない。むしろ、共同体の創設者たちがいかなる形態の統合を念頭に置いていたのか、また、検討を続けている二つの条約に何が規定されたのか、を問うことが目的なのである。

一九世紀にヨーロッパ統一を提唱した多くの人々には、すでに見たとおり(一七一―一七四頁)、達成すべき目標に関して明確な概念があった。すなわち、アメリカ合衆国に匹敵する連邦制の「ヨーロッパ合衆国」であった。一九四五年以後、なんらかの形の統合を実現する努力がなされるなかで、この連邦の理想がよみがえったのである。パリ条約およびローマ条約を概観して明らかなように、両条約は連邦的な組織構造を創設するものではなかった。連邦主義者たちは、それが達成されなかったことに失望を覚えた。例えばスピネッリは、「モネは、ヨーロッパを建設したという点で大きな功績を有すると同時に、その建設の仕方に誤りがあったという点で大きな責任を負っている」と断言した。一九八三年かれは、「わたしたちは未だに、この誤った出発の影響を受けている」(20:55–57)との見方を示した。

では、一九五〇年代に創設されたヨーロッパ共同体が連邦でなかったのであれば、いったい何だったのか。「超国家的」という用語が一般によく使用されたことを強調してきた論者もいる。例えば、ポール・ルテールは、モネのために尽力した人物であるが、多くの文脈で、つまり、「シューマン・プラン」をめぐる交渉の間、パリ条約本文(第九条)において、ヨーロッパ防衛共同体設立条約本文(第一条)において、また、政治家および外交官が日常的に使用する言葉において」(106:139)、この用語が突然、広く使用されるようになったことを一九五三年に書き残している。しかし、この用語が曖昧であるため、もっと明確な分類を試みた政治学者もいるが、共同体はそのような明確さを欠いていると結論する結果に終わった。アーンスト・ハースはいまや古典となった著名な研究において、とくにＥＣＳＣに関して、以下のような結論を引き出した。

それは法的および制度的意味のみならず、官僚と閣僚、労働組合活動家とカルテル経営者、石炭消費者と行政法学者の間にそれが設定する諸関係の点からも、類例がないものである。

ハースはさらに続けて、「実践における超国家性は、連邦的傾向と政府間的傾向のどちらも明らかな優位を占めることのない混成的存在へと至った」(58:526–27)と主張した。

しかしながら、ヨーロッパ共同体の目的および活動の両方を説明する言葉として、「新機能主義的」という新しい用語がまもなく考案された。機能主義は、行政上および福祉上の効率性を向上させるという望ましい目標を達成するために考案される実際的および技術的協力を説明するものである。さらに、それが発展した形態である新機能主義においては、協力の過程そのものが「スピル・オーヴァー(波及)」効果あるいは「漸増的」効果によって、どのようにして共同体を不可避的にいっそう緊密な統合へと進ませるかが強調される。新機能主義とは、忍び寄る連邦主義である。

ふたりの主要な立案者とかれらによる文書は、それらによって誕生した共同体に関して試みられた以上の性格づけとどのように適合するといえるか。本章の第二節および第三節にはその点に関して付随的に言及されている箇所が数多くあるが、ここで明確に要約することが有益であろう。社会科学者は分類を好む。そのため、モネが連邦主義者か新機能主義者かという議論に、かれらは多くの紙数を費やしてきた。バージェスは、この論争を要約して次のように書いている。「今日、モネはヨーロッパの連邦運動の旗頭であったとはみなされていない。……圧倒的にモネは「機能主義者」の代表的存在であるといわれてきた。……」(20:44)。しかし、この判断は、二つの弱点のために破綻をきたしている。それは、モネの柔軟性、すなわち、有利な状況が生じたときにそれらを利用して行動に移るという信念を生涯抱いていたことを見落としている。また、それは、連邦建設の過程が、一挙にその創設を図ることでなければならないという、はなはだしく狭い定義を前提としている。フォーサイスは、歴史的に連邦はしばしば、より緩やかな構造の国家連合が進展してできたものであることを紹介している(52:諸所)。

モネの究極的な目標は、連邦制のヨーロッパ合衆国であったが、この目的を現実に達成するには漸進主義的な手段しかない、と判断していたことを示す証拠には事欠かない。モネが連邦主義を確信していたことを示す一例として、シューマン・プランに対するかれの見解を挙げてみよう。「連邦」という語は同宣言のなかに二回でてくる。さらに、同宣言がだされた翌月、最高機関の設置に言及して、モネは「このようにして、ヨーロッパ連邦の具体的基礎を据えることになる」(92:321)と述べた。また、最高機関の初代委員長になったときモネは、就任演説において、共同体の連邦的性格を強調している。

さらに、モネは回想録のなかで、ドゴールの壮大であるが見果てぬ夢と対照させながら、ECSCにおいて採用されたアプローチに言及して、次のように書いている。「限定的な成果から始めて、事実上の連帯性を確立することから、連邦がやがて徐々に実現される、と私たちは考えたのである」(92:367)。

スパークも同様に、一九五〇年代において、国家主権に対して正面から攻撃を加えることは無益であると確信していたので、自己の連邦主義的な理想を状況に応じて調整するようになった。かれは、モネよりも激しい感情の持ち主であったので、熱情も失望もモネより声高に表わした。かれは、崇高な連邦主義的な理想に燃えて、ヨーロッパ審議会の議長職を引き受け、次のように述べた。「わたしは、ヨーロッパ合衆国の必要性を確信してストラスブールにやってきた」(89:169)。しかし、ヨーロッパ審議会の無力さに失望を感じたスパークは、職を辞した後、ヨーロッパ政治共同体の計画に連邦主義者としての情熱を注いだが、結局それは流産に終わった(二三二—二三三頁を参照)。死去する五年前、かれはゴーリスト的な共同体を目にして、失望の声をあげた。かれは次のように書いている。「私たちが望んだヨーロッパはもはや実現不可能である。……私が当初抱いていた情熱は幻想であったことが、いまとなってわかる」(69:14)。

それでは、モネとスパークの業績を歴史的視野からどのように位置づけるべきか。一九四五年以降のヨーロッパ統合の進展は、「単にそれ以前のヨーロッパ統一計画の延長線上にあると解釈すべきではない」(Lipgens, 20:26)と、ある著名な学者は主張している。本章で扱われた内容に見られる多くの特徴からして、この最も最近の時期が他の章で議論された諸構想と比べて際立っていることは確かである。すなわち、ヨーロッパ連合に対して広汎に及ぶ民衆の支持が見られたこと、モネ、スパークおよびその同僚たちが共同体創設に現に成功したこと、また、経済協力を重視したことは、他の時期に見られない一九五〇年代の特徴となっているのである。

しかし、たとえそうであるとしても、歴史の継続性という鎖の環の強さを軽視することがあってはならない。以前の時代の計画立案者のなかにも、ヨーロッパ統一の経済的利点に気づいていた人がいく人か存在した。連邦型のヨーロッパ合衆国を推進する組織は、一九世紀の平和会議にその先駆を見いだすことができる。それらの会議は少なくとも部分的には連邦的発想をもっていた。経済統合に焦点をあてたことは、一九二〇年代における関心事と希望を反映したものであった。さらに、ローマ条約からその目的が「平和および自由の保全を強化」することであることを読むとき、サン＝シモンが憲法に基づく政治制度が拡がることによって平和が実現すると信じていたことが思い出される(戦後スイスにおける熱心な連邦主義者ド・ルージュモンのコメント。39:109)。最後に、同じローマ条約のなかに、共同体が「国際連合憲章の諸原則に従って」(前文、129:74)活動すべき旨が書かれていることに気づくとき、ブリアンが国際連盟を自己の計画の基礎としたことが、思い起こされる。

以前の諸構想に決定的に欠けていたが、一九五〇年代に開始されたヨーロッパ共同体に特徴的なことは、統一のための、いわば分割払い方式とでもいうべき手法である。一九五一年、六カ国は「未知の目的地への旅」(これは、アンドリュー・ショーンフィールドが行なった一九七二年ライス・レクチャーの表題である。115)の代金を払うために、自国の主権のごく一部を初回の頭金とした。さらに六カ国がその後、最初からの旅行者たちに加わり、少なくともさらに六カ国(八カ国(一九九四年二月現在))が同じ道を追求する許可を得ようとしている。その間に、統合の歩調が加速化した。さらに、計画立案者による文書作成の方式が定着した。ベルギー首相レオ・ティンデマンスは、ヨーロッパ連合の概念と枠組みに関する報告(一九七六年)を起草した。アルティエロ・スピネッリは、ヨーロッパ連合条約草案(一九八四年)を提出した。ルクセンブルク首相ジャック・サンテールは、単一ヨーロッパ議定書(一九八六年)の基礎を用意した。また、EC委員長ジャック・ドロールは、EMU(経済通貨同盟)に関する報告(一九八九年)を作成した。

モネ、スパークおよびその協力者たちは、中世および近代初期の先駆者たちが思い描いていたのとは非常に異なる統一ヨーロッパ創設の方式を確立したといえる。しかし、さまざまな運命の変化を経験しつつも、ヨーロッパ統一の構想は、その達成のために立案された計画草案を通じて周期的に現れたのである。これらの計画は、それぞれの時代に特有の方法で、何世紀にもわたって絶えず重要視された諸問題の解決を試みたのである。

第8章

結　論
——永続的な諸問題——

1 文化的・地政学的・制度的な諸問題

「人間の数だけ、構想の数あり」。もしテレンス（ローマの喜劇詩人）の言葉を応用することができれば。しかし、検討してきた主要な構想の著者たちはそれぞれ、ヨーロッパ統一の問題に関して特色ある方法でアプローチしたが、かれらはすべて、何世紀にもわたって絶えず存在していた諸問題を反映していた。したがって、最終章の目的は、重要な諸問題が諸計画において繰り返し取り上げてきた方法を、さらに個々の著作者がこれらの永続的な諸問題についていかにさまざまに対応してきたかを要約することである。

いかなる自発的な政治統合の構想も、想定されたメンバーがある程度の文化的および政治的な伝統と価値を共有していない限り、信ずるに足りないものになるであろう。国家連合が成功するために必要なこの種のアイデンティティーは、ヤヌスの顔をもっている。内に向かっては、メンバーが共通にもっており、少なくともわずかな等質性をなす特徴を認識しなければならない。外に向かっては、連合の外部者に対する相違、両立不可能性、敵意さえも認識しなければならない。一三〇〇年ころから一八〇〇年ころまでにかけて、ヨーロッパのアイデンティティーに対する意識はその速度を増した。ヴォルテールは、すでに引用した一八世紀の著作（一〇二頁を参照）のなかで次のように書いている。

すでに長い間にわたって、（ロシアを除いて）キリスト教ヨーロッパは、いくつかの国家に分割されてはいるが、一種の大きな共和国とみなすことができる。すべての国家が相互に調和しており、さまざまな宗派に分かれてはいるものの、同じ宗教の分流を共有している。すべての国家は、他の世界では知られていない公法および政治的な法律の同じ原則を保持している。これらの原則にしたがって、ヨーロッパ国民は、かれらの捕虜を奴隷としない。かれらは、敵国の大使たちに敬意を表し、……とりわけかれらは可能な限りかれら自身の勢力均衡を維持し、絶えず、戦時でさえも、交渉を行なうという賢明な政策を遂行している……(131:5)。他の大陸では獲得することのできなかったこれらの条件は、その上に政治的な統一を構築することができる計画の基礎をみごとに要約している。

これらのヨーロッパ統一の企画者たちは、和解と連合を全世界にもたらすことを希求する人々よりは、結果として、構想についてユートピア的ではないと主張することができる。例えば、ダンテ、クリュセ、コメニウス、ベンサム、カントは、それぞれ独自の方法で、より広汎なグローバルな視野をもっていた。しかしながら、サン＝ピエールは、かれらの野心的な構想をヨーロッパに限定している人々を代表して語っている。かれは、自分の構想の序文において、世界のすべての王国のための構想は、「全構想が不可能であるという空気をつくり出すために」(65:58)、そのような構想を作成するという当初の意図をかれが放棄したことを説明しているのである。

このような結束の感情を固めるために、いくつかの構想は、提案された連合のメンバーシップを明示的に制限している。国家連合の諸原則に反感を抱く国家の加入を認めることは、仲間の絆を弱めることになる。最も顕著なことは、検討した著者たちのほとんどがロシアの加入を認めていないことである(二七二―二七四頁を参照)。サン＝シモンとEC創設の始祖たちは、とくに排他的であった。というのは、メンバーが議会に基礎を置く自由な政府を実践していなければならないと強く主張しているからである。サン＝ピエールは、メンバーシップについて異なった態度をとっている。自発的に加入しない諸国家についてかれが提案した取り扱いには、問題がある。つまり、創設された連盟は、乗り気でない国家を連合のなかに引きずり込むことに主要な力を行使すべきであるとした。かれは、国家連合の価値に確信をもてないものについて、加入を強制された内部者の方が、外部の海賊よりも、問題が少ない存在となるであろうと評価したのである。

この際立った例外を除いて、これらの計画のなかで考案されたメンバーはすべて、構想の成功にとって根本的な重要性をもっている二つの政治原則の運営について自発的に協同することが想定されている。そのひとつは、主権のある程度の放棄である(多くのシステムにおいてどんなにうまくカモフラージュされていようとも)(二八一―二八二頁を参照)。もうひとつは代議制機関の使用である。デュボアからスパークに至るまでの諸計画は、自立権の喪失と超国家的な機関の創設の見返りとして、大陸に平和や他の共通善を提供する。したがってメンバーシップを、君主、政府あるいは国民がこれらの手続き方法について同意している国家のみに限定することは避けられないことであった。

ヨーロッパの等質性の制度化への約束された報酬である共通善は、域内の平和と繁栄だけではない。多くの構想において、共通の脅威に対する協同の必要性や少なくともヨーロッパ人の攻撃的な傾向を域外化する必要性を発見することができる。中世の著者たちやシュリーは、トルコ人と戦うことを望んだ。サン＝シモンは、植民的な征服を唱えた。ブリアンとEC創設の始祖たちは、米国の経済的な競争力を肩越しに見ていた。シュリー、サン＝シモン、モネ、スパークはすべて、それぞれ独自の方法で、ロシアに神経過敏であったり、ロシアを敵視していた。

ヨーロッパを他と区別する特徴のなかで最も重要な単一の要素は、おそらくキリスト教であろう。このことは、すでに第一章で見たように、キリスト教世界とヨーロッパが長い間同義の概念であった中世においては非常に明確であった。シュリー、ペン、ベラーズもまた、宗教改革の結果生まれた西および中央ヨーロッパにおける暴力的な分裂にもかかわらず、キリスト教による結束可能性を認めていた。確かに、ペンとベラーズの両者の動機のひとつは、キリスト教宗派間の和解を促進することであった。さらに、第二次世界大戦後、キリスト教民主諸政党によるヨーロッパ統合への強力な支援のなかに、キリスト教の動機の復活があったことを留意するのも興味深い。

キリスト教は、統合する要素であったばかりでなく、最初は信条であったが、後にはトルコ人として擬人化されたイスラムからヨーロッパを区別する手段でもあった。デュボア、ポディエブラディ家のイジー、シュリーの計画のなかで、ヨーロッパ連合の主要な表明された目的のひとつは、十字軍の復活であった。一三〇〇年においてさえも、ムーア人は、グラナダ首長国というヨーロッパへの橋頭堡を確保していた。地中海の南岸および東岸は、何世紀にもわたってイスラム教徒によって統治されていた。小アジアおよびバルカンでは、一一世紀以来、トルコが強烈な脅威を与えてきた。コンスタンチノープルは、一四五三年に陥落した。ウィーンは、一五二九年と一六八三年に包囲された。したがって、ヨーロッパ連合の構想の大部分からトルコが排除されてきたのは、不思議なことではない。例外はほとんど存在しない。真の世界市民主義的な見方をもっていたクリュセは、われわれの課題に当てはまらない。寛容的な雰囲気が特徴であったペンとベラーズは、その方向からの絶えざる攻撃について神経質になっていたが、可能ならばトルコを受け入れたかもしれない。サン＝ピエールは、この問題について教義的な反対はしていなかったが、多年にわたって揺れ動いた。ルソーも、『抜粋』のなかで、サン＝ピエールの最終的な立場にしたがってトルコを排除した。サン＝シモン以後、トルコは、議会に基礎を置く自由な政府をもっていないために、排除されてきた。クーデンホーフ・カレルギーは、諸連邦から成る世界体制の地図を描いたが、トルコがどこに属するか不鮮明のままに残した(一九一頁図6を参照)。トルコは、ブリアンの構想からも取り残されていた。それは、アルブレヒト＝カリエが述べたように「その中心から外れた地理的な位置」(3:224n)からではなく、当時トルコが未だ国際連盟への加入を認められていなかったからである。

ロシアも、われわれが取り上げてきた著者たちにとって同じような問題を提起している。調査した計画のなかでロシアをメンバーに入れているのは、ペンからルソーに至る偏見のない世代だけである。ロシアに対してメンバーシップを認めないことを説明し、正当化することは、トルコに対する反対投票よりも難しい。古代世界の地理学者でさえ、タイス川(ドン川)をヨーロッパの東側の境界線として受け入れ、かくして今日ロシアのヨーロッパ部とみなされている地域をヨーロッパに組み入れていた。このことは、一九世紀まで疑問をもたれることはなかった。そのころには、境界は、若干東に移動しウラル川とウラル山脈となっていた。さらに、九八八年のキエフ大公ウラディミールの洗礼以来、ロシアはキリスト教国家とみなされてきた。七〇〇年後、ピョートル大帝は、ロシア社会を西欧化するために実質的な行動と象徴的な行動によって奮闘的な努力を行なった。

他方、ロシアの経験は、ヨーロッパの主流の経験から外れる特徴を数多くもっている。ロシアの住民は、そのヨーロッパ部でさえ、スラヴ文化との混合によって、アジア的特徴を保持している。かれらのキリスト教は、ローマではなく、ビザンティンから派生したものである。トルコ人が、小アジアやバルカンにおいて圧倒的な勢力になった後、ロシアは、西側から見ると分裂教会であるが、東方正教会の唯一かつ拘束を受けない体現者であった。ロシアと他のヨーロッパとの間の教義上の分裂は、ロシアが共産主義を採用した(あるいは、押しつけられた)一九一七年に、世俗の形で復活した。その上、ロシアの統治方法は、モスクワ大公国のツァーの時代からスターリンの警察国家の時代まで、専制的な形態を維持してきた。それは、他のヨーロッパで発展した多元的な統治形態にとっては、性質の異なった統治スタイルであった。

シュリーは、モスクワ大公国に非常に強い反感を抱いていたので、モスクワに対して一種の十字軍を提案さえした。ペンとベラーズは、もし取り決めができるならば、ロシアをヨーロッパ・システムに入れることを欲していた。サン＝ピエールとルソーはロシアを受け入れ、とくにサン＝ピエールは、興味深いことにますます熱心になっていった。サン＝シモンは、他の東ヨーロッパ諸国とともにロシアが、大陸の残りと結束することの助けとなる同じ歴史的経験を欠いていると感じていた。その上、ロシア皇帝アレクサンドル一世は、初期の諸構想に感銘を受け、かれら自身の疑似連邦的な計画を「神聖同盟」の形で提案したにもかかわらず、一九世紀の一般的な雰囲気は、ロシアという熊に対する恐れと猜疑心であった。ヒンズリーが報告しているように、「一八四八年以前の時期において、マッツィーニとサン＝シモン主義者であるペクールは、かれらのヨーロッパ連邦からロシアを明示的に排除した。……一八四八年以後になると、他の人々は、政治的な一様性よりも、歴史的および民族的な一様性を、かれらのヨーロッパ連邦の基礎に置くことによって……ロシアを排除したのである」(67:105)。

両大戦間期、クーデンホーフ・カレルギーの世界計画は、かれが提案するパン・ヨーロッパとともに、ソ連を独立した連邦として配置した。ブリアンは、トルコと同じようにロシアが国際連盟の加盟国でなかったために、ロシアを必然的に排除した。最後に、冷戦の脅威とソ連に対する敵意がなかったならば、ECが一九五〇年代に着手されなかったかもしれないと考えることも可能である。

ヨーロッパ連合にトルコとロシアを加えることへの徹底的な反対については、構想によってばらつきがあるが、ほとんどの場合において中心的な役割を演じる国として描かれてきた国家がひとつある。それはフランスであった。その有力な理由のひとつを見つけるのに時間はかからない。なぜなら、主要な計画の起草者自身の多くがフランス人だからである。一九世紀のフランスの詩人であり、政治家であったラマルティーヌは、「神が世界に影響を与える構想を欲するとき、それはフランス人の魂のなかを燃え立たせる」(55:382)と宣言している。本書で取り上げた構想の著者たちの点呼をとると、圧倒的にフランス人であることがわかる。デュボア、クリュセ、シュリー、サン＝ピエール、ナポレオン、サン＝シモン、サン＝シモン主義者たち、ブリアン(とレジェ)、シューマン、モネ(とユリ)、みなそうである。

その動機が公に認められていようといまいと、これらのヨーロッパ統合のための諸計画の多くが、フランスの自己利益を高揚することを企てていた。ある事例では、デュボアやナポレオンのように、この目的が、ヨーロッパを文明化する、あるいは解放するのがフランスの使命として装われていた場合もあった。確かに、サン＝シモンは、フランスがイングランドとともにヨーロッパを統一するためにリードすべきであると勧告し、それは十分に利他主義的であった。しかし、かれの提案でさえ、伝道師的な熱意によって、歪められることもあり得る。例えば、かれの弟子のコンシデランは、フランスが必要とあれば武力によってヨーロッパを統一することを主唱した。それは、その約二〇年前にナポレオンが達成しかかったことである。シュリー、ブリアン、シューマン、モネは、ハプスブルク家から二〇世紀の産業化したドイツに至るまで、ドイツからの挑戦について非常に憂慮していた。シュリーの場合は、フランスの安全保障のみならず、ハプスブルク家の弱体化によって、再建されたヨーロッパにおけるフランスの支配さえも求めた。ブリアン、シューマン、モネは、ドイツの利益をフランスの利益と融合させることによって、ドイツを飼い慣らすという別の政策を追求したのである。

諸計画において特別な考慮を払う必要がある第四の国家は、イングランドである。一七〇〇年ころのペンとベラーズの作品、第一次世界大戦直前の熱烈な連邦主義者たち、一九四〇年ころの「連邦連合」の会員は別として、ヨーロッパ統一に強い関心を示したイギリス人の例はほとんどない。ベンサムは重要であるが、かれの展望は単なるヨーロッパよりも広いものである。一九世紀の歴史家J・R・シーリーは、構想を支持したが、それについて長く影響をもつものを書いていない。その上、われわれ自身の世紀において、ブリアン覚書、シューマン・プラン、スパーク委員会の作業など、具体的な提案が提示されたとき、英国政府は冷淡な態度をとってきたのである。

しかしながら、検討した計画の著者たちの多くは、構想の成功が英国の心からの参加にかかっていることを認識していた。このような英国びいきの主要な例外は、ルソーである。かれは、執筆してから五年後の一七六一年に出版された『抜粋』に敵意に満ちた註を付記した。英国の帝国主義的な欲望が戦争の原因であるという当時の見解と七年戦争での英国の勝利を反映していることは疑いもなく、ルソーは以下のような予測をしている。

私がこれを書いた後、状況は変化した。しかし、私の基本的な原理は通用する。例えば、いまから二〇年後、英国がその栄光とともに崩壊し、さらにその自由を思い起こさせるものを失っていることを、予測することは大変に容易である。農業がこの島で繁栄しているとすべての人々は保証している。しかし、かの地では農業が衰退している方に私自身は賭けている。ロンドンは日々増大している。したがって、王国の他の地域の人口は減少している。イギリス人は、征服者でありたいと望んでいる。したがって、イギリス人が奴隷になるのはそんなに遠いことではない(128:373 n)。

ルソーは後に、アメリカ独立戦争を予見していたと主張した。

対照的に、デュボアは、かれの小冊子を送付する君主たちの一覧表の先頭にエドワード一世を据えた。シュリーは、「大計画」へのイングランドの参加を想定することを「証明するために」エリザベス一世との協力を求める会話を捏造さえしている。シュリーの計画に対する支持を記したペンは、イングランドがそれを実際に実践する栄誉を担うべきであるとの希望を表明した。ベラーズも、かれの小冊子のアン女王への献辞のなかで、同じように書いた。英国が不可欠であると記したもののなかで最も確信していたのは、サン＝シモンであり、かれは、英国の議会制のうえにかれの知的体系を構築していたのである。約一世紀後、クーデンホーフ・カレルギーは、かれのパン・ヨーロッパ連合から英国を除外する実質的な必要性を認めた。しかし、そのような配置は、大陸から孤立する英国の政策に失望して決定されたものである。かれと比べて、おそらくブリアンは現実的ではなかった。かれの構想は、フランスとドイツの和解を固めたいというかれの願望に主として起因していたが、構想が受け入れられるかどうかは、英国の支持にかかっていた。しかし、その支持を得ることができず、致命的となったのである。

第二次世界大戦後、ある種のヨーロッパ連合を創設するようになったとき、ヨーロッパ大陸の熱狂者たちの多くは、大の英国びいきであった。最初、かれらは英国のリーダーシップを強く期待した。しかし後になって、かれらは参加さえもしない英国の冷淡な拒否に意気消沈した。この国をよく知っていたモネ以上に落胆したものはいない。かれは、「西側の文明は、英国を必要としている」と回顧録に書いた。つづけて、「ヨーロッパは、文明へのその無類の貢献を継続するため、イギリス人のなかに存在する資質を必要としている。……イギリス人は、制度について、さらにその使い方について、大陸の人々よりもよく理解している」(92:451)。

では次に、特定の国家の問題から離れ、多様に構想された国家連合を構成するであろう諸国家の境界の問題に目を転じてみよう。国境については、大部分の場合、変更すべきでないとしている。サン＝ピエールは、この不変更政策を採用したために、徹底的に批判されてきた。しかし、クウェーカー教徒も、変更の取り決めも同様に専断的であるという理屈に基づいて、すべての国境の現状を凍結することを勧告した。ブリアンは、かれの非柔軟性について諷刺されさえした。イギリス人の諷刺漫画家ローは、ブリアンが他のヨーロッパの政治家たちとともにヨットに乗っている絵を描き、「危険。乗客は現状を維持すべし」(82:57)との一文を付した。サン＝シモンは、中央ヨーロッパの広大な地における進歩と平和の目的のために、国家を州単位に分けることを提唱した。ベラーズは、代議的目的および兵員の補充の目的のためにドイツの統一を求めた。シュリーだけが、かれの外交哲学の基礎であり、好戦の屑を黄金の平和に変える、大陸における「均衡」を創出することを目的として地図作成者の役割を演じた。

統一されたヨーロッパをいかに実現するのであろうか。調査した著者の大多数は、統一ヨーロッパ創始のために外交的な行動を構想していた。諸国家すべては、この目的のために起草された条約を固守することになる。著者の大多数にとって連合を創設する主要な目的が平和の達成であるため、これをもたらすために武力を行使することは偽善の気味がある。シュリーとサン＝ピエールは、最初の核に強制的に追加するものを定めていた。すなわち、シュリーの場合は、ロシアを「受け入れることのできる」種類のキリスト教に改宗させることによって、サン＝ピエールの場合は、〔キリスト教を〕信じない人々を国家連合への忠誠心をもたせるよう強制的に改宗させることによって、メンバーを増やそうとした。サン＝シモンとEC創設の始祖たちは、自発的な拡大の政策を採用した。「英＝仏連合」と六カ国による「小ヨーロッパ」はそれぞれ創設の後、他の諸国に対して、加入する用意ができたときに加入を認められることになっていた。ベラーズもまた、かれの連合の底流にある諸原則にヨーロッパ諸国を調和させるには、長い期間が必要であることを認識していた。

これらの文化的および地政学的な考慮が、政治的機関をビジネスライクに構築する背景をなしていた。では、もしヨーロッパ諸国による連合が構築されていたならば、それはどのように運営されることになっていたのであろうか。

すべての計画の根本的な特徴は不可避的に、中央の審議機関および仲裁機関を用意していることである。かれの効果的な連邦議会制度への急進的な動きに照らして不思議にも、全ヨーロッパの王を用意していたのは、サン゠シモンだけである(これは、ダンテの「世界の王」を勘定に入れなければであるが)。すべての計画は、構成国に対して常設会議あるいは少なくとも頻繁に開催される会議に参加する代表を派遣することを求めている。いくつかの事例では、非常に慎重に考案され、代表の数あるいは票の重さを国家の大きさに比例させることを保証していた。これは、シュリーの「大計画」、ペンの『エッセイ』とECの制度の顕著な特徴となっている。また、補足的な機関を認める事例もあるが、その形式も機能も大きく異なっている。ベラーズのキリスト教評議会、サン゠シモンの貴族院、ブリアンのヨーロッパ委員会である。デュボアは、君主たちによる評議会を考案したが、ポディエブラディ家のイジーの計画と制度的に発展をとげた現在のECのなかだけに、政府の首班自身によって効果的な任務を遂行すべきであるとの規定がある。その機関が、諸王および諸侯から成る評議会であり、現在のヨーロッパ理事会である。このように、一四六四年の勧告が一九七四年になって実現したのである。

大部分の計画において、代議的な評議会が、政策決定の権限とともに、紛争における仲裁権限をもっている。しかしながら、ここにおいてもふたたびデュボアの構想とECとの間で、個別の司法裁判所という手段に関して、何世紀も離れた興味深いこだまを聴くことができる。しかし、違反したメンバーに対して課す制裁の厳格さについては、諸構想は大きく異なっている。デュボアとサン゠ピエールは、最も厳しい規律方法を考案していた。しかし、多数ものは、ひとたび体制が確立されると、従うことを求める政治的な圧力で十分であると想定していた。三つの構想が、興味深い財政的な取り決めを認めていた。ポディエブラディ家のイジーとペンは、侵略の犠牲者が補償を受けることを要求できるとし、ECは、規則に従わないものに対して罰金を課すことができるのである。

域内の平和と共通対外政策について、計画のいくつかは、軍事的な取り決めを考慮していた。デュボア、ポディエブラディ家のイジー、シュリーは、かれらの攻勢および十字軍の戦略において連合軍の使用についてとくに関心があった。これらの著者とサン＝ピエールは、連合軍を連邦の警備に使う価値を予見していた。ベラーズは、独自の厳密な方式をもっていたが、シュリーのみが、正確な兵力規模を提示した。ペンとベラーズは、特徴として軍縮を強調した。サン＝ピエールも同様であった。一九五〇年代にEDC（ヨーロッパ防衛共同体）を創設しようとする努力は失敗したが、一九五五年までにはECSC〔後のEC〕の六カ国はすべて、ともかくも西側のNATO（北大西洋条約機構）の軍事同盟のメンバーになっていた。

ヨーロッパ戦争の及ぶ範囲が縮小することは、経済的に利益があると一般的にみなされている。シュリーとペンは、資金をそれまでの軍事支出からより生産的な支出に転換することによって、今日「平和の配当」と呼ばれるものをとくに強調した。ルソーは、戦争の費用について深く憂慮していた。著者たちはまた、より平和的な状況から国際的な通商が利益を得るであろうことを考慮していた。デュボア、シュリー、サン＝ピエールはとくにこの利益を強調した。他方、サン＝ピエール、クーデンホーフ・カレルギー、ブリアン、EC創設の始祖たちは、工業生産、域内貿易、生活水準を改善するためには経済的な調整が必要であることに気を配っていた。二〇世紀までに、政治連合とは別に、経済連合の問題が重要になってきた。しかし、パリ条約やローマ条約に規定されたように、資金を中央の国家連合の基金に分配することは、決して二〇世紀の工夫ではない。ポディエブラディ家のイジー、シュリー、サン＝ピエールは、同様の取り決めを考案していたのである。

いかなる正式な連邦も、当然のことながら、独立した固有の予算なしに機能することはできない。しかし、これらの統合計画は、連邦を単なる言葉以上のものとして考案されていたのであろうか。これらの著者たちの多くが、個別に建設された諸国家をより大きな連合にすることに対する支持に反感を抱く政治理論や政治慣行を背景としながら、執筆していたことを想起しなければならない。国民国家は、受け入れられた組織形態であった。中世について記したアルフレッド・コバンは、「西ヨーロッパでは一二世紀までに、東ヨーロッパでは一三世紀までに、かなりの数の国民国家が存在していた。多くの国民にとって、一四世紀は国家建設時代の絶頂期であった」(32:27)。デュボアとポディエブラディ家のイジーがかれらの構想を描いたのは、このような状況の下であった。とくにデュボアの祖国では、「その領地の王が皇帝であるという考え方が一三世紀フランスでいくたびも叫ばれていた」(126:156)。シュリーは、かれの同国人であるボダンが主権概念の古典的な記述を含んでいる *Six Livres de la République*, 1576(『共和国に関する六つの書』)を出版してから約三〇年後の「新王政」の時代に、かれの「大計画」の構想を書いた。スチュアート朝イングランドにおいて挑戦を受け、ルイ一四世のフランスにおいて頂点に達した一七世紀型の絶対王政は、その理論的な正統性をホッブスの『リヴァイアサン』に見いだしているが、それはクウェーカー教徒やサン＝ピエールがかれらの構想にとりかかった半世紀前に書かれていた。

ナショナリズムのイデオロギーの誕生の時代は、サン＝シモンの『再組織について』と同時期であった。民族自決の民主的に洗練された様式をもったナショナリズムは、パリ講和会議において正当なものとされたが、それはブリアンが覚書を回覧する一〇年前であった。

優越的な国家権力と国家意識に対する挑戦の強さ、すなわち、これらの計画において考案された連邦の絆の相対的な緊密さについては、諸構想はかなり異なっている。スペクトルで表わすと、ブリアンの非常に暫定的な取り決めから、サン＝ピエールが欲した国家連合機関の広汎な権力を経て、一九世紀および二〇世紀の連邦主義者が主唱した完全に統合されたシステムに至る。例えば、サン＝ピエールが、中央機関が加盟国における動乱を鎮圧するために干渉し、さらに貿易を規制するために連邦商工会議所の地方支所を設置することを主張したことは著名である。対照的に、一部の著者は、国家主権の問題に心を悩ましていた。ペンとベラーズは、潜在的なメンバーに対してかれらの国内問題に対する主権的支配を決して侵害しないことを再保証している。モネとスパークは、企てを実現するのに穏当な「共同体」の開始を達成するために、連邦に対するかれらの情熱を抑えねばならなかった。ルソーは、サン＝ピエールが考案したような構想の実践性を否定したが、その理由として、諸侯が自発的に手放すことができない権力に対する警戒心を指摘している。

デュボアからベラーズに至るまで、争点は基本的には非常に単純である。締約国が相互に戦う自由を放棄することである。ひとたび連合が創設されたならば、ヨーロッパの諸侯がみずからの大陸における領土的拡張の「主権的権利」を放棄し、紛争を二国間で解決する「主権的権利」を中央の仲裁に委譲することになる。サン＝ピエールも、戦争によってヨーロッパを破壊する権利と機会を個々の支配者から剝奪することに主たる関心をもっていた。かれはさらに、通商上の慣行の法典化と規制を特別に付加し、連盟から脱退する機会を拒否することを表明していた。他の著者たちは、ひとたびかれらの連合が機能を始めたならば有利になることがあまりにも明白であるために、おそらく、かれらの連合が同様に「永続的」であることを想定する傾向にあった。

サン＝ピエールは、連合構造が、単なる平和維持機能を超える十分な潜在力をもっていることについて認識した最初の人物であった。それ以後、サン＝シモンの著作、ブリアン覚書、ECの諸条約のなかで、中央機関の権限領域がある程度列挙された。自国の社会問題や経済問題を処理する国家主権の自立性は、いまや根底を危うくされつつある。

それは、ECにおいて好まれている用語を使えば、プール(共同管理)されることになる。より大きな安全保障と繁栄という利益は、主権の削減にはほとんどならないということができる。全体として、分離した独立は、戦争と困窮に屈することを意味する。サン＝ピエールが書いたように、諸侯は、「主権の保有について……弱体化しているときに、はるかに大きな安全を獲得することができるのである」(67：42)。
これまでわれわれは、「連合」や「連邦的」といった用語を、調査した諸計画を調整し統合する目的で、若干曖昧に使用してきた。しかし、実際には、厳密にいえば、ほとんどすべてが、その目的において国家連合的であった。あのように徹底的な干渉権限を考案したサン＝ピエールでさえも、フォーサイスによって、「国家連合について考えていた」「普遍主義者あるいはユートピアンの傾向」をもった「最も代表的な人」(52：86)と描写されている。その理由は、結局、サン＝ピエールを含む、われわれが取り上げた著者たちの多くが、認識可能な政治単位として、ヨーロッパの諸国家を解体することに尻ごみしたからである。王族の存在がそのような考えを確実に排除していた。おそらくサン＝シモンでさえも、今日われわれがアメリカ合衆国やドイツ連邦共和国で連想するような一種の州＝連邦関係を考案していなかった。一九世紀半ばになって初めて、アメリカ合衆国の発展する制度をモデルとして、真に連邦的なヨーロッパ合衆国の可能性が実際に考慮された。それは、第二次世界大戦のときに広く支持を受け、ＥＣ創設の始祖たちが心に育んだ目標なのである。

　ともあれ、われわれが検討した文書のなかで、ヨーロッパ連邦主義理論の真の発露の識別を試みることは、あまり意味のないことになろう。大部分の場合、著者たちは、かれらが認識したヨーロッパの諸問題を実務的に解決する策を述べる努力をした実践的な人々であった。かれらの動機は、道徳ではなく功利主義であった。われわれが取り上げた展示物のなかで第一級の理論家は、ルソーとサン＝シモンだけである。ルソーの場合は、連邦主義に関してかれが約束した作品は完成されず、かれが執筆したその断片も革命のさなか、恐れた友人の手で破棄された。テクノクラートの議員による政府というサン＝シモンの考えは、政治的な選択を行ない、連邦的にその過程を制度化する問題をあまりにも素朴に過小評価していた。国家主権と連邦構造の関係の理論的問題は、未だ解決されてはいないのである。

2　歴史と人の影響

真実かあるいはうわべだけか、何世紀にもわたるヨーロッパ統一のための諸構想において表明された基本的な目的は、平和への探求であった。しかしながら、著者たちが属していた国際環境およびかれらが没頭していたものが異なっていたことが、この恒久的な目標に多様性を生み、詳細な追加をもたらしたのである。

国際環境と著者の気まぐれのために、諸構想によって重さが異なる他の五つの考慮を識別することができる。第一は、特定の構成国のひとつの勢力あるいは安全を高めようとする決意である。ポディエブラディ家のイジーの場合はボヘミアであった。デュボアとシュリーの場合は耳障りなほど、またブリアン、シューマン、モネの場合は用心深く、フランスであった。この目的の裏には、第二の動機である特定の構成国の勢力あるいは脅威を減少させようとする願望があった。シュリーの場合はハプスブルク帝国であり、ブリアンとＥＣ創設の始祖たちの場合はドイツであった。第三の動機は、軍事的あるいは経済的に、外部の列強に対する力を増大させることである。デュボアからシュリーまではトルコであり、シュリー、モネ、スパークの場合はロシアであり、クーデンホーフ・カレルギー、ブリアン、モネの場合は米国であった。第四は、戦争による破壊を終わらせることによって、あるいは貿易の増大によって、連合域内で経済的利益が生じることである。これらは、検討した著者たちのほとんどすべての者によって、さまざまな方法で考慮されていた。不可避的に、何世紀もの間に利益の焦点は、地中海から、ヨーロッパの中心部、大西洋貿易、西ヨーロッパへと移った。最後に、安定かつ効果的な政府という関心が、サン＝ピエールとサン＝シモンにとって求める原理となっていた。両者は、それぞれイングランドおよびフランスにおける内戦と革命を鮮明に意識しながら執筆していたのである。

支配的であった政治慣行の影響力は、提案されたヨーロッパ連合のスタイルにとくに明白に現れていた。デュボアからサン゠ピエールに至るすべての著者たちの筆から生まれた諸計画は、致命的な前提に依拠しているとしばしば言われてきた。それは、これらの計画が、拘束されない権限を行使することが存在理由となっている主権君主たちに、かれらの権限の一部を放棄することを求めていることである。ルイ一四世の有能で、経験豊かな主席大臣であったフルーリー枢機卿は、以下のようにサン゠ピエールに語ったおりこの問題に触れていた。「締約国の諸君主の心と精神を準備するために、宣教師の一部隊を派遣することから始めなければならない」(65:66)。しかし、ナポレオンとヒトラーだけが試みた軍事的征服を除いて、他の選択肢がなかったのである。ルソーは、不統一という痛みのある病気よりも、統一という治療に伴う悪夢の方が、より耐えがたいことになると警告した。一四世紀から一八世紀に至る著者たちが、代議的な身分制議会あるいは人民の圧力という手段によって、連合を達成することを提案していたと考えることは、時代錯誤に陥ることになろう。

同じような議会制度を有するメンバーによる統合は、一八〇〇年ころまで考案されていなかった。この問題へのアプローチを切り開いたという意味で、サン゠シモンがかれの独創性をみずから主張するのはまったく正当である。それは、ブリアンの時代にまで続いた思考スタイルであった。

連合への過程を交渉する個々の国家政府の形態は、われわれが検討した著者たちにとって決定的な重要性をもっていた。その理由は、かれらが国家連合的な構想だけを描いていたからではないからである。すでに確立した政府の性格は、変更されないことになっていた。むしろ、計画のいくつかは、それを強固にすることに積極的であった。プルードンからスピネッリに至る連邦的な思想の流れにおいてのみ、連邦の構成部分よりも、建設されるヨーロッパ合衆国の特徴に、より焦点があてられているのである。

二〇世紀に到達するまでに、ヨーロッパ統一について大衆が意識し、市民運動を行なう時代に入っていた。クーデンホーフ・カレルギーのパン・ヨーロッパ運動であろうと、ECの妥協的な結果に支持を与えた戦後の諸集団であろうと、ヨーロッパの諸問題に対する統合的な解決策を支持する方向に、意見が漸進的に移行したことが重要な新しい要素であった。同時に、統一に対する機能主義者(あるいは新機能主義者)、したがって漸進主義者のアプローチが、基本的な目標をより好ましいものとしたのである。ときにはいわれるように、ECは過去のあらゆる構想とはまったく似ていないものではないけれども、ECが他の構想と決定的に異なることがひとつある。それは、ECが実際に成立し、機能していることである。

しかし、歴史的な分脈の重要性にもかかわらず、個人的な足跡を忘れてはならない。事実、検討してきた著者たちのすべては、多かれ少なかれ、かれらが生きた時代の慣行や先入観を反映していた。しかし、かれらはまた、かれら自身非常に大きな個人的貢献をなした。かくして、個々の文書は、人間と時の相互作用の結果である。E・H・カーは、歴史における個人の役割の問題について以下のように書いた。

> 私にとって非常に重要であると思えるのは、偉人とは、歴史的過程の産物であると同時に生産者であり、また、世界の姿と人間の思想とを変える社会的勢力の代表者であり、同時に創造者である、卓越した個人であるということを、認識することである(23:55)。

本研究で取り上げた人物の大部分は、例えばアレクサンドロス大王やルターのように、大きな影響力をもった偉人ではない。それにもかかわらず、かれらは、統一されたヨーロッパの夢を共同して生き延びさせ、発展させてきた。さらに、かれらは、それぞれ独自の特殊な関心から、個人としてある種の考慮に貢献してきた。したがって、E・H・カーの指摘は、本研究にも適切である。

一七世紀のヨーロッパ連合の主唱者たちが、一六世紀の脱落を飛び越して中世からの理念を継承していたかどうかはわからない。最初に、シュリーがデュボアの作品を知っていたかもしれないと考える理由を簡単に述べた(二一頁を参照）。しかしながら、シュリー以後については、諸計画の継続的かつ意識的な構築と適用があったことは確かである。しかし、クレオパトラの鼻の高さをもちだし、もしシュリーにとりついたハプスブルク家への怨念がなかったならば今日のECもないと、パスカル風に論じるつもりはない。むしろ、本書で検討してきた著者たちが、構想や勧告が蓄積したものを世代を越えて後世に受け継ぎ、それが豊かな遺産となって、やがて一種の連合が実際に可能性をもつまでになったということを提示したい。

著者たちの計画のすべては、程度の差こそあれ、複雑な提案であった。それにもかかわらず、それぞれが、この理想に向かってなしたとくに重要な貢献について指摘することができる。デュボアは、ひとつの強力な主権国家を核に、その回りにヨーロッパを結晶させることを主唱した。ポディエブラディ家のイジーは、多数決の手続きを紹介した。シュリーは、大陸内部における勢力均衡の考えを提起した。ペンは、巧みに比例代表の制度を考案した。ふたりのクウェーカー教徒は、軍縮の利点を予見した。サン＝ピエールは、概略的な構想も詳細な詰めを必要とすることを示した。ルソーは、連邦の政治理論の基礎を築いた。サン＝シモンは、このように大きな事業を運営するには、能率的なテクノクラートが重要であることを強調した。クーデンホーフ・カレルギーは、連邦化した世界体制の一部として連邦化したヨーロッパを夢見た。ブリアンは、統合されたヨーロッパが組織化された世界秩序のなかで強固にうちたてられなければならないと主張した。モネとスパークは、機能主義的な手続き方法を実際に発展させたのである。

これらの特徴的な貢献のそれぞれが、これらの人々の個人的あるいは公的な人生における経験とかれらの心と意識のなかで政治的な優先順位が最も高いものを反映していた。さらに、これらの計画の核心的なメッセージは、永続的に関心を引きつけるものである。

現在、ヨーロッパは、新しい世紀に向かいつつあるが、過去七〇〇年以上にわたって、この分野で多くの著者たちが解答を模索してきたのと同じような多くの問題を解決する必要に未だに直面している。EC内部におけるさらなる経済、通貨、政治連合への圧力、ドイツの統一、中央ヨーロッパからソ連に至るまでの共産主義体制の崩壊は、ヨーロッパ統一の性格について一九九〇年ころに行なわれた論争を繰り返すことを余儀なくさせるであろう。そこで、いくつかのモデルを識別することができる。

第一は、資本主義的な経済システムを協調させるための有益な枠組みを国民国家に提供する方法として、ECを主として認めるものである。そのさらなる発展は、政治的なスタイルと経済的な取り決めが可能な諸国家が新たに加入することに、限定される。この戦略を洗練させたものが、異なったレヴェルの統合に応じて異なった諸国家群からなる同心円状のヨーロッパである。第二のモデルは、現在のECの方向性そのものを描写したものであり、ある程度地理的に拡大する一方で、より明確な連邦的スタイルの政治統合へ向かうものである。

デンマーク人の学者オーレ・ヴェーヴァーは、フランス人、ドイツ人、ロシア人がもっている、三つの「競合するヨーロッパ」を以下のように区別している(135:477-93)。フランス人は、ECをひとつの国民国家とすることを求めている。ドイツ人は、文化的な価値や商品の移動を可能にする国境の多孔性を強調するミッテルオイローパ(中欧)政策を遂行している。ロシア人、少なくともペレストロイカの目的と冷戦の終結を歓迎した人々は、ヨーロッパ人として完全に受け入れられ、ヨーロッパの安全保障システムに加わることを望んでいる。ゴルバチョフは、「ヨーロッパ共通の家」という比喩を使って大西洋からウラルまでの凝集性のあるヨーロッパの構想を表明した。かれは、この家について以下のように書いている。

……家は共通である。それは真実である。しかし、それぞれの家族は各自のアパートに住んでいる。異なった入り口もある。しかし、ともに、集団として、共存という分別ある規範にしたがってのみ、ヨーロッパ人は、かれらの家を救い、それを大火災などの災害から守り、より良好で、より安全にし、それを正常な状態で維持することができるのである。「ヨーロッパ共通の家」という概念は、必要性と機会とを結合させるもので

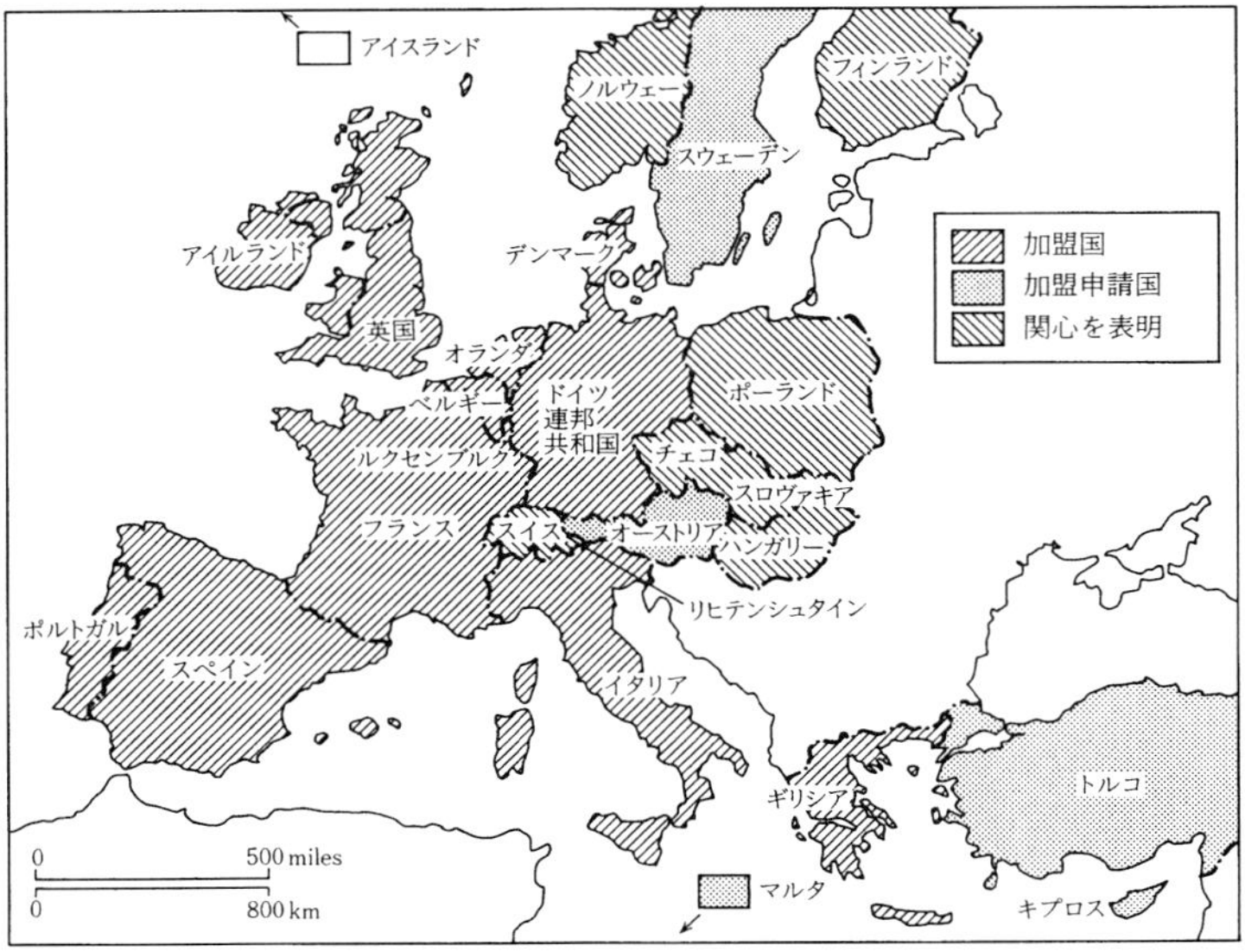

図 9　EC と加盟申請国 (1991 年当時)

ある(56:195)。

最後に、一九九〇年四月、ローマ法王ヨハネ＝パウロ二世は、プラハで行なった演説のなかで、この大陸の統一にはキリスト教の基礎があることを思い起こさせた。

> 統一されたヨーロッパは、もはやひとつの夢ではない[とかれは言明した]。それは現実の過程であり、しかも、それは純粋に政治的あるいは経済的ではあり得ない。それは深い文化的・精神的・道徳的な側面をもっている。キリスト教が、ヨーロッパ文化の根幹そのものにある(76:14)。

ヨーロッパ統一の問題を取り巻く何世紀にもわたる諸問題が、われわれ自身の時代まで存続してきたことは、確かに驚くべきことである。それらを手短に列挙してみよう。

メンバーシップの資格の問題は、一九八九年から九一年の中央および東ヨーロッパにおける出来事とソ連邦の解体によって、急激に変化した。いまや、北ではロシアとフィンランド＝エストニアの間の国境を、南ではブルガリアとギリシアの国境を、東側の境とするヨーロッパ連合が将来起こるべき事態として考察することができるようになった。

三〇に近い諸国家より成る国家連合的な構造が、不可能な結末ではないように思えるようになった。しかし、トルコとロシアはともに、問題として残っている。トルコは、ECへの加盟を望んでいるが、トルコの人権侵害の過去の悪い記録がブリュッセルで当惑を引き起こしている。ソ連邦の崩壊によって出現したロシアは、真のヨーロッパ人として受け入れられることを望んでいる。しかし、その規模、経済問題、複雑な民族を考慮すると、ロシアが共同体の「ヨーロッパ」に加入できると考えることはできない。他方、大陸の東半分における共産主義の死滅、カトリック教会と東方正教会双方の復活は、これまでの諸計画の多くのなかの文化的統一の源泉となってきた共通のキリスト教経験を意識したひとつのヨーロッパへのローマ法王の呼びかけを信ずるに足るものにしている。

国家から中央の政策決定機関にどれだけの量の主権を委譲すべきかという問題は、依然として論争の種として残っている。当然のことながら、これは、制度的な構造という長年の問題と関連している。つまり、疑似連邦的な諸機関に授ける権限、諸機関間の関係、諸機関と国家の諸機関間の関係の問題である。例えば、EC委員会とヨーロッパ理事会との権限関係、ヨーロッパ議会ならびに加盟国の国会とECの執行機関との権限関係は、どうあるべきかといった問題である。

共通の防衛および安全保障の構造ならびに共通外交政策の目標という問題は、たびたび取り上げられてきたが、満足のいくように解決されてはこなかった。とくに、冷戦後のヨーロッパにおいてNATOは依然として演じるべき役割があるのか、あるいは大陸規模のCSCE(全ヨーロッパ安全保障協力会議)を真のパン・ヨーロッパの安全保障システムに発展させるべきなのかといった問題が残っている。確実にCSCEは、テロリズム、麻薬や民事上の紛争のような大陸内の問題に関してより適応性をもったものとなろう。

これらの現行の論争のすべては、ヨーロッパ統一の青写真を起草してきた人々のすべてにとっても、非常に関心のある問題となったであろう。ヨーロッパは、諸大陸のなかで最も小さな大陸であり、精巧な政府と政治思想について最も長い伝統を有している。これらの人々は、ヨーロッパの人々のより大きな善のために政治的統一を達成する政治的な専門知識をその比較的小さな地域で展開することを、絶えず訴えてきた。構想のいくつかは、特異の精神的傾向をもっていたり、策略に満ちていたり、利他的でもなかった。それにもかかわらず、かれらのすべては、かれらが格闘した問題が無視されることによって消滅しないことを理解する洞察力をもっていた。もしこれらの諸計画とこれらを起草した人々を無視するならば、ヨーロッパの政治史についてのわれわれの理解は貧しいものとなるであろう。

訳者あとがき

本書は、Derek Benjamin Heater, *The Idea of European Unity*, Leicester University Press, Leicester and London, 1992, 206 p. の全訳である。

著者のヒーター博士は、英国のブライトン・コレッジ・オブ・エデュケーションの歴史学科長やブライトン・ポリテクニックの社会文化学部長として、長らく歴史および現代政治の教育に従事するとともに、英国政治学会(Politics Association)初代会長も務めている。

かれの著作には、

Teaching of Politics, Methuen Educational Limited, London etc., 1969.

Contemporary Political Ideas, Longman, London and New York, 1974, second edition, 1983.

Britain and the Outside World, Longman, London and New York, 1976.

共著として

Bernard Crick and Derek Heater, *Essays on Political Education*, The Falmer Press, Ringmer, 1977.

編著として

Derek Heater and Judith A. Gillepie eds., *Political Education in Flux*, Sage Publications, London and Beverly Hills, 1981.

などがある。ヒーター博士は、著作を見る限り、政治および政治学をいかに教えるか、政治教育の実践者であるといえる。

本書を翻訳することを思い立ったのは、わが国におけるEC(ヨーロッパ共同体)、とりわけ「一九九二年」や「ヨーロッパ連合(マーストリヒト)条約」に関する議論が、表面的で、市場統合や通貨統合の技術的側面に片寄っている傾向があるからである。

他方、一九九一年七月一八日、当時の海部首相とEC議長国オランダのルベルス首相は、「日・EC共同宣言」に調印し、日・ECのグローバル・パートナーシップを謳った。日本が、冷戦後の新しい世界秩序の構築に参加するには、米国とともにECが不可欠のパートナーである。しかし、そのためには、ECの統合を理解したうえで、ヨーロッパとつきあってゆかねばならない。その時、現在のEC統合の背後には、一四世紀以来提起されてきたさまざまな統合構想があったことも忘れてはならない。もちろん、それらの提案が現在のECに直接つながるというのではない。これらの提案を検討することによって、ヨーロッパの人々が長い歴史の過程のなかで平和を達成するためにいかに苦慮してきたかを知ることになる。同時に、かれらの創造性を垣間見ることにもなるのである。

では、わが国では、ヨーロッパ統合の思想史的な分野での学問的な研究はまったくないがしろにされてきたのであろうか。否、決して十分ではないが、かつて行なわれたことがある。石原義盛「欧州統合の狙いとその成果」(国立国会図書館調査立法考査局編『EECの課題』一九六三年、所収)、村瀬興雄「欧州統合前史」(『国際政治』第二七号「欧州統合の歴史」有斐閣、一九六四年)、木谷勤「欧州統合の理念と現実」(『思想』第四八九号、一九六五年三月)などがある。さらに、翻訳されたもののなかでR・メイン(現代研究会訳)『ヨーロッパ共同体――その歴史と思想』(ダイヤモンド社、一九六三年)の第二章や、ドニ・ド・ルージュモン(波木居純一訳)『ヨーロッパ人への手紙』(紀伊國屋書店、一九七五年)の第一章などが参考になった。しかし、これらはヨーロッパ統合思想史の概説的な紹介・検討であった。

また、戦間期のパン・ヨーロッパ運動については、『クーデンホーフ・カレルギー全集』全九巻が鹿島研究所出版会から上梓されており、ブリアンのヨーロッパ連合案については、深見秋太郎『二十世紀の外交史――集団安全保障の史的研究』(創元社、一九五三年)の第三章と、最近のものでは、植田隆子『地域的安全保障の史的研究』(山川出版社、一九八九年)の第一部第五章で知ることができる。最も新しい研究成果として、松本博一『国際関係思想史』(三省堂、一九九二年)が参考になる。さらに、吉岡知哉「ルソー――狂人たちのただなかで」(『年報政治学』一九九二年度「政治思想史における平和の問題」岩波書店、一九九二年)は、サン＝ピエールとルソーの平和論の比較を行なったもので、本書の第四章のテーマと密接に関連している。

しかし、本書のように、それぞれの著作およびヨーロッパ統一の提案の内容に深く立ち入り、それぞれの時代の国際環境のなかで解釈し、その上で一冊の著作としてまとめたものは、ヨーロッパでもほとんどなく、ましてわが国では皆無である。本書に登場する著名な政治哲学者の政治思想を深く検討するものはあっても、ヨーロッパ統合との関連で検討したものはない。逆に、ECをフォローするものは、政治思想を歴史的にさかのぼって研究する能力も時間的余裕もない。このため、オリジナルにあたって検証することなく、前記のような概説を紹介するにとどまっている。しかし、このような状況は、わが国だけでなく、欧米でも同様であり、専門分化が進んだため、最近では欧米でも類書を目にすることは少ない。このため、本書が、われわれ日本人がヨーロッパおよびEC統合を理解するうえでの一助になれば、訳者全員にとって望外の幸せである。

本書は、慶應義塾大学の学部や大学院で田中とともにECを研究したものが集まって翻訳にあたった。まず、分担を決め、第一次草稿が出たところで、合宿などで検討を行ない、それを各自がもち帰り、第二次草稿を作成した。その間、田中が全体をみて調整と修正を行なうとともに、相互にチェックを行ない、第三次草稿、そして最終原稿を仕上げるという手順を踏んだ。原書のページ数の割には、大部のものになったのは、原文がかなり詰まった組版のうえに、直訳では日本の読者には意味が通じないために、言葉を補ったためである。さらに、現在のECのことについてはよく知っているつもりでも、ヨーロッパの歴史や政治思想の知識が乏しいわれわれにとって、翻訳作業はかなり苦労した。また、原文は、ラテン語やフランス語が入り混じる難解な文章もあり、ミスがないように気をつけたつもりであるが、思わぬ誤りがあるかと思う。大方のご叱正を賜わりたい。

以下は、各自の所属と分担である。

田中俊郎（慶應義塾大学法学部教授）　まえがき、第一章、第八章

浅見政江（東京女学館短期大学講師）　第二章、索引

吉武信彦（高崎経済大学経済学部専任講師）　第三章

小久保康之（武蔵野短期大学国際教養学科専任講師）　第四章

明田ゆかり（帝京大学文学部講師）　第五章

和達容子（慶應義塾大学大学院法学研究科政治学専攻後期博士課程）　第六章、文献一覧、地図

庄司克宏（二松学舎大学国際政経学部専任講師）　第七章

なお、翻訳にあたっては多くの方々のお世話になった。記して感謝の意を表したい。慶應義塾大学法学部の同僚の鷲見誠一教授、森征一教授、萩原能久助教授には、われわれに不足している政治思想史の知識を補っていただいたばかりでなく、原稿の一部にも目を通していただいた。出版にあたっては、岩波書店の合庭惇氏、高橋弘氏、佐藤智満氏に大変お世話になった。また校正については、兼田道治氏、筧直氏の手を煩わした。皆さま方に心からお礼を申し上げる。

一九九四年三月八日　訳者を代表して、フィレンツェにて

田中俊郎

■岩波オンデマンドブックス■

統一ヨーロッパへの道　デレック・ヒーター著
——シャルルマーニュから EC 統合へ

1994 年 4 月27日　第 1 刷発行
1997 年 5 月 6 日　第 3 刷発行
2018 年 7 月10日　オンデマンド版発行

監訳者　田中俊郎《たなかとしろう》

発行者　岡 本　厚

発行所　株式会社 岩波書店
〒 101-8002 東京都千代田区一ツ橋 2-5-5
電話案内 03-5210-4000
http://www.iwanami.co.jp/

印刷／製本・法令印刷

ISBN 978-4-00-730781-2　Printed in Japan

索　引

事項索引

CSCE(全ヨーロッパ安全保障協力会議) 289
EC(ヨーロッパ共同体) 130-131, 133, 136, 159, 164, 178, 197, 217, 221, 223, 227, 237, 246, 256-257, 259, 266, 270-271, 274, 277-279, 281-283, 285-289
EC 委員会 131, 136, 228, 289
ECSC(ヨーロッパ石炭鉄鋼共同体) 4, 216, 224, 226, 228, 231-233, 241-243, 245-246, 248-250, 253-254, 257-259, 261-264, 279
EDC(ヨーロッパ防衛共同体) 224-225, 232-233, 248, 256, 263, 279
EEC(ヨーロッパ経済共同体) 188, 223-224, 228, 231, 233, 243, 246-247, 249, 251-259, 261
EMU(経済通貨同盟) 266
EPC(ヨーロッパ政治共同体) 233, 265
EURATOM(ヨーロッパ原子力共同体) 224, 231, 233, 243, 249, 252
NATO(北大西洋条約機構) 226, 246, 279, 289
OECD(経済協力開発機構) 164
OEEC(ヨーロッパ経済協力機構) 224-225, 246-247

ア　行

アイルランド(Ireland) 76-77, 84, 191, 195
アヴィニョン(Avignon) 10
アジア(Asia) 3, 7, 47, 101, 125, 155, 174, 273
アフリカ(Africa) 3, 7, 47, 125, 155, 174, 192, 242
アメリカ(America) 47, 101
アメリカ合衆国/米国(USA) 94, 173, 179, 182, 184-185, 187, 190, 198-199, 202, 208, 214, 224-226, 232, 235-236, 238, 240, 261-262, 271, 274, 282-283
アメリカ独立戦争(War / American Independence) 101, 150, 276
アラゴン(Aragon) 8, 17, 31
アルマーダ〈無敵艦隊〉(Armada) 25, 27, 30
イヴリー・シュール・ウールの戦い(Battle/Ivry-sur-Eure) 33, 36
イスラム(Islam) 3, 6-7, 16, 92, 113, 271-272
イタリア(Italy) 3-5, 8, 13, 19, 29, 31, 47-49, 51, 98, 146-147, 169, 171-172, 174, 180, 192-193, 206, 208, 214, 223-224, 226, 228-229, 231, 241, 244-245, 253-254
イングランド/英国(England/Great Britain) 3, 8, 14-15, 17, 25-27, 42-44, 48-49, 63-65, 68-75, 78, 80, 82, 86, 88-89, 93-94, 100-102, 109, 111, 116, 131-132, 141-145, 147-149, 153, 155-157, 159, 162-166, 169-171, 174, 177, 180, 182-183, 185-187, 190-193, 195, 197, 200, 206, 208-210, 213-214, 217, 222-223, 226-228, 236, 238, 241, 247-248, 274-277, 280, 283
インフレーション(inflation) 30, 185

ウィーン会議（Vienna, Congress of）　156, 158
ウェストファリア条約（Treaties/Westphalia）　63, 126, 157
ヴェネツィア（Venice）　49, 250
ヴェルヴァン条約（Treaty/Vervins）　32
ヴェルサイユ条約（Treaty/Versailles）　181-182, 185, 187
ヴェントテーネ宣言（Ventotene Manifesto）　223
ヴュルテンベルク（Württemberg）　66
ウラル（Urals）　48, 273, 287
英連邦（Commomwealth）　210, 226
オーストリア（Austria）　29-31, 47-48, 57, 66, 179-181, 188-189, 193, 208, 213, 228, 231
オーストリア継承戦争（War/Austrian Succession）　101, 132
オスマン＝トルコ帝国（Ottoman Empire）　9, 69, 92, 101
オーデナルドの戦い（Battle/Oudenarde）　101
オランダ戦争（War/Dutch）　64

カ　行

外交革命（Diplomatic Revolution）　31
カスティヨンの戦い（Battle/Castillon）　71
カスティーリヤ（Castile）　8
関税縮小（customs 'disarmanent'）　217
寛容〔宗教上の〕（toleration）　27-28, 35, 39, 67-68, 75, 77, 79, 82, 93, 98, 121, 141, 272
機能主義/新機能主義（functionalism/ neofunctionalism）　261-264, 285-286
九年戦争〔ファルツ継承戦争〕（War/Nine Years）　64, 66, 70-71, 74, 84, 92
教育（education）　16-18, 80, 120, 160, 163
教皇/教皇権（Pope/papacy）　4-5, 7-14, 16, 18, 21, 26, 28, 38, 47-51, 103, 136, 158, 169
共産主義/ボルシェビズム（Communism/Bolshevism）　182, 187, 225-226, 238-239, 273, 287, 289
共同市場（Common Market）　164, 173, 186, 193, 205, 216, 221, 248-250, 253, 255-256, 260
ギリシア（Greece）　3, 50, 169, 288
キリスト教コモンウェルス（Christian Commomwealth）　42
キリスト教世界（Christendom）　5-7, 9, 11, 13, 15, 17, 25, 44, 54-55, 69, 88, 181, 271
キリスト教民主主義/キリスト教民主党（Christian Democracy/——Parties）　228-229, 271
クウェーカー教徒/フレンド会（Quakers/Society of Friends）　56, 61, 70, 73-76, 78-81, 84, 91-94, 101, 104, 166, 187, 280
クリミア戦争（War/Crimean）　58
クールラント（Courland）　111
軍縮（disarmament）　87, 200, 240, 279, 286
経済援助（economic aid）　20
啓蒙/啓蒙哲学者（Enlightenment/philosophes）　97-99, 107, 117, 120, 132, 135
国際法（International law）　29, 99, 124-125, 130, 133, 144, 146, 173, 221
国際連合（United Nations）　131, 217, 248, 266
国際連盟（League of Nations）　130, 178, 180-181, 183-185, 187, 189, 193, 197-205, 207-210, 212-213, 217, 236, 266, 272, 274

サ　行

サヴォイ（Savoy）　31, 32, 48-49
ザクセン（Saxony）　112
ザール（Saar）　188
ザルツブルク（Salzburg）　67

産業革命(Industrial Revolution) 141-142, 149
サン＝シモン主義者(Saint-Simons) 152, 168, 273-274
サン＝ジェルマン講和条約(Treaty/Saint-Germain) 179, 187
三十年戦争(War/Thirty Years) 25-26, 32, 53, 63, 65, 99, 102, 177
ジェノヴァ(Genoa) 31, 48
七年戦争(War/Seven Years) 58, 101-102, 275
シチリア(Sicily) 7, 17, 48
シャカマクソン条約(Treaty/Shackamaxon) 77
宗教改革(Reformation) 19, 25-26, 29, 31, 68, 99, 271
宗教的迫害(religious persecution) 67, 80-81, 91
十字軍(Crusades) 7, 9, 14, 17-18, 20, 51, 155, 272-273, 279
主権(sovereignty) 11-12, 16, 18, 20, 48, 50, 54, 63, 85, 87, 90, 93, 113, 116, 118, 122-123, 134-135, 143-144, 153, 162, 170, 174, 178-179, 201, 203, 205, 212-213, 221, 227, 241, 255, 264, 266, 271, 280-282, 284, 286, 289
シューマン・プラン/宣言(Schuman Plan/Declaration) 188, 216, 221, 233-234, 240-243, 250, 256-258, 260-264, 275
神聖ローマ皇帝/帝国(Holy Roman Emperor/Empire) 5, 8, 25, 29-30, 51, 54, 66, 86, 103, 112, 125-126, 134
スイス(Switzerland) 48-49, 67, 89, 93, 99, 136, 173, 177, 184, 200, 228, 266
スウェーデン(Sweden) 8, 32-33, 49, 70, 177
スコットランド(Scotland) 8, 74, 89, 173
ステーンケルケの戦い(Battle/Steenkerke) 71, 79
スペイン(Spain) 7, 25, 27-33, 35, 38, 41-42, 44, 47, 49, 55, 86, 121, 144, 146, 150, 169-170, 177
スペイン継承戦争(War/Spanish Succession) 64, 71, 92, 101
スペイン戦争(War/Spanish) 64
スラヴ(Slavs) 4, 273
制裁(sanctions) 16-17, 115, 278
聖バルテルミーの大虐殺(Massacre of St. Bartholomew) 27, 36, 43
全体主義(totalitarianism) 171, 221, 223, 225
選帝侯(Ecclesiastical electorates) 49, 65-66, 70, 79, 81-82
相続戦争〔ネーデルランド戦争〕(War/Devolution) 64

タ 行

第一次世界大戦(War/World War, First) 94, 130, 169, 174, 177-178, 186, 189, 196-197, 217, 231, 236, 238, 275
大英帝国(British Empire) 190, 209
大恐慌(Wall St. crash) 185, 251
第二次世界大戦(War/World War, Second) 4, 135, 216-217, 223, 228, 236, 271, 276, 282
単一ヨーロッパ議定書(Single European Act) 256, 266
ダンケルク条約(Treaty/Dunkirk) 226
チェコスロヴァキア(Czechoslovakia) 188-189, 206
地中海(Mediterranean Sea) 3, 7, 16, 47, 101, 272, 283
仲裁(arbitration) 15-16, 18-19, 28, 43, 47, 51, 85, 93, 113-114, 116, 127, 134, 145, 180, 184, 187, 192, 205, 278, 281
テクノクラシー/テクノクラート(technocracy/technocrat) 153, 169, 282, 286
デンマーク(Denmark) 8, 49, 177, 287
ドイツ(Germany) 4-5, 8, 10, 13, 18, 21, 25-26, 29, 47-48, 58, 65-66, 70, 81, 84, 88, 111-112, 121, 130-131, 133-134, 146-147, 153, 162-163, 167,

169-170, 173-174, 177-185, 188-189, 192, 194, 196-198, 206, 208, 212-213, 215, 217, 222-224, 226, 228-230, 232, 237-242, 244-245, 249, 251, 253-254, 258-259, 262, 275-277, 282-283, 287
統一ヨーロッパ運動（United Europe Movement）　227-228
東方正教会（Orthodox Church）　3, 8, 46, 273, 289
トゥール〔ポワチエの〕大会戦（Battle/Tours）　7
トリノの戦い（Battle/Turin）　101
トルコ（Turkey）　19-21, 28, 48, 51, 53, 86, 88, 91, 93, 101, 112-113, 154, 207, 271-274, 283, 289
トルデシリヤス条約（Treaty/Tordesillas）　30
ドン川〔タイス川〕（Don〔Tanais〕, River）　7, 272

ナ　行

ナイメーヘン条約（Treaty/Nimeguen）　85
ナショナリズム・国家主義/民族自決〔主義〕（nationalism / national self-determination）　50, 120, 131, 143, 146, 164, 170-172, 178-180, 185, 188, 194, 196, 215, 230, 280
ナチズム/ナチス（Nazism/Nazis）　185, 215, 222, 226, 233
ナポリ（Naples）　4, 17, 112
ナポレオン戦争（War/Napolenic）　58, 154, 162, 167
ナントの勅令（Edict of Nantes）　67, 81
日本（Japan）　180, 187, 189, 214
ネーデルラント/オランダ（Netherlands/Holland/United Provinces/Low Countries）　25, 27, 30-31, 47-48, 64-66, 68-69, 71, 79, 88-89, 93, 124, 132, 177, 228, 244, 253-254
ネールヴィンデンの戦い（Battle/Neerwinden）　71
ネルトリンゲンの戦い（Battle/Nördlingen）　33
ノルウェー（Norway）　8, 177

ハ　行

バイエルン継承戦争（War/Bavarian Succession）　101
ハーグ会議（Hague Congress）　58, 224
ハノーヴァー（Hanover）　100, 111, 132, 141
ハプスブルク家/ハプスブルク帝国（Habsburgs/Habsburg Empire）　25, 29-34, 38-41, 43-44, 47-48, 50-53, 64, 69, 259, 275, 283, 286
パリ条約〔1928年〕（Treaty/Paris）　199, 202
パリ条約〔1951年〕（Treaty/Paris）　135, 221, 228-229, 231, 233-234, 241-243, 245, 250, 252, 254, 256-259, 261-263, 279
ハンガリー（Hungary）　8, 17, 48-49, 67, 84, 188-189, 231
パン・ヨーロッパ運動（Pan-Europe Movement）　58, 186, 188-189, 194, 214, 231, 285
東ローマ〔ビザンティン〕帝国（Byzantine/Eastern Empire）　3, 7, 9, 17
百年戦争（War/Hundred Years）　19, 71
百科全書派（encyclopedists）　97, 106, 118, 121, 150
ピレネー山脈（Pyrenees）　4, 7, 41, 47
「ピレネーの平和」〔消耗条約〕（Treaty / Pyrenees）　33
ファシズム（Fascism）　179
ファルツ（Palatinate）　65-66, 70, 79, 81-82
フィレンツェ（Florence）　48, 111, 130
フォントノイの戦い（Battle/Fontenoy）　100
普仏戦争（War/Franco-Prussian）　173,

238
フランク王国(Franks)　4
フランス(France)　3, 7-14, 16-18, 21, 25, 27-28, 30-35, 38, 41-44, 48-49, 53-55, 58-59, 63-68, 70-71, 73-74, 77-79, 81-83, 86, 89, 92, 94, 97-98, 100-102, 104-105, 107, 109-112, 116, 119, 121, 126, 129-130, 133, 135, 141-143, 145-150, 153-154, 156-157, 162-165, 167-170, 172, 174, 177, 180, 182-186, 188, 193-195, 197-198, 200, 202, 206-210, 212, 214, 216, 223-230, 232-234, 236-242, 244-245, 248-249, 251, 253-254, 259-260, 262, 274-276, 280, 283, 287
フランス革命(French Revolution)　141, 143-145, 147, 154, 169-170, 178
フランス革命戦争(War / French Revolutionary)　58
フランス統一ヨーロッパ評議会(Council for United Europe, French)　228
ブリュッセル条約(Treaty/Brussels)　248
ブルゴーニュ(Burgundy)　29, 31
ブレンハイム〔の戦い〕(Battle/Blenheim)　65, 101
プロイセン/ブランデンブルク(Prussia/Brandenburg)　58, 68, 70, 101-102, 145-146, 150-151, 230
ベネルクス(Benelux)　224, 241, 248, 259, 262
ベルギー(Belgium)　27, 47-49, 58, 65, 78, 130, 188, 200, 225, 227-228, 233, 244-246, 248, 251, 253-254, 266
ペンシルヴァニア(Pennsylvania)　75-78, 81, 88
補完性の原理(Principle of subsidiarity)　136
北方戦争(War/Great Northern)　101
ボヘミア(Bohemia)　19, 21, 48-49, 189, 196, 283
ポーランド(Poland)　8, 48-49, 111-112, 121
ポーランド継承戦争(War/Polish Succession)　101
ポルトガル(Portugal)　8, 30, 47, 169, 192

マ 行

マーシャル・プラン(Marshall Plan)　224-225
マルプラケの戦い(Battle/Malplaquet)　65, 82, 101
名誉革命〔1688年〕(English Revolution)　71, 77, 141
メッシーナ会議(Messina Conference)　248, 250-251

ヤ 行

ユグノー(Huguenots)　27, 32-33, 36, 38, 67-68, 70, 81
ヨーロッパ〔概念としての〕　4, 6-8, 10, 12-13, 15-16, 18, 25, 69, 102, 123-125, 137, 155-156, 159-160, 186-187, 191-192, 197-201, 203-205, 259-261, 264-266, 269-272, 274-278, 282, 285, 287-288, 290
「ヨーロッパ運動」(European Movement)　224, 237
ヨーロッパ合衆国(United States of Europe)　4, 58, 168, 171-173, 179, 187-189, 192-193, 198, 206, 209, 216-217, 224, 228, 245, 256, 262, 264-265, 282, 284
ヨーロッパ議員同盟(European Parliamentary Union)　228
ヨーロッパ経済協力連盟(European League for Economic Cooperation)　228
ヨーロッパ・コモンウェルス(European Commonwealth)　126, 173, 205
ヨーロッパ審議会(Council of Europe)　130, 222, 224, 227, 246, 265

ヨーロッパ青年党（Young Europe Movement）　172
ヨーロッパ通貨同盟（European Monetary Union）　4, 193
「ヨーロッパの再出発」（relance européenne）　233, 248
ヨーロッパ連合（European Union）　15, 21, 41, 51, 113, 132, 135, 143-144, 146, 149, 155, 163, 165, 167-168, 171, 178, 189, 194-195, 197, 199-200, 202, 204, 207-208, 210-211, 213, 215-216, 221, 223, 225-227, 233, 245, 265-266, 272, 274, 276, 284-285, 288
ヨーロッパ連合条約草案（Treaty/Draft of European Union）　256, 266
世論（public opinion）　132, 144-145, 156, 158, 167, 170, 180, 228, 233

ラ　行

ライスワイク講和条約（Treaty/Ryswick）　70, 74
ラミリー〔の戦い〕（Battle/Ramillies）　101
リトアニア（Lithuania）　8
リール〔の戦い〕（Battle/Lille）　65
ルクセンブルク（Luxembourg）　188, 228, 230, 238, 244-245, 253-254, 266
冷戦（Cold War）　135, 225-226, 258, 260-261, 274, 287, 289
連邦主義（federalism）　130, 164, 168, 170-171, 187, 221-223, 233, 256, 261-266, 275, 280, 282
連邦主義者ヨーロッパ同盟（European Union of Federalists）　228
連邦連合（Federal Union）　146, 213, 275
ロカルノ条約（Treaty/Locarno）　183, 194, 198-200, 202, 208, 214
ロシア/モスクワ大公国/ソ連（Russia/Muscovy/USSR）　48, 51, 53, 59, 69, 86, 92-93, 102, 167, 170, 181, 190-191, 198, 207, 213-214, 226, 258, 261, 269-274, 277, 283, 287-289
ローマ教皇領（Papal States）　49
ローマ条約（Treaty/Rome）　221, 223-224, 229, 231, 246, 249-251, 253-254, 256-259, 261-262, 265-266, 279
ローマ帝国（Roman Empire）　3, 5, 15, 125, 146
ローマ法/市民法（Roman/civil law）　6, 12, 154
ロレーヌ（Lorraine）　111, 230-231, 238
ロンバルディア/ミラノ（Lombardy/Milan）　17, 31, 48-49, 171

人名索引

ア　行

アクトン卿（Acton, Lord）　54
アザール（Hazard, P.）　97
アチソン（Acheson, D.）　236, 238, 240
アッティラ王（Attila）　3, 109
アディソン（Addison, J.）　72
アデナウアー（Adenauer, K.）　193, 229-231, 240-241, 245, 261
アーデルンク（Adelung, J.）　102
アトリー（Attlee, C. R.）　222, 247
アーノルド（Arnold, K.）　232
アベ＝シェイエス（Sieyes, Abbé）　144
アメリー（Amery, L.）　193
アルブレヒト＝カリエ（Albrecht-Carrié）　53, 195, 272
アルベローニ枢機卿（Alberoni, Cardinal）　103, 129
アレクサンダー

レースの――(Alexander of Roes)　9, 12-13
アレクサンドル1世(Alexander I)　129, 273
アレクサンドロス大王(Alexander 〔the Great〕)　91, 285
アン(Anne, Queen)　82, 89, 276
アンリ4世(Henry IV)　25, 32-44, 47, 49-56, 58, 63, 67, 88-89, 92, 109-111, 128, 158, 165, 170
イーデン(Eden, A.)　247
イヨネスク教授(Ionescu, Prof.)　153, 164
イルシュ(Hirsch, É.)　238, 241
インノケンティウス3世(Pope/Innocent III)　8
ヴァッテル(Vattel, E.)　99, 103, 125
ヴァールブルク(Warburg, M.)　193
ヴァレリー(Valéry, P.)　192
ヴァレンティニアヌス1世(Valentinian I)　3
ヴァレンティニアヌス3世(Valentinian Ⅲ)　3
ウィートン(Wheaton, H.)　130
ウィリアム
　オッカムの――(William of Occam)　10
ウィリアム3世(William III)　69-71, 77-79
ウィルソン(Wilson, T. Woodrow)　179, 182
ヴィルロイ元帥(Villeroy, Marshal)　38, 44
ヴィンデンベルガー(Windenberger, J.-L.)　136
ヴェーヴァー(Wæver, O.)　287
ヴェス(Weiss, L.)　197
ウェヒター(Waechter, M.)　187
ヴォーガン(Vaughan, C. E.)　136
ウォード(Ward, I.)　247
ヴォルテール(Voltaire)　5, 35, 37, 65, 67, 97-99, 102, 125, 129, 141, 269
ウォルポール(Walpole, R.)　101
ウラディミール大公(Vladimir, Grand Prince)　273
ウルバヌス2世(Pope/Urban II)　7
ウルマン(Ullmann, W.)　11
エドワード1世(Edward I)　14-15, 276
エリオ(Herriot, E.)　189, 193, 201, 228
エリザベス1世(Elizabeth I)　25, 27, 42, 69, 71, 109, 276
エンゲルベルト
　アドモンドの――(Englebert of Admont)　9, 12
エンジェル(Angell, N.)　178
オーウェン(Owen, R.)　81
オルテガ・イ・ガセット(Ortega y Gasset)　192

カ　行

カー(Carr, E. H.)　130, 285
カイヨー(Caillaux, J.)　193
カッサン(Cassin, R.)　197
カルヴァン(Calvin, J.)　25, 32
ガルガッズ(Gargaz, P.-A.)　103
カール4世(Charles IV)　10
カール5世(Charles V)　29-30
カント(Kant, I.)　58, 129, 145-146, 167, 193, 270
カンパネッラ(Campanella)　28-29
クーデンホーフ・カレルギー伯爵(Coudenhove-Kalergi, Count)　58, 187, 189-195, 197, 199-201, 208, 216, 222, 228, 272, 274, 276, 279, 283-284, 286
グーミー(Goumy, E.)　107, 131
クラピエ(Clappier, B.)　217, 239-240
グリム男爵(Grimm, Baron)　106, 135
クリュセ(Crucé, É.)　28, 43, 270, 272, 274
クルック(Crook, J.)　74
クレマンソー(Clemenceau, G.)　182, 196
クレメンス5世(Pope/Clement V)　10,

17
グロティウス(Grotius, H.)　28, 43, 99
クロムウェル(Cromwell, O.)　71, 73, 75
ケインズ(Keynes, J. M.)　184-185
コバン(Cobban, A.)　144, 184, 280
コメニウス(Comenius, J. A.)　193, 270
コリニー提督(Coligny, Admiral)　27
ゴルバチョフ(Gorbachev, M. S.)　287
コンシデラン(Considérant, V.)　168, 274
コント(Comte, A.)　133, 151-152, 169

サ　行

ザイペル(Seipel, I.)　193
サン=シモン(Saint-Simon, C.-H.)　58, 129, 149-172, 174, 215, 266, 270-274, 276-278, 280-284, 286
サン=ジュスト(Saint-Just, A.)　98
サンテール(Santer, J.)　266
サンド(Sand, G.)　118
サント=ブーヴ(Sainte-Beuve, C. A.)　104
サン=ピエール神父(Saint-Pierre, Abbé de)　55-58, 83, 94, 101, 103-121, 123-137, 145, 147, 149, 158, 164-167, 177, 193-194, 270, 272-274, 277-284, 286
ジェニングス(Jennings, I.)　222
ジェームズ1世(James I)　42, 109
ジェームズ2世(James II)　70, 76-77, 79
シジェ
　ブラバンの——(Siger of Braband)　14
ジャーコモ
　ヴィテルボの——(James of Viterbo)　9
シャハト(Schacht, H.)　192-193
シャルルマーニュ(Charlemagne)　4-5, 14, 149, 169
シュシュニック(Schuschnigg, K.)　213
シュトラウス(Strauss, R.)　192
シュトレーゼマン(Stresemann, G.)　184, 192-193, 200, 206, 215
シューマン(Schuman, R.)　188, 216-217, 221, 224, 227, 229, 231, 233-235, 238-243, 245, 250, 256-264, 274-275, 283
シュリー公爵(Sully, Duc de)　21, 25, 28, 33-34, 36-44, 46-59, 92-93, 110, 128, 130-131, 144, 149, 164, 166-167, 215, 271, 273-280, 283, 285-286
ジョレス(Jaurès, J.)　196
ショーンフィールド(Schonfield, A.)　266
シラー(Schiller, J. C. F.)　130, 156
シーリ(Siri, V.)　57
シーリー(Seeley, J. R.)　275
ジル
　ローマの——(Giles of Rome)　9, 11-12
スアレス(Suarez, G.)　197, 199
スウィフト司祭(Swift, Dean)　72
スターウェル(Stawell, M.)　17, 53, 180
スターリン(Stalin, J.)　221, 223, 225, 273
ステラン=ミショー(Stelling-Michaud, S.)　118
スパーク(Spaak, P.-H.)　221, 225, 229, 233-234, 246-252, 256-258, 260-261, 264-266, 271, 275, 281, 283, 286
スピネッリ(Spinelli, A.)　223, 228, 262, 266, 284
スフォルツァ伯爵(Sforza, Count)　189, 193, 245
セシル卿(Cecil, Lord R.)　180
ソレル(Sorel, A.)　133

タ　行

ダランベール(d'Alembert, J.)　98, 106, 121, 150
ダルジャンソン侯爵(d'Argenson, Marquis)　129

ダレス(Dulles, J. F.)　225
タレーラン(Talleyrand, C.)　150
ダンテ(Dante)　6, 9, 12-14, 270, 278
チャーチル(Churchill, W.)　58-59, 192, 206, 216, 222, 224, 227, 246
チャールズ2世(Charles II)　70-71, 74-77
ティエリ(Thierry, A.)　156, 167, 169
ディドロ(Diderot, D.)　97
ディーボルド(Diebold, W.)　257
ティンデマンス(Tindermans, L.)　266
デ・ガスペリ(De Gasperi, A.)　229, 231
デカルト(Descartes, R.)　105
デフォー(Defoe, D.)　72
デュパン夫人(Dupin, Mme.)　105, 117-119
デュボワ(Dubois, P.)　10, 14-19, 21, 164, 166, 271, 274, 276, 278-281, 283-286
テュルゴー(Turgot, A.)　107
テュレンヌ元帥(Turenne, Marchal)　66
デレジ(Delaisi, F.)　188
トインビー(Toynbee, A.)　185
ドゴール(de Gaulle, C.)　227, 264
トーツェ(Toze, E.)　58
ドライデン(Dryden, J.)　72
ド・ルージュモン(de Rougemont, D.)　17, 164, 266
トルーマン(Truman, H. S.)　225, 248
ドルメソン(d'Ormesson, W.)　197
ドロール(Delors, J.)　266
ドロルム(Delolme, J. L.)　141

ナ　行

ナポレオン1世(Napoleon I)　18, 38, 129, 143, 146-149, 151, 153-154, 156, 162, 167, 170, 193, 274-275, 284
ナポレオン3世(Napoleon III)　149, 168
ニコラウス・クザーヌス(Nicholas of Cusa)　19
ニーチェ(Nietzsche, F. W.)　186, 193
ニュートン(Newton, I.)　51, 152, 155

ハ　行

バークレイ(Barclay, R.)　74
ハース(Haas, E. B.)　257, 263
バラクラフ(Barraclough, G.)　7, 18
パワー(Power, E.)　18
バーンズ(Burns, R.)　98
ピウス〔ピオ〕12世(Pope/Pius XII)　229
ビセール(Buisseret, D.)　53, 57
ビドー(Bidault, G.)　238, 258, 260
ヒトラー(Hitler, A.)　4, 27, 180-181, 216, 221-222, 225, 284
ピピン3世(Pepin III)　4
ピョートル1世〔大帝〕(Peter I〔the Great〕)　112, 273
ビールス(Beales, A. C. F.)　167-168
ヒンズリー(Hinsley, F. H.)　17, 54, 129-130, 136, 164, 167, 273
ファン・ゼーラント(van Zeeland, P.)　228, 245
フィステール(Pfister, C.)　42-44
フィヒテ(Fichte, J. G.)　146
フィリップ(Philip, A.)　223, 232, 239
フィリップ2世(Philip Augustus)　8
フィリップ4世〔美王〕(Philip〔the Fair〕)　9-11, 14, 18
フィンメン(Fimmen, E.)　188
フェリペ2世(Philip II)　25, 27, 30-32
フォーサイス(Forsyth, M.)　123, 135, 261, 264, 282
フォックス(Fox, G.)　73-74
フォン・レン(von Loen)　103
ブリアン(Briand, A.)　178, 183-184, 186, 194-202, 206-217, 221, 239, 266, 271-272, 274-281, 283-284, 286
フリードリッヒ1世〔赤髭王〕(Frederick I〔Barbarossa〕)　5, 8
フリードリッヒ大王(Frederick II〔the Great〕)　98, 102, 129, 132-133
フリードリッヒ2世(Frederick II, Emper-

or）　8
プルードン(Proudhon, P.-J.)　168, 173, 284
ブルム(Blum, L.)　223
フルーリー枢機卿(Fleury, Cardinal)　101, 284
ブルンティリ(Bluntschli, J. K.)　130, 173
プレヴァン(Pleven, R.)　232
ブローガン(Brogan, D.)　188
ヘイ(Hay, D.)　6, 137
ベイエン(Beyen, J. W.)　248, 250
ペイン(Paine, T.)　97
ベヴィン(Bevin, E.)　227, 238
ペクール(Pecqueur, C.)　168, 273
ヘーゲル(Hegel, G.)　146
ベッカリーア(Beccaria, C.)　98
ベッシュ(Bech, J.)　245, 248
ベッセ(Besse, J.)　84
ベートーベン(Beethoven, L.)　130
ペトラルカ(Petrarch)　6
ベネシュ(Beneš, E.)　206
ヘムレーベン(Hemleben, S.)　18, 53
ベラーズ(Bellers, J.)　55-57, 80-83, 88-94, 130, 271-273, 275-279, 281
ヘール(Heer, F.)　5
ベール(Bayle, P.)　68
ベルンシュタイン(Bernstein, E.)　81
ペレフィックス司教(Péréfixe, Bishop)　42, 56-57
ペン(Penn, W.)　55, 57, 75-81, 84-88, 92-94, 130, 166, 177, 193, 271-273, 275-276, 278-279, 281, 286
ベンサム(Bentham, J.)　107, 144-145, 167, 270, 275
ヘンダーソン(Henderson, A.)　206, 208-209, 214
ヘンリー8世(Henry VIII)　26, 71
ボダン(Bodin, J.)　63, 281
ホッブス(Hobbes, T.)　280
ポディエブラディ家のイジー〔ゲオルグ〕(Poděbrad, G.)　19, 21, 215, 271, 278-280, 283, 286
ボニファティウス8世(Pope/Boniface VIII)　9-12, 14
ホフマン(Hoffman, P.)　226
ポワンカレ(Poincaré, R.)　182-183, 196

マ　行

マイリッシュ(Mayrisch, E.)　188
マクミラン(Macmillan, H.)　227
マサリク(Masaryk, T.)　189
マーシャル(Marshall, G.)　224-225
マッケイ(Mackay, R. W. G.)　222
マッツィーニ(Mazzini, G.)　171-172, 180, 193, 273
マニュエル(Manuel, F.)　169
マリーニ〔マリウス〕(Marini, A.)　19-21
マルキアヌス(Marcian)　3
マルクス(Marx, K.)　80-81
マールバラ公爵(Marlborough, Duke of)　65, 71, 82, 100
マン(Mann, T.)　192
ミッテラン(Mitterrand, F.)　227
ムッソリーニ(Mussolini, B.)　179, 209, 214, 231
メアリ(Mary, Queen)　70, 77
メッテルニヒ(Metternich, K.)　143
モネ(Monnet, J.)　216-217, 221, 229, 232-242, 245-246, 248, 250-251, 256-266, 271, 274-276, 281, 283, 286
モーラス(Maurras, C.)　196
モリナリ(Molinari, G. de)　58, 130
モンソロン(Montholon)　147-148
モンテスキュー男爵(Montesquieu, Baron de)　78, 102, 125, 129, 141

ヤ　行

ユーゴー(Hugo, V.)　172-173, 193
ユリ(Uri, P.)　238, 241, 249-250, 274
ヨハネ＝パウロ2世(Pope/John Paul II)　288

ラ 行

ライプニッツ(Leibniz, G. W.) 57, 103, 129, 133-134
ラ＝カーズ伯爵(Las Cases, Comte de) 147-148
ラ・ブリュイエール(La Bruyère, J. de) 105
ラマルティーヌ(Lamartine, A. de) 274
ラン(Rain, P.) 207
ランボールド(Rumbold, H.) 208, 212
リシュリュー枢機卿(Richelieu, Cardinal) 25, 32, 35, 40, 63, 67
ルイ 11 世(Louis XI) 20
ルイ 14 世(Louis XIV) 18, 42, 55, 63-65, 67, 69-70, 72, 74-75, 78-79, 81, 94, 101, 106, 280, 284
ルイ 15 世(Louis XV) 63, 105
ルーヴォワ侯爵(Louvois, Marquis de) 66
ルシュール(Loucheur, L.) 188, 199
ルソー(Rousseau, J.-J.) 56, 58, 101-103, 108, 117-130, 132-133, 135-137, 145, 167, 173, 177, 272-273, 275-276, 279, 281-282, 284, 286
ルター(Luther, M.) 25-26, 82, 157, 285
ル・テリエ(Le Tellier, M.) 67
ルテール(Reuter, P.) 238, 263
ルモニエ(Lemonnier, C.) 168, 172
ルロイ＝ボーリュー(Leroy-Beaulieu, A.) 174
レクリューズ神父(l'Écluse, Abbé de) 41, 56-57
レジェ(Léger, A.) 200-202, 217, 274
レノックス(Lennox, C.) 41-42, 46
ロイド＝ジョージ(Lloyd-George, D.) 182, 197
ロスキー教授(Lossky, Prof.) 69
ロック(Locke, J.) 68, 75, 91, 98
ロッシ(Rossi, E.) 223
ロマン(Romains, J.) 186
ローラント(Laurent, P.-H.) 251-252, 262
ロリマー(Lorimer, J.) 173-174

ワ 行

ワット(Watt, D. C.) 222

文 献 一 覧

1. Acheson, D., 1970, *Present at the creation*, Hamish Hamilton, London.（吉沢清次郎訳『アチソン回顧録』第1巻・第2巻，恒文社，1979年.）
2. Acton, Lord, 1906 (1960 ed.), *Lectures on modern history*, Collins, London.
3. Albrecht-Carrié, R., 1966, *The unity of Europe: an historical survey*, Secker & Warburg, London.
4. Angell, N., 1914, *The foundations of international polity*, Heinemann, London.
5. Arendt, H., 1973, *On revolution*, Penguin, Harmondsworth.（志水速雄訳『革命について』中央公論社，1975年.）
6. Ashley, M., 1952, *England in the seventeenth century*, Penguin, Harmondsworth.
7. Barbiche, B., 1978, *Sully*, Albin Michel, Paris.
8. Barraclough, G., 1950, *The medieval empire: idea and reality*, Historical Association, London.
9. Barraclough, G., 1963, *European unity in thought and action*, Blackwell, Oxford.
10. Bell, C., 1972, 'The "special relationship"' in Leifer, M. (ed.), *Constraints and adjustments in British foreign policy*, Allen & Unwin, London.
11. Beloff, N., 1973, *Transit of Britain*, Collins, London.
12. Béthune, M. de (trans. C. Lennox), 1755, (new ed., 1810), *The memoirs of the Duke of Sully, prime minister to Henry the Great*, William Miller, London.
13. Braithwaite, W. C., 1919, *The second period of Quakerism*, Macmillan, London.
14. Brogan, D. W., 1940, *The development of modern France (1870-1939)*, Hamish Hamilton, Lodnon.
15. Bromley, J. S. (ed.), 1970, *The New Cambridge Modern History, VI: the rise of Great Britain and Russia 1688-1715/25*, Cambridge University Press, Cambridge.
16. Brugmans, H., 1966, *L'idée européenne 1918-1965*, De Tempel, Bruges.
17. Buisseret, D., 1968, *Sully and the growth of centralized government in France 1598-1610*, Eyre & Spottiswoode, London.
18. Buisseret, D. & Barbiche, B. (eds.), 1970, *Les œconomies royales de Sully, I, 1572-1594*, Librairie C. Klincksieck, Paris.
19. Bull, H., 1977, *The anarchical society*, Macmillan, London.
20. Burgess, M., 1989, *Federalism and European union*, Routledge, London.
21. Carlton, D., 1970, *MacDonald versus Henderson: the foreign policy of the second Labour government*, Macmillan, London.
22. Carr, E. H., 1940, *The twenty years' crisis 1919-1939*, Macmillan, London.（井上茂訳『危機の二十年』岩波書店，1952年.）
23. Carr, E. H., 1961, *What is history?*, Penguin, Harmondsworth.（清水幾太郎訳『歴史とは何か』岩波新書，1962年.）

24. Castel de Saint-Pierre, C. I., 1738 (trans. H. Hale Bellot, 1927), *Selections from the second edition of the Abrégé du projet de paix perpétuelle*, Sweet & Maxwell for Grotius Society, London.（なお，ルソーの「サン・ピエール師の永久平和論抜粋」〔宮治弘之訳〕は，『ルソー全集』第4巻，白水社，1978年所収.）

25. Childs, J., 1982, *Armies and warfare in Europe 1648-1789*, Manchester University Press, Manchester.

26. Clark, G. N., 1958, *War and society in the seventeenth century*, Cambridge University Press, Cambridge.

27. Clarke, G. (ed.), 1987, *John Bellers: his life, times and writings*, Routledge & Kegan Paul, London.

28. Clarke, I. F., 1966 (1970 ed.), *Voices prophesying war 1763-1984*, Panther, London.

29. Cobban, A., 1957-65, *A history of modern France*, 3 vols., Penguin, Harmondsworth.

30. Cobban, A., 1960, *In search of humanity*, Cape, London.

31. Cobban, A., 1934, (1964 rev. ed.), *Rousseau and the modern state*, Allen & Unwin, London.

32. Cobban, A., 1969, *The nation-state and national self-determination*, Collins, London.（栄田卓弘訳『民族国家と民族自決』早稲田大学出版部，1976年.）

33. Coudenhove-Kalergi, R. N., 1926, *Pan-Europe*, Knopf, New York.（鹿島守之助訳『パン・ヨーロッパ』鹿島研究所，1961年.『クーデンホーフ・カレルギー全集』第1巻，鹿島研究所出版会，1970年にも所収.）

34. Coudenhove-Kalergi, R. N., 1943, *Crusade for Pan-Europe: autobiography of a man and a movement*, Putnam's, New York.（深津栄一訳『汎ヨーロッパ十字軍』鹿島研究所，1966年.『クーデンホーフ・カレルギー全集』第7巻，鹿島研究所出版会，1970年にも所収.）

35. Coudenhove-Kalergi, R. N., 1962, *History of the Paneuropean movement from 1922 to 1962*, Paneuropean Union, Basel & Vienna.（鹿島守之助訳「パン・ヨーロッパ運動40年の歴史」『世界平和への正しい道』鹿島研究所，1963年所収.『クーデンホーフ・カレルギー全集』第9巻，鹿島研究所出版会，1970年にも所収.）

36. Davis, R. H. C., 1957, *A history of medieval Europe: from Constantine to Saint Louis*, Longman, London.

37. Dawson, K. & Wall, P., 1968, *Parliamentary representation*, Oxford University Press, Oxford.

38. de la Mahotière, S., 1970, *Towards one Europe*, Penguin, Harmondsworth.

39. de Rougemont, D., 1966, *The idea of Europe*, Macmillan, New York.（なお，ドニ・ド・ルージュモンの *Lettre ouverte aux européens*, 1970 は，波木居純一訳『ヨーロッパ人への手紙』紀伊國屋書店，1975年として邦訳されている.）

40. de Sainte Lorette, L., 1955, *L'idée d'union fédérale européenne*, Armand Colin, Paris.

41. Diebold, W., 1959, *The Schuman Plan: a study in economic cooperation 1950-1959*, Praeger, New York.

42. Drouet, J., 1912, *L'Abbé de Saint-Pierre: l'homme et l'oeuvre*, Librairie Honoré Champion, Paris.

43. Eden, A., 1960, *Full circle*, Cassell, London.（湯浅義正・町野武訳『イーデン回顧録』第1巻・第2巻，みすず書房，1960年.）
44. Elisha, A. (ed.), 1965, *Aristide Briand: discours et écrits de politique étrangère*, Plon, Paris.
45. European Communities, 1958, *Treaty establishing the European Economic Community and connected documents*, Publishing Services of the European Communities, Luxembourg.（横田喜三郎・高野雄一ほか編『国際条約集』1987年度版，有斐閣，1987年に所収.）
46. European Communities, 1987, *Treaties establishing the European Communities* (abridged edition), Office for Official Publications of the European Communities, Luxembourg.（単一欧州議定書による改正後のEEC条約の邦訳は，横田喜三郎・高野雄一ほか編『国際条約集』1988年度版，有斐閣，1988年に所収.）
47. Everett, C. W., 1966, *Jeremy Bentham*, Weidenfeld & Nicolson, London.
48. Fakkar, R., 1968, *Sociologie, socialisme, et internationalisme prémarxiste*, Delachaux & Niestlé, Neuchatel.
49. Fest, J., 1975, *Hitler*, Penguin, Harmondsworth.（赤羽竜夫訳『ヒトラー』河出書房新社，1975年.）
50. Fogarty, M. P., 1957, *Christian Democracy in Western Europe*, Routledge, London.
51. Forsyth, M., 1967, 'The political objectives of European integration', *International Affairs*, 43.
52. Forsyth, M., 1981, *Unions of states*, Leicester Universtiy Press, Leicester.
53. Forsyth, M. G., Keens-Soper, H. M. A. & Savigear, P. (eds.), 1970, *The theory of international relations*, Allen & Unwin, London.
54. Fry, A. R., 1935, *John Bellers 1654-1725, Quaker, economist and social reformer*, Cassell, London.
55. Geyl, P., 1967, *Encounters in history*, Collins, London.
56. Gorbachev, M., 1987, *Perestroika*, Collins, London.（田中直毅訳『ペレストロイカ』講談社，1987年.）
57. Goumy, E., 1859, (repr. 1971), *Étude sur la vie et les écrits de l'Abbé de Saint-Pierre*, Slatkine Reprints, Geneva.
58. Haas, E. B., 1958, *The uniting of Europe: political, social and economic forces 1950-1957*, Stanford University Press, Stanford.
59. Hampden Jackson, J., 1946, *Clemenceau and the Third Republic*, Hodder & Stoughton, London.
60. Hampson, N., 1968, *The Enlightenment*, Penguin, Harmondsworth.
61. Hauser, H., 1948, *La prépondérance espagnole (1559-1660)*, Presses Universitaires de France, Paris.
62. Hay, D., 1957, *Europe: the emergence of an idea*, Edinburgh University Press, Edinburgh.
63. Hazard, P., 1946 (trans. J. Lewis May, 1954), *European thought in the eighteenth century*, Hollis & Carter, London.（小笠原弘親ほか訳『18世紀のヨーロッパの思想』行人社，1987年.）

64. Heer, F., 1962, *The medieval world*, Mentor, New York.
65. Hemleben, S. J., 1943, *Plans for world peace through six centuries*, University of Chicago Press, Chicago.
66. Hermans, J., 1965, *L'evolution de la pensée européenne d'Aristide Briand*, Université de Nancy, Nancy-Saint-Nicolas-de-Port.
67. Hinsley, F. H., 1967, *Power and the pursuit of peace*, Cambridge University Press, Cambridge.
68. Hitler, A., 1926 (abr. ed., 1933), *My struggle*, Paternoster Library, London.（平野一郎・高柳茂訳『わが闘争』黎明書房，1961年．平野一郎・将積茂訳『わが闘争』改訂版，黎明書房，1971年．）
69. Hodges, M. (ed.), 1972, *European integration*, Penguin, Harmondsworth.
70. Huizinga, J. H., 1961, *Mr Europe: a political biography of Paul Henri Spaak*, Praeger, New York.
71. Hutt, M., 1965, *Napoleon*, Oxford University Press, Oxford.
72. Ionescu, G. (ed.), 1972, *The new politics of European integration*, Macmillan, London.
73. Ionescu, G. (ed.), 1976, *The political thought of Saint-Simon*, Oxford University Press, Oxford.
74. Jones, R. M., 1921 (repr. 1970), *The later periods of Quakerism*, Greenwood Press, Westport, Conn.
75. Kennedy, P., 1987, *The rise and fall of the great powers*, Collins, London.（鈴木主税訳『大国の興亡』上巻・下巻，草思社，1988年，決定版，1993年．）
76. Kettle, M., 1990, 'John Paul's grand design for Europe', *Guardian*, 27 April.
77. Kitzinger, U., 1967, *The European Common Market and Community*, Routledge & Kegan Paul, London.（なお，キッチンガーの *The Challenge of the Common Market*, 1961 は，椨朝二郎・浜田久米夫訳『ＥＥＣの挑戦』東洋経済新報社，1963年として邦訳されている．）
78. Laurent, P.-H., 1970, 'Paul-Henri Spaak and the diplomatic origins of the Common Market, 1955-1956', *Political Science Quarterly*, LXXXV.
79. Lederer, I. J. (ed.), 1960, *The Versailles Settlement: was it foredoomed to failure?*, D. C. Heath, Boston.
80. Lindsay, J. O. (ed.), 1957, *The new Cambridge Modern History, VII: the Old Regime*, Cambridge University Press, Cambridge.
81. Linklater, A., 1982, *Men and citizens in the theory of international relations*, Macmillan, London.
82. Low, 1940, *Europe since Versailles: a history in one hundred cartoons with a narrative text*, Penguin, Harmondsworth.
83. Macartney, C. A., 1934, *National states and national minorities*, Oxford University Press, Oxford.
84. Mackay, R. W. G., 1941, *Peace aims and the new order* (new ed. of *Federal Europe*, 1940), Michael Joseph, London.
85. Manuel, F. E., 1956, *The new world of Henri Saint-Simon*, Harvard University Press,

Cambridge, Mass.（森博訳『サン＝シモンの新世界』恒星社厚生閣，1975 年.）
86. Markham, F. M. H. (ed. & trans.), 1952, *Henri Comte de Saint-Simon (1760-1825): selected writings*, Blackwell, Oxford.
87. Marks, S., 1976, *The illusion of peace*, Macmillan, London.
88. Marx, K., 1867 (trans. B. Fowkes, 1976), *Capital*, Penguin, Harmondsworth.（マルクス＝エンゲルス全集刊行委員会訳『資本論』全 3 巻(全 5 冊)，大月書店，1967 年．向坂逸郎訳『資本論』全 9 冊，岩波文庫，1969-1970 年.）
89. Mayne, R., 1970, *The recovery of Europe*, Weidenfeld & Nicolson, London.（なお，R. メインの *The Community of Europe*, 1963 は，現代研究会訳『ヨーロッパ共同体——その歴史と思想』ダイヤモンド社，1963 年として邦訳されている.）
90. Mayne, R. & Pinder, J., 1990, *Federal union: the pioneers*, Macmillan, London.
91. Mazzini, G. (ed.), 1907, *The duties of man*, Dent, London.（大類伸訳『人間義務論』岩波文庫，1952 年.）
92. Monnet, J. (trans. R. Mayne), 1978, *Memoirs*, Collins, London.（黒田壽時編・訳『EC メモワール——ジャン・モネの発想』〔抄訳〕，共同通信社，1985 年.）
93. Morrall, J. B., 1960, *Political thought in medieval times*, Hutchinson, London.（柴田平三郎訳『中世の政治思想』未来社，1975 年.）
94. Mousnier, R. (trans. J. W. Hunt), *Louis XIV*, Historical Association, London.
95. Mowat, R. C., 1973, *Creating the European Community*, Blandford, London.
96. Nye, R. B. & Morpurgo, J. E., 1955, *A history of the United States*, 2 vols., Penguin, Harmondsworth.
97. Oudin, B., 1987, *Aristide Briand: la paix: une idée neuve en Europe*, Éditions Robert Laffont, Paris.
98. Pagès, G., 1946, *La monarchie d'Ancien Régime en France*, Armand Colin.
99. Paine, T., 1791-1792 (ed., H. Collins, 1969), *Rights of man*, Penguin, Harmondsworth.（西川正身訳『人間の権利』岩波文庫，1971 年.）
100. Patijn, S. (ed.), 1970, *Landmarks in European unity*, A. W. Sijthoff, Leyden.
101. Peare, C. O., 1956, *William Penn: a biography*, Dobson, London.
102. Penn, W., n. d., *The peace of Europe: the fruits of solitude and other writings*, Dent, London.
103. Perse, Saint-John, 1972, *Œuvres complètes*, Gallimard, Paris.（多田智満子訳『サン＝ジョン・ペルス詩集』思潮社，1975 年.）
104. Pfister, C., 1894, 'Les "Économies royales" de Sully et le Grand Dessein de Henri IV', *Revue historique*, LXI.
105. Power, E., 1923, 'Pierre Du Bois and the domination of France' in F.J.C. Hearnshaw (ed.), *The social and political ideas of some great mediaeval thinkers*, Harrap, London.
106. Reuter, P., 1953, *La Communauté Européenne du Charbon et de l'Acier*, Pichon et Durand-Auzias, Paris.
107. Robertson, E. M. (ed.), 1971, *The origins of the Second World War*, Macmillan, London.
108. Rochefort, R., 1968, *Robert Schuman*, Les Éditions du Cerf, Paris.
109. Rousseau, J.-J., 1762 (trans. M. Cranston, 1968), *The social contract*, Penguin,

Harmondsworth.（桑原武夫・前川貞次郎訳『社会契約論』岩波文庫，1954 年．作田啓一訳「社会契約論」『ルソー全集』第 5 巻，白水社，1979 年所収．）
110. Rousseau, J.-J., 1781 (trans. J.M. Cohen, 1953), *The confessions of Jean-Jacques Rousseau*, Penguin, Harmondsworth.（桑原武夫訳『告白』全 3 冊，岩波文庫，1965 年．小林善彦訳「告白」『ルソー全集』第 1 巻・第 2 巻，白水社，1979 年所収．）
111. Rousseau, J.-J., 1969, *Œuvres complètes*, IV, Gallimard, Dijon.（なお，版は異なるが，わが国では，『ルソー全集』全 14 巻および別冊 2 巻が，白水社から出版されている．）
112. Sabine, G.H., 1951, *A history of political theory*, Harrap, London.（丸山真男訳『西洋政治思想史 I』岩波書店，1953 年．）
113. Sagnac, P. & de Saint-Léger, A., 1949, *Louis XIV (1661-1715)*, Presses Universitaires de France, Paris.
114. Saint-Simon, C.-H. de, 1966, *Œuvres de Claude-Henri de Saint-Simon*, II, Éditions Anthropos, Paris.（なお，サン＝シモンの著作の邦訳は，森博編訳『サン＝シモン著作集』全 5 巻，恒星社厚生閣，1987 年がある．）
115. Schonfield, A., 1973, *Europe: journey to an unknown destination*, Penguin, Harmondsworth.
116. Schuman, F.L., 1951, 'The European scene: the Council of Europe', *American Political Science Review*, 45.
117. Schuschnigg, K. von, 1947, *Austrian requiem*, Gollancz, London.
118. Seward, D., 1971, *The first Bourbon: Henri IV, King of France and Navarre*, Constable, London.
119. Sorel, A., 1885 (trans. A. Cobban & J.W. Hunt, 1969), *Europe and the French Revolution: the political traditions of the Old Regime*, Collins, London.
120. Spaak, P.-H. (trans. H. Fox), 1971, *The continuing battle: memoirs of a European 1936-1966*, Weidenfeld & Nicolson, London.
121. Stawell, F.M., 1929, *The growth of international thought*, Thornton Butterworth, London.
122. Strachan, H., 1983, *European armies and the conduct of war*, Allen & Unwin, London.
123. Suarez, G., 1952, *Briand: sa vie – son oeuvre: VI: l'artisan de la paix, 1923-1932*, Plon, Paris.
124. Thompson, J.M., 1952, *Napoleon Bonaparte: his rise and fall*, Blackwell, Oxford.
125. Truman, H.S., 1956 (1965 ed.), *Years of trial and hope*, New American Library, New York.（堀江芳孝訳『トルーマン回顧録』上巻・下巻，恒文社，1966 年．）
126. Ullmann, W., 1965, *A history of political thought in the Middle Ages*, Penguin, Harmondsworth.（朝倉文市訳『中世ヨーロッパの政治思想』御茶の水書房，1983 年．）
127. Vaucher, P., 1930, 'The Abbé de Saint-Pierre' in F.J.C. Hearnshaw (ed.), *The social and political ideas of some great French thinkers of the Age of Reason*, Harrap, London.
128. Vaughan, C.E. (ed.), 1915, *The political writings of Jean-Jacques Rousseau*, I, Cambridge University Press, Cambridge.
129. Vaughan, R. (ed.), 1976, *Post-war integration in Europe*, Edward Arnold, London.
130. Voltaire, n.d., (ed. L. Moland), *La Henriade, poëme de Fontenoy, odes et stances*,

Librarie Garnier Frères, Paris.
131. Voltaire, 1756 (trans. M. P. Pollock, 1926), *The age of Louis XIV*, Dent, London. (丸山熊雄訳『ルイ十四世の世紀』第 1–4 巻，岩波書店，1958, 1974, 1982, 1983 年.)
132. Voltaire, 1764 (trans. T. Besterman, 1971), *Philosophical dictionary*, Penguin, Harmondsworth. (高橋安光訳『哲学辞典』法政大学出版局，1988 年.)
133. Voyenne, B., 1964, *Histoire de l'idée européene*, Petite Bibliothèque Payot, Paris.
134. Walters, F. P., 1952 (1960 ed.), *A history of the League of Nations*, Oxford University Press, Oxford.
135. Wæver, O., 'Three competing Europes: German, French, Russian', *International Affairs*, 66.
136. Watt, D. C., 1990, review article, *International Affairs*, 66.
137. Wheeler-Bennet, J. W. (ed.), 1931, *Documents on international affairs 1930*, Oxford University Press, Oxford.
138. Wistrich, E., 1989, *After 1992, the United States of Europe*, Routledge, London. (箱木眞澄・香川敏幸監訳『ヨーロッパ合衆国の誕生――市場統合をこえて』文眞堂，1992 年.)
139. Woodward, E. L. & Butler, R. (eds.), 1946, *Documents on British foreign policy 1919-1939*, Second series, 1, HMSO, London.
140. Young, J. W., 1984, *Britain, France and the unity of Europe 1945-1951*, Leicester University Press, Leicester.